LA

FRANCE HÉRALDIQUE

PARIS. — IMPRIMERIE ANTONIO AZUR
90, boulevard Montparnasse, 90.

LA
FRANCE HÉRALDIQUE

PAR

Ch. POPLIMONT

Chevalier de l'ordre des saints Maurice et Lazare

TOME II

BON — CHANALEILLES

PARIS
IMPRIMERIE ANTONIO AZUR
90, BOULEVARD MONTPARNASSE, 90

—

1873

B

BON. *Languedoc, Toulouse, Gascogne.*

De gueules à une bande d'or, chargée d'un ours de sable.

La branche de cette famille, établie en Gascogne avant l'an 1500, est la seule qui ne soit pas éteinte. Un acte, passé en 1786, prouve que les derniers descendants de la branche de Languedoc, qui existaient à cette époque, considéraient comme cousins les ancêtres de ceux qui réclament à juste titre le droit d'aînesse aujourd'hui.

Cette branche a quatre représentants. Trois frères, Jules-Bernard de Bon, Joseph-Hippolyte de Bon, Jean-Baptiste-Félix de Bon et Henri-Hippolyte de Bon, fils du précédent, propriétaires à Toulouse et en Gascogne, sont les seuls membres de cette noble famille.

BONADONA. *Piémont, Comtat Venaissin.*

D'azur à la bande d'argent, accompagnée de deux roses de même.

Cette famille d'origine italienne a deux représentants : le comte de Bonadona, dans le département de Vaucluse; Albert de Bonadona, à Blauvac, même département.

BONAFOS. *Auvergne.*

D'azur à trois colonnes d'ordre toscan d'or; à la bordure de même.

Cette famille a deux représentants : le baron de Bonafos de Beliney, au château de Maréges, par Neuvic, département de la Corrèze ; de Bonafos, au château de Richmont, par Conflans, département de la Moselle.

BONAFOUS-VERDALE. *Languedoc.*

D'or à l'aigle éployée de sable, le vol abaissé. — Écartelé : aux 1 et 4 d'azur à la bande d'argent ; aux 2 et 3 de gueules au besant d'argent, surmonté quelquefois d'un lambel de même.

De Bonafous-Verdale, unique représentant du **nom**, réside à Toulouse.

BONALD. *Rouergue.*

Écartelé : aux 1 et 4 d'azur à l'aigle d'or ; aux 2 et 3 d'or au griffon de gueules.

Ces armes sont celles du célèbre cardinal de Bonald et du publiciste, vicomte de Bonald, son père.

Cette famille a pour chef, de nom et d'armes, le frère aîné du cardinal de Bonald, lequel habite Montpellier et qui a trois fils à Millau, département de l'Aveyron, lieu d'origine de la famille, à Rodez et à la Calle, département du Gard. Ce sont les seuls représentants.

BONAMY. *Florence.*

D'azur à un phénix d'argent sur son immortalité de gueules, regardant un soleil d'or, mouvant de l'angle dextre du chef. Casque : couronné d'une couronne comtale. Tenants : deux sauvages.

La famille de Bonamy de Villemereuil, qui n'a aucune analogie avec celle de Bretagne, a trois représentants : un propriétaire dans le département de la Marne, un conseiller général de l'Aube, et un officier de **marine.**

BONAND. *Lyonnais.*

D'azur à une croix d'or.

L'unique représentant de ce nom, de Bonand, a sa résidence à Moulins, département de l'Allier.

BONARDI. *Piémont, Ile-de-France, Normandie.*

De gueules à trois bandes d'or bordées de sable.

Cette famille, qui obtint concession du titre de baron de Lieubray en 1778, est représentée par un trésorier payeur de la Croix, et par de Bonardi, receveur particulier à Mamers, département de la Sarthe.

BONCHAMPS. *Normandie, Anjou.*

NORMANDIE. D'azur au lion d'or, armé et lampassé de gueules.

ANJOU. De gueules à deux triangles d'or, entrelacés l'un dans l'autre en forme d'étoile.

Cette famille a pour chef, de nom et d'armes, le marquis de Bonchamps, au château de Bignon, par Bierné, département de la Mayenne.

Un officier supérieur de cavalerie, chevalier de la Légion d'honneur, la représente également.

BONCQUOL DE BEAUVAL. *Flandre française.*

Écartelé : aux 1 et 4 de gueules à l'écu d'argent en abîme ; aux 2 et 3 d'azur à la fasce d'or.

L'unique représentant du nom, Félix de Boncquol de Beauval, réside au château de Morbecque, département du Nord.

BONDY (TAILLEPIED DE). *Normandie.*

D'azur à trois croissants d'or ; au chef d'or, chargé de trois molettes de gueules.

Cette famille a trois représentants : le comte de Bondy,

chef de nom et d'armes, officier de la Légion d'honneur, à Paris; de Bondy, au château de Chassé, département de la Loire-Inférieure; de Bondy, au château de Barre, département de l'Indre.

BONFILS. *France.*

De gueules à la patte d'ours onglée de sable; au chef d'azur chargé de trois fleurs de lis d'or. — Écartelé : aux 1 et 4 de gueules à trois besants d'or; aux 2 et 3 de gueules à la patte d'ours onglée de sable; au chef d'azur chargé de trois fleurs de lis d'or.

Cette famille a neuf représentants : Hippolyte, marquis de Bonfils, chef de nom et d'armes des branches de Lorraine, Provence et Guyenne; Gustave de Bonfils, attaché au ministère des affaires étrangères, à Paris; de Bonfils, aumônier des Dames de la Visitation, à Paris; de Bonfils, économe de la maison de Saint-Lazare, près Montfort, département d'Ille-et-Vilaine; de Bonfils, notaire à Cavaillon; de Bonfils, receveur principal des contributions indirectes, à Clermont-Ferrand; de Bonfils de Lavernelle, conseiller général, à Lalinde, Dordogne; de Bonfils de Lavernelle, chef du cabinet du directeur des lignes télégraphiques, à Paris; Joseph de Bonfils de Lavernelle, directeur général des lignes télégraphiques à Montauban.

BONGARD. *France.*

De gueules à la fasce d'or.

L'unique représentant du nom, de Bongard, réside au château de Lamotte, à Saint-Quentin-Lamotte, département de la Somme.

BONGARDS. *Normandie.*

De sable, à trois molettes d'éperon d'or, surmontées

de trois mouchetures d'hermine de même ; au chef cousu de gueules, chargé de deux têtes de léopard d'or.

Nous ne connaissons qu'un seul représentant du nom : le marquis de Bongards, qui réside à Paris et au château de Lamotte, par Eu, département de la Seine-Inférieure.

BONHOMME DE MONTEGUT. *Guyenne, Toulouse, Montauban.*

Guyenne. De gueules à trois plumes à écrire d'or, coupées d'argent.

Toulouse, Montauban. D'or à un homme au naturel vêtu de gueules, portant une hotte de sable dans laquelle est une femme aussi au naturel, vêtue d'argent.

L'unique représentant du nom : de Bonhomme de Montegut, a été substitut du procureur impérial à Angoulême.

BONIFACE. *Périgord, Provence, Normandie.*

Périgord. D'or à une fasce de gueules accompagnée de six fleurs de lis d'azur.

Provence. D'azur à trois besants d'argent. — De gueules à trois fasces de sinople.

Normandie. D'argent à trois fasces de gueules.

Cette famille a deux représentants : de Boniface de Fombeton, au château de Fombeton, près Sisteron, département des Basses-Alpes ; de Boniface, à Marseille.

BONIVOL ou **BONIVOLS.** *Languedoc.*

D'azur au chevron d'argent, accompagné en chef de deux étoiles d'or, et en pointe d'un porcelet de même.

Cette famille, originaire du Languedoc, s'est transportée dans la Picardie, où elle est représentée par de Bonivols, au château de Voussel, par Valines, département de la Somme.

BONNAFOS. *Poitou.*

De sinople à une fasce d'or accompagnée en pointe d'un agneau d'argent.

Cette famille a pour unique représentant le baron de Bonnafos, au château de Lamothe, à Calvinet, département du Cantal.

BONNAFOUX. *Auvergne.*

D'or à une fasce humaine d'azur.

Cette famille est représentée par de Bonnafoux, au château de Caminel, à Breil, département du Lot.

BONNAIRE. *Bourgogne.*

D'azur au chevron d'or, accompagné en chef de deux trèfles de même, et en pointe d'un agneau pascal d'argent.

Des différentes familles de ce nom, une seule, celle de Bourgogne, est encore représentée par de Bonnaire, au château de Sainte-Palaye, par Vermanton, département de l'Yonne.

BONNARD. *Bourges, Lyonnais.*

BOURGES. D'or à deux pals de sinople et deux bandes d'argent brochantes sur le tout.

LYONNAIS. D'azur à un arc et une flèche en sautoir d'or, accompagnés en pointe de quatre roses d'argent, et d'un croissant de même; au chef d'argent, chargé d'un cœur de gueules enflammé de même, accosté de deux étoiles aussi de gueules.

Cette famille est représentée par de Bonnard, au château de Montferrat, par Villiers-Saint-Georges, département de Seine-et-Marne; elle l'est également par Arthur de Bonnard, directeur de l'Institution homœopathique, à Paris.

BONNAULT. *Provence.*

D'azur au chevron d'or accompagné en chef de deux étoiles d'argent, et en pointe d'un croissant de même. — D'azur au chevron d'or accompagné en chef de deux étoiles d'or, et en pointe d'un dauphin vif, couronné de même. Cimier : un casque taré de fasce. Supports : deux lions.

Cette famille a pour chef, de nom et d'armes, Marie-Sylvain-Antoine-Eugène, vicomte de Bonnault d'Houet, au château de Hailles, par Sains, département de la Somme. Elle est encore représentée par Louis, baron de Bonnault de Bar, à Nérondes, département du Cher; par Charles de Bonnault de Villemenard à Bourges; et par de Bonnault de Villemenard, à Bourges.

BONNAUT. *Auvergne.*

D'azur à une rivière d'argent posée en fasce.

Cette famille a son représentant unique, de Bonnault, à Marseille.

BONNAY. *Bourgogne, Nivernais, Champagne.*

BOURGOGNE. D'argent à trois hures de sanglier de sable, défendues du champ.

NIVERNAIS. D'azur au chef d'or; au lion de gueules, couronné d'argent, brochant sur le tout.

Devise : *Oncques ne devies.*

CHAMPAGNE. D'argent à un bourdon de pèlerin d'azur.

Nous retrouvons cinq représentants du nom de Bonnay : Albert, marquis de Bonnay, à Moulins; Henri, vicomte de Bonnay, à Moulins; de Bonnay, à Vioménil, département des Vosges; de Bonnay, directeur de la Maîtrise, à Reims; de Bonnay, employé aux contributions directes, à Varennes, département de la Meuse.

BONNE. *Languedoc.*

De gueules au lion d'or; au chef cousu d'azur, chargé de trois roses d'argent.

Ces armes sont celles de François de Bonne, duc de Lesdiguières, connétable de France. Elles sont aussi celles de ses descendants, au nombre de six aujourd'hui; deux officiers supérieurs, deux propriétaires à Toulouse, un ecclésiastique dans le département de l'Hérault; de Bonne de Savardin, maire aux Échelles, département de la Savoie.

BONNEAU. *France.*

D'azur à trois grenades d'or, feuillées et tigées de même, ouvertes de gueules. Couronne : de marquis.

Cette famille, originaire de la Touraine, très-nombreuse, et en possession d'importantes fonctions dès l'an 1500, jette des rameaux de tous côtés, principalement en Nivernais, en Bourgogne et vers l'Ile-de-France. L'un de ses membres fut major général de l'infanterie de l'armée de Turenne. Marie Bonneau épouse, en 1645, Jean-Jacques de Beauharnais, et fonde, avec saint Vincent de Paul, l'œuvre des Enfants trouvés.

On rencontre trois représentants du nom de Bonneau proprement dit dans les départements du Gers, de Lot-et-Garonne et à Toulouse; Bonneau d'Alençon est maire à Marolles, Loir-et-Cher; Bonneau de la Varanne est docteur en droit à Angers; Bonneau du Martray, conseiller général dans la Nièvre; Bonneau du Martray, ancien capitaine, maire de Vandenesse; Bonneau du Martray, colonel, chef d'état-major d'une division d'infanterie à Paris, représentent la branche du Nivernais.

BONNECASE. *Béarn.*

De gueules au croissant d'argent; au chef de sinople,

chargé de trois étoiles d'or ; écartelé d'azur à une tour d'argent, maçonnée, crénelée et ouverte de sable.

Cette famille n'a qu'un représentant : de Bonnecase, au château de Froncles, par Vignory, département de la Haute-Marne.

BONNECHOSE. *Normandie.*

D argent à trois têtes de sauvage, arrachées de sable, deux en chef et une pointe.

Devise : *Fide ac virtute.*

Monseigneur de Bonnechose est cardinal-archevêque à Rouen ; Louis de Bonnechose, conseiller référendaire à la cour des comptes, à Paris ; Émile de Bonnechose, conseiller à la cour des comptes ; Charles de Bonnechose, sans profession, réside à Paris, et de Bonnechose, à Monceau, par Bayeux, département du Calvados.

BONNEFON DE LA POUMARÈDE. *Guyenne.*

D'or à un écusson de gueules.

L'unique représentant du nom est un officier supérieur en retraite, à Verdun, département de la Haute-Garonne.

BONNEFOND. *Languedoc, Auvergne.*

D'or à une fontaine de sable composée de deux bassins superposés, dans chacun desquels retombent deux jets d'eau, posée sur une terrasse de sinople.

A ces armes la branche de Varinay ajoute à dextre un cerf blessé par un amour et venant se désaltérer.

Cette famille est représentée par de Bonnefond de Varinay, à Tarare, département du Rhône.

BONNEFOY. *France, Normandie, Bourbonnais, Languedoc.*

FRANCE. Coupé : au 1 d'azur au lion passant d'or ; au

2 de gueules au chevron d'or, accompagné en chef de deux étoiles à cinq rais d'argent et en pointe d'une gerbe d'or.

Normandie. De sable à trois mains dextres d'argent.

Bourbonnais. D'azur à la fasce d'or accompagnée en chef de deux étoiles de même et en pointe d'une foy de carnation.

Languedoc. D'azur au mouton d'argent paissant sur une terrasse de sinople ; au chef d'or chargé de trois croissants de gueules.

Cette famille est représentée par le baron de Bonnefoy, au château de Chirat, par Chantelle, département de l'Allier ; de Bonnefoy, à Auriac, par Caraman, département de la Haute-Garonne ; de Bonnefoy des Aulnoys, chevalier de la Légion d'honneur, conseiller de cour, à Paris.

BONNEL-CLAVERIE. *Languedoc.*

De gueules à une clef d'argent posée en pal.

Cette famille, dont l'origine noble est constatée avant le seizième siècle, est originaire d'Ax, comté de Foix, en Languedoc, où elle est encore représentée.

BONNELLIÈRE (DE LA). *Tours.*

D'azur à un chevron d'or accompagné en chef de deux étoiles d'argent et en pointe d'un croissant de même.

Ces armes, enregistrées dans l'*Armorial général* de d'Hozier, registre de Tours, p. 235, n° 59, étaient celles de Charles le Breton de la Bonnelière, conseiller du roy, assesseur du bailliage de Chinon et receveur des tailles de l'élection dudit Chinon.

La famille, qui a pour chef de nom et d'armes de la Bonnellière, directeur des contributions directes au

Mans, est également représentée par quatre fils, trois filles et deux neveux.

BONNEMAIN. *Bourgogne.*

D'azur à un cœur d'or enflammé de gueules, supporté par deux bras d'argent, mouvants des deux angles vers la pointe.

Cette famille est représentée par de Bonnemain, au château de Saint-Salvy, par Vielmur, département du Tarn.

BONNEMAINS. *France.*

De sinople à la cotice d'or, chargée de trois étoiles à cinq rais d'azur, adextrée d'un lion couché du second, soutenu de deux sabres renversés d'argent, garnis d'or, passés en sautoir; le tout renfermé dans une bordure de gueules.

Le vicomte de Bonnemains, commandeur de la Légion d'honneur, est chef de nom et d'armes; le baron de Bonnemains, autre représentant, réside à Paris.

BONNET. *Nivernais, Normandie, Lorraine, Dauphiné, Provence, Poitou.*

NIVERNAIS. D'azur à trois fusées d'or rangées en fasce.

NORMANDIE. D'argent au chevron d'azur surmonté de cinq pals de gueules, issants du bord supérieur du chevron. — D'argent à la fasce de gueules, chargée de trois besants du champ et accompagnée de trois bonnets d'azur fourrés du second.

LORRAINE. D'azur au levrier assis d'argent, colleté de gueules, bordé, cloué et bouclé d'or, accompagné de trois molettes de même. — D'azur au bœuf d'or accompagné de trois étoiles de même rangées en chef. — D'azur à la bande cousue de gueules, accompagnée en chef d'un lion tenant un sabre d'argent, et en pointe d'une tête de cheval de même, bridée de gueules.

Dauphiné. D'azur au chevron engrelé d'or, accompagné de trois besants d'argent; au chef du second, chargé d'un lion léopardé de sable, armé, lampassé et allumé de gueules.

Provence. D'azur au cerf élancé d'argent.

Poitou. De sable à trois besants d'or.

De ces différentes familles on rencontre encore : de Bonnet de Chaboulon, trésorier payeur général, à Auch ; de Bonnet de Paillerets, commissaire de l'inscription maritime à l'île d'Oléron ; Jules de Bonnet de Paillerets, sous-commissaire de la marine, à l'île d'Oléron ; Charles de Bonnets de Paillerets, aide-commissaire de la marine, à Rochefort-sur-Mer, département de la Charente-Inférieure.

BONNET DE CASTRES. *France.*

D'azur à trois fusées d'or rangées en fasce.

Cette famille n'est plus représentée que par un chevalier de la Légion d'honneur, de Bonnet de Castres, vérificateur-adjoint des poids et mesures, à Alger.

BONNET DE MAUREILHAN DE POLHES. *Languedoc.*

D'or au chevron d'azur, accompagné de trois mouchetures d'hermine de sable.

Le chef de nom et d'armes de cette famille, Bonnet de Maureilhan de Polhes, chevalier de la Légion d'honneur, est officier supérieur d'infanterie.

BONNEUIL. *Berry.*

D'argent, à trois pensées au naturel, tigées et feuillées de sinople ; au chef d'azur, chargé d'un soleil d'or.

Le comte de Bonneuil, le seul représentant connu du nom, réside à Paris.

BONNEVAL. *Saintonge, Limousin.*

D'azur, à un lion d'or armé et lampassé de gueules. Supports : Deux griffons d'or.

Cette famille a donné son nom au fief de Bonneval, un des cinq grands fiefs du haut et bas Limousin, édifié en 930, successivement baronnie, comté et marquisat. La branche aînée s'est fondue dans la maison de Malaru et la terre de Bonneval, par suite de substitutions traditionnelles et obligatoires est revenue à la branche de Bonneval-Chatain, la seule qui subsiste. Elle a trois représentants : Antoine, marquis de Bonneval, à Guéret, département de la Creuse; Armand, comte de Bonneval, au château des Forêts, par Dun-le-Roi, département du Cher, et à Paris; Henri, comte de Bonneval, à Paris.

BONNEVIE DE POGNIAT. *Forez, Auvergne.*

Écartelé : aux 1 et 4 d'azur à trois barbeaux d'argent, l'un sur l'autre, surmontés de trois étoiles de même en chef, qui est de Bonnevie; aux 2 et 3 de France, à la tour d'argent maçonnée de sable, brochant, qui est de la Tour d'Auvergne.

Cette famille a pour chef, de nom et d'armes, Louis-François-Adolphe, comte de Bonnevie de Pogniat, qui a épousé Marie-Hélène-Martha Beker de Mons, dont trois fils. Elle est encore représentée par Jean-Timothée, baron de Bonnevie de Pogniat, chevalier de la Légion d'honneur, ancien capitaine aux zouaves de la garde, qui, de son mariage avec Madeleine-Amélie de Maugras de Chenault, a plusieurs enfants.

BONNEVILLE. *Normandie.*

D'argent, à deux lions de gueules, posés l'un sur l'autre.

Cette famille est représentée par Arnault de Bonneville de Marsangy, officier de la Légion d'honneur, ex-conseiller de cour impériale, à Paris et à Villeneuve-sur-Yonne.

BONNIÈRE. *Lyonnais.*

D'argent à trois bonnets d'albanais de gueules posés 2 et 1 ; à l'éléphant de sable en abîme.

L'unique représentant du nom, de Bonnière, réside au château de Wierre, par Samer, département du Pas-de-Calais.

BONNIEU DE LA RÉVAUDIÈRE. *Bretagne.*

De gueules au chevron d'or accompagné de trois tourteaux de même.

Bonnieu de la Révaudière, unique représentant du nom, est juge de paix à la Gacilly, département du Morbihan.

BONNINIÈRE (DE LA). *France.*

D'argent à la fleur de lis de gueules. Supports : Deux lions.

Le nom de la Bonninière est représenté par un officier des tirailleurs algériens ; celui de la Bonninière de Beaumont par un officier de marine.

BONNINGHAUSEN. *Westphalie, Hollande.*

D'argent au poisson au naturel, couronné d'or, sortant à moitié d'une mer au naturel. Heaume : couronné d'une couronne de sept perles. Cimier : un écusson des armes, entouré de cinq étoiles d'or, placées entre quatre rayons de soleil de même. Lambrequins : d'argent et d'azur.

Le baron de Bonninghausen est médecin à Paris.

BONNIOT. *France.*

D'azur à trois têtes de lion arrachées de gueules, accompagnées de quatre roses d'or.

Cette famille a trois représentants : l'abbé Victor de Bonniot; l'abbé Auguste de Bonniot; de Bonniot, avocat, tous trois à Paris.

BONTEMPS. *France, Bourgogne.*

France. D'argent à la fasce d'azur. — D'or au chêne de sinople; au chef de gueules, chargé d'un léopard d'or.

Bourgogne. De gueules au chevron d'or, chargé de deux aiglettes de sable, et accompagné de trois croix ancrées du second.

On ne retrouve plus sous ce nom que de Bontemps de Montreuil, au château de Luyère, par Pinay, département de l'Aude.

BONTIN. *Guyenne.*

De gueules à un sautoir d'argent.

Cette famille a pour représentant unique, de Bontin, au château de son nom par Aillant, département de l'Yonne.

BONVOULOIR. *Normandie.*

D'azur au lion d'argent, armé et lampassé de gueules, chargé de deux fasces alésées aussi de gueules.

Cette famille qui s'honore d'avoir donné deux châtelains de Domfront au onzième siècle est représentée par le comte Achard de Bonvouloir au château de Magny, par Ryes, département du Calvados; Robert, vicomte de Bonvouloir, au château d'Amblée, par Creully, même département, frères; Auguste, comte de Bonvouloir, à Paris, leur oncle; Henry, vicomte de Bonvouloir, à Paris, leur cousin-germain, et Charles, comte de Bonvouloir, leur grand-oncle, à son château de Charcé, par Montin, département de la Manche.

BONY. *Limousin, Picardie, Poitou, Lorraine.*

De gueules à trois besants d'argent.

Cette famille est représentée par Marc, vicomte de Bony de la Vergne, à son château, par Rexon, département de la Haute-Vienne.

BORD (DU). *Bourges.*

D'argent à trois montagnes de gueules posées en pal l'une sur l'autre, cotoyées de deux flèches d'azur; à la bordure componée d'or et de sable.

L'unique représentant du nom de du Bord est sous-préfet à l'Argentière, département de l'Ardèche.

BORDAS. *Lyonnais.*

D'azur à trois losanges d'argent posés 2 et 1 à la bordure d'or.

L'unique représentant du nom, de Bordas, est ingénieur en chef à Auch.

BORDE (DE LA). *Normandie, Franche-Comté, Limousin, Béarn, Ile-de-France, Angoumois.*

NORMANDIE. De sable au lion léopardé d'argent.

FRANCHE-COMTÉ. D'or à un orme de sinople.

LIMOUSIN. De sable au lion d'or couronné de même.

BÉARN. D'azur au chevron, accompagné en chef de deux roses et en pointe d'une gerbe, le tout d'or.

ILE-DE-FRANCE. Écartelé : aux 1 et 4 d'azur au chevron d'argent, accompagné en pointe d'un lion de même; aux 2 et 3 d'azur à trois pommes de pin d'or; au croissant d'or brochant sur les troisième et quatrième quartiers.

ANGOUMOIS. D'argent à la rose de gueules, cantonnée de quatre coquerelles de sinople.

Le baron de la Borde, chef de nom et d'armes, réside

au château de Raccoterie, par Yvré-l'Evêque, département de la Sarthe ; Jules de la Borde réside à Angers. Un troisième représentant du nom réside à son château à Messimy, par Trévoux, département de l'Ain.

BORDENAVE. *France.*

D'azur au chevron d'argent, accompagné de trois coqs d'or, deux en chef affrontés et un en pointe ; au chef cousu de gueules, chargé de trois étoiles d'or.

Cette famille a deux représentants : Alexandre de Bordenave d'Abère, chevalier de la Légion d'honneur, conseiller de cour impériale, au château d'Abère, par Morlas, département des Basses-Pyrénées ; de Bordenave d'Abère, juge de paix, à Lembleye, département des Basses-Pyrénées.

BORDES. *Normandie, France.*

NORMANDIE. D'or à la tour de gueules. — Écartelé : aux 1 et 4 d'or au lion de gueules ; aux 2 et 3 d'argent à deux chevrons d'azur.

FRANCE. Coupé : au 1 d'or au cerf naissant de gueules, au 2 de sinople à une molette d'or.

De Bordes, unique représentant du nom, réside à Paris.

BORDESOULLE. *France.*

Écartelé : au 1 d'azur à l'étoile d'or ; au 2 et 3 de sinople au sabre d'argent garni d'or ; au 4 d'argent à la toque burelée d'or et de sable, surmontée d'une étoile de sable.

La vicomtesse de Bordesoulle, à Paris, et de Bordesoulle, au château de Fontaine-les-Corps-Nuds, département de l'Oise, sont les seuls représentants de la famille.

BORDEU. *France.*

D'or au château d'azur, au chef de même.

L'unique représentant de cette famille, de Bordeu, est docteur en médecine à Igeste, département des Basses-Pyrénées.

BORDIER DU BIGNON. *France.*

D'or à la fasce d'azur, chargée d'un croissant du champ et accompagnée de trois gerbes du second.

De Bordier du Bignon, seul représentant du nom, est propriétaire à Paris.

BOREL. *Normandie.*

De gueules, à la bande de vair, accostée de deux lions d'or.

Nous connaissons plusieurs familles distinctes du nom de Borel. La première par l'ordre alphabétique, Borel de Bretizel est représentée à Paris, dans l'Oise et dans la Seine-Inférieure.

BOREL D'HAUTERIVE. *Dauphiné.*

D'argent à la croix engrelée d'azur, cantonnée de quatre rencontres de bœufs de gueules, accornés d'or et clarinés de sable.

Devise : *Hault espoir (alta spes).*

Cette famille est connue depuis Jean Borel de Ponsonnas, lieutenant du baron des Adrets en 1562. Elle est représentée par André-François-Joseph de Borel d'Hauterive, bibliothécaire de Sainte-Geneviève, membre de la société des gens de lettres à Paris, auteur d'ouvrages héraldiques renommés, archiviste-paléographe, le plus érudit, le plus remarquable des généalogistes de notre temps. Elle est également représentée par Alderan de Borel d'Hauterive, à Mostaganem, Algérie.

BOREL DE LARIVIÈRE. *Touraine.*

D'argent à trois tiges de roseau, feuillées de sinople ; au chef dentelé de gueules chargé de trois besants d'or ; au franc-quartier des chevaliers légionnaires.

Cette famille, dont le chef obtint un majorat en 1807, après la bataille d'Eylau, où il fut grièvement blessé, est représentée par de Borel de Larivière, capitaine de cavalerie en retraite, à Blois, démissionnaire après 1830 sans alliance, et par de Borel de Larivière, au château de Larivière, près Chabris, par Valençay, département de l'Indre, qui a postérité.

BORELY DE LA SAPIE. *Provence.*

Palé d'or et de gueules ; au chef du second, chargé de trois besants du premier.

L'unique représentant du nom, chevalier de la Légion d'honneur, est maire à Blidah, Algérie.

BORGHÈSE. *Italie.*

D'azur au dragon ailé d'or ; au chef de même, chargé d'une aigle de sable, le vol abaissé.

Ce beau nom, si connu en France, est porté par le prince de Borghèse au château des Bordes, par Nangis, département de Seine-et-Marne.

BORIE. *France, Périgord, Guyenne.*

France. Parti : au 1 d'azur au lion d'or ; au 2 d'argent au chevron de gueules.

Périgord. De gueules à trois fers à cheval d'or ; au croissant d'argent en chef.

Guyenne. D'or au pin de sinople ; au chef d'azur, chargé de trois fleurs de lis du champ.

Cette famille a deux représentants : Adolphe de Borie, chef de nom et d'armes, à Versailles ; l'abbé de Borie, curé de Saint-Philippe-du-Roule, à Paris.

BORNE. *Languedoc.*

D'or à l'ours passant de sable, armé et lampassé de gueules.

Le seul représentant du nom, Borne de Gouvault, est docteur en médecine dans la Nièvre ; son fils réside au château de Gourault, par Lormes, même département.

BORRELLI. *Languedoc.*

Écartelé : au 1 d'azur à la citadelle enflammée, sur une terrasse de sinople ; au 2 de gueules à l'épée d'argent ; au 3 d'or à trois serres d'aigle de sable ; au chef de gueules, chargé de trois étoiles d'or ; au 4 d'azur au cheval d'argent passant.

Cette famille, qui habite aujourd'hui le château du Taillan, en Médoc, et Paris, est représentée par le général de division Charles, vicomte de Borrelli, grand officier de la Légion d'honneur, marié à Louise Caroline, née comtesse de Bryas, et par ses deux fils : Roger de Borrelli, secrétaire d'ambassade, et Raymond de Borrelli, capitaine de cavalerie.

BOS (DU). *Normandie, Picardie.*

NORMANDIE. D'argent à trois frênes, arrachés de sinople. — D'argent à trois tilleuls au naturel, au lion rampant de sable, armé et lampassé de gueules. — Semé d'hermine aux trois fasces de gueules ; au chevron d'or brochant sur le tout.

Bernard de Marle, chevalier de Versigny, conseiller du roi en ses conseils, maître des requêtes, commissaire député par le roi pour la recherche de la noblesse, suivant l'arrêt du conseil d'État du 22 mars 1666. — Voir aussi d'Hozier, certificat du 30 juillet 1697.

Nous connaissons deux représentants du nom fonctionnaires de l'administration de la marine à Paris. Le second, employé supérieur, signe de Saint-Lac du Bos. — Un troisième représentant est attaché à l'administration des lignes télégraphiques, à Arras.

BOSC (DU). *Normandie.*

D'argent semé d'hermine à trois fasces de gueules avec un chevron d'or brochant sur le tout.

Ces armes ont été certifiées par Bernard de Marle, conseiller du roi en ses conseils, maître des requêtes, commissaire député par le roi pour la recherche de la noblesse, suivant arrêt du conseil d'État du 22 mars 1666, et cette famille a trois représentants : Philippe du Bosc, à Aix, Bouches-du-Rhône; du Bosc, à Pointel, par Argentan, département de l'Orne; du Bosc, au château de Jouleau, par Lucenay, département de Saône-et-Loire.

BOSCAL DE RÉALS. *Languedoc.*

De gueules au chêne d'argent surmonté d'une fleur de lis d'or.

Le représentant de cet ancien nom réside au château de Troerin, par Landivisiau, département du Finistère.

BOSSCHER DES ARDILLETS. *Alençon, Bretagne.*

ALENÇON. D'or à deux arbres de sinople sur une terrasse de même.

BRETAGNE. D'or à trois pals abaissés et au pied fiché de sable; à une fasce d'azur, chargée de trois mâcles d'argent brochant sur le tout.

Bosscher des Ardillets, unique représentant du nom,

est conseiller de préfecture, à Saint-Brieuc, département des Côtes-du-Nord.

BOSCQ (DU). *Languedoc.*

Écartelé : aux 1 et 4 d'argent à trois arbres de sinople ; aux 2 et 3 d'or à la fasce de gueules, chargée de trois fleurs de lis d'argent.

Il ne reste plus que deux représentants du nom. L'un est juge à Libourne ; l'autre maire, à Baigneaux, département de la Gironde.

BOSQUILLON. *Soissonnais.*

De gueules à un chevron d'argent chargé de trois roses du champ et accompagné de trois haches d'argent emmanchées d'or, posées en pal, deux en chef et une en pointe.

Cette famille est représentée par de Bosquillon de Genlis, sans fonctions, et par de Bosquillon de Fontenay, chevalier de la Légion d'honneur, conseiller de cour impériale, tous deux à Paris.

BOSREDON. *Auvergne, Bretagne, France.*

AUVERGNE, BRETAGNE. Écartelé : aux 1 et 4 d'azur au lion d'argent, armé et lampassé de gueules ; aux 2 et 3, vairé d'argent et de sinople de quatre tires.

FRANCE. Écartelé : aux 1 et 4 de gueules au lion d'or, couronné de même à l'antique ; aux 2 et 3 de vair plein. Couronne : de marquis. — D'argent au faucon de sable posé sur une terrasse de sinople ; au chef d'azur chargé de trois étoiles d'or.

Cette famille est divisée en deux branches. L'aînée a pour chef de nom et d'armes, Paul, marquis de Bosredon, à Bordeaux. La deuxième branche est représentée par Anselme, comte de Bosredon, à Bourges ; Philippe de

Bosredon, conseiller d'État, secrétaire général du département de l'intérieur, à Paris; de Bosredon, au château de Bony, par Sancoins, département du Cher.

BOSSE DE BONRECUEIL. *France.*

D'azur à la tour ronde, ouverte, ajourée et crénelée de quatre pièces d'argent, maçonnées de sable.

Fernand de Bosse de Bonrecueil, seul représentant de la famille, réside au château de Bonrecueil, par Lambesc, département des Bouches-du-Rhône.

BOSSUGES. *Languedoc.*

De gueules au taureau d'or passant au pied d'un chêne à deux branches, posées en sautoir, d'argent.

De Bossuges, seul représentant du nom, réside au château de Castelfort, par Montagnac, département de l'Hérault.

BOSSY. *France.*

D'argent à l'aigle éployée de sable.

De Bossy, unique représentant du nom, est médecin, au Havre, département de la Seine-Inférieure.

BOT (DU). *Bretagne, Provence.*

BRETAGNE. D'azur à la croix alésée d'or, chargée d'un cœur de gueules et accompagnée de trois croissants d'argent, un en chef et deux en pointe, ces deux derniers surmontés chacun de deux étoiles à cinq rais du second. — De sable à la fasce d'argent accompagnée de trois coquilles de même. — D'azur au chevron d'or accompagné de trois quintefeuilles d'argent. — D'argent à la fasce de gueules. — D'argent à deux haches d'armes adossées de sable. — Écartelé : aux 1 et 4 d'argent à trois merlettes de sable: aux 2 et 3 d'argent à trois fasces ondées d'azur. — D'argent à la fasce de sable accompagnée de trois merlettes de même. — D'azur à trois quintefeuilles d'argent.

Provence. De gueules au donjon d'or, portillé, coulissé et ajouré de sable, donjonné de trois tours couvertes et girouettées aussi d'or.

C'est encore en Bretagne qu'existe le seul représentant du nom : du Boï, réside à son château de la Tour d'Elven, par Elven, département du Morbihan.

BOTET DE LACAZE. *Normandie.*

D'argent au chevron d'azur, accompagné de trois oiseaux de gueules, deux en chef et un en pointe.

Ce nom est représenté par de Botet de Lacaze, au château de Lacaze, par Bouglon, département de Lot-et-Garonne.

BOTHEREL DU PLESSIN. *Bretagne.*

D'azur à trois croix pattées d'argent et au chevron brisé, chargé d'une de ces croix.

René-Ivon de Botherel, aïeul du chef actuel de la famille, était procureur général, syndic des états de Bretagne à l'époque de la Révolution de 1789 et remplit un rôle célèbre par une protestation qui fit beaucoup de bruit.

Sa descendance est représentée à Rennes, à la Chapelle-du-Lion, canton de Montauban et à Bourg-des-Comptes, depuis quelques années seulement. Elle signe de Botherel du Plessin. Une autre famille du nom de Botherel du Quentain et qui n'a aucun lieu avec la précédente, n'a plus de représentant.

BOTMILLIAU. *Bretagne.*

D'azur à trois cloches d'argent bataillées de sable.

C'est encore en Bretagne, dans le département des Côtes-du-Nord, que l'on trouve le siège de la famille. Son chef de nom et d'armes, vicomte de Botmilliau, est consul à Belgrade; l'autre représentant du nom réside au château de Montjoie par Lanvollon.

BOTTÉE DE TOULMONT. *Picardie.*

D'azur à une bande d'or accompagnée de deux molettes de même, une en chef et une en pointe.

De Bottée de Toulmont, unique représentant du nom, sans fonctions et sans titre, réside à Paris.

BOUARD DE LAFOREST. *Angleterre, Paris.*

D'argent au lion de sinople accompagné en chef de deux étoiles de même. Couronne : de comte.

Devise : *Dieu et mon roi.*

Cette famille originaire d'Angleterre, venue en France vers 1490 est représentée par trois frères : Jean-Marie-Eugène, comte de Bouard de la Forest, à Logerie; Jean-François-Osman, vicomte de Bouard de Laforest, chevalier de l'ordre de la Légion d'honneur, officier aux chasseurs d'Afrique; Sébastien, baron de Bouard de Laforest, à Porchères, canton de Coutras, département de la Gironde.

BOUAYS DE LA BÉGASSIÈRE (du). *Bretagne.*

De gueules à la croix d'argent cantonnée de quatre croissants de même.

Cette famille est représentée par Constant du Bouays de la Bégassière, à Guingamp, département des Côtes-du-Nord et par de Bouays de la Bégassière, administrateur des forêts, à Paris.

BOUBÉE. *Toulouse, Montauban.*

D'argent au chevron d'azur et un chef de gueules

chargé de trois étoiles du champ. — D'or à la lettre capitale P de sinople. — De sable à une poule d'or.

Cette famille a deux représentants : de Boubée, à Lyon ; de Boubée de la Couture, juge au tribunal civil, à Condom, département du Gers.

BOUBERS. *Champagne, Picardie; Artois, Picardie.*

CHAMPAGNE, PICARDIE. D'or à trois aigles de sable, becquées et membrées de gueules.

ARTOIS, PICARDIE. D'or à la croix de sable chargée de cinq coquilles du champ.

Le marquis de Boubers, chef de nom et d'armes, fut conseiller général dans le Haut-Rhin. On trouve encore : Olivier, comte de Boubers ; Ernest de Boubers ; de Boubers-Vaughenlieu ; de Boubers-Candelier, à Lille.

BOUCHAGE (DE GRATET DU). *Dauphiné.*

D'azur au griffon d'or.

Devise : *Tout-à-tout.*

Louis-Pierre-Robert, vicomte du Bouchage, habite Paris. Un autre représentant du nom, de Gratet du Bouchage, était officier au régiment des carabiniers.

BOUCHARD (AUBETERRE DE). *Saintonge.*

Ecartelé : aux 1 et 4 de gueules à trois léopards d'or, armés et lampassés d'argent, qui est de Bouchard ; aux 2 et 3 losangé d'or et d'azur, au chef de gueules, qui est de Raimondi d'Aubeterre.

Ce nom est représenté par un colonel d'infanterie, de Bouchard d'Aubeterre, officier de la Légion d'honneur, commandant le 87e régiment de ligne, et par de Bouchard d'Avesnes, chef de station du télégraphe, à Montluçon, département de l'Allier.

BOUCHAUD. *Bretagne.*

D'argent au chevron d'azur, accompagné en pointe d'une moucheture d'hermine de sable; au chef cousu d'or, chargé de deux roses de gueules.

Nous rencontrons trois représentants du nom : de Bouchaud, chevalier de la Légion d'honneur, conseiller général, président de la chambre de commerce, à Saint-Etienne, département de la Loire, directeur des fonderies de la Loire et de l'Ardèche, dans le même département; Bouchaud de Mazaubrun, greffier à Bouffaric, Algérie; de Bouchaud, au château de Vaux, par Villefranche, département du Rhône.

BOUCHÉ DE SCORBON. *La Rochelle.*

D'argent à un couperet de sable. — De sable à une bande d'argent.

Cette famille est représentée par de Bouché de Scorbon, président du tribunal civil, à Troyes, département de l'Aube.

BOUCHELET. *France.*

De gueules, au chevron [d'or, accompagné de trois merlettes de même, que l'on trouve quelquefois d'argent.

La famille Bouchelet de Vendegier, de Beaurain, de Neuville, de Lafond et de Berlaymont, descend de François-Ignace-Joseph Bouchelet, seigneur de Vendegier, anobli par une charge de conseiller-secrétaire du roi qu'il occupait en 1761. Son fils Auguste-François-Joseph, seigneur de Neuville, prévôt royal et héréditaire de Cambrai, épousa Françoise-Robertine d'Esclaibes de Clairmont, comtesse d'Hust, et c'est par suite de cette alliance que ses descendants prennent le titre de comtes d'Hust. Charles-Josse-Joseph Bouchelet de

Berlaymont, mort à Vienne en 1819, était conseiller intime de l'Empereur d'Autriche. Cette famille a donné plusieurs chevaliers de Saint-Louis et possède encore de nombreux représentants. Alliances : d'Astruc du Boulet, Butron de la Torre, Cossé de Maulde, d'Esclaibes, de Lagrené, de la Place de Lowal, de Robillard de Magnanville.

BOUCHER. *Champagne, Picardie, Paris, Normandie, Bretagne,* **Artois***, Ile-de-France, Guyenne.*

Champagne. D'argent à trois écrevisses de gueules. — D'or au chevron de gueules, accompagné en chef de trois étoiles d'azur, et en pointe d'un arbre de sinople, terrassé de même, adextré d'un levrier rampant de sable, et sénestré d'un coq perché sur une épée, le tout de sable.

Champagne, Picardie. D'or au sautoir engrelé de sable, cantonné de quatre aiglettes aussi de sable, becquées et membrées de gueules. — Parti : au 1 d'azur au croissant d'argent, accompagné de trois étoiles d'or, qui est de Boucher de Crèvecœur; au 2 d'azur à l'épée d'argent, garnie d'or, supportant une couronne royale de même et accostée de fleurs de lis aussi d'or, qui est de Perthes.

Champagne, Artois. D'azur au croissant d'argent, accompagné de trois étoiles d'or.

Champagne, Ile-de-France. De gueules semé de croisettes ou croissants d'argent; au lion de même, armé et lampassé de gueules, brochant sur le tout.

Picardie. D'azur à la fasce d'or, accompagnée en chef de deux roses d'argent et en pointe d'une épine de même.

Paris. Écartelé : aux 1 et 4 d'argent à la croix

potencée d'or, cantonnée de quatre croisettes pareilles, qui est de Jérusalem; aux 2 et 3 de gueules à l'écusson d'argent bordé d'or et chargé d'une feuille de sinople.

Normandie. D'argent, à dextre au demi-chevron de gueules et à senestre au lion passant de sable. — De gueules à la bande d'argent chargée de trois cloches de sinople, posées dans le sens de la bande. — D'azur à la fasce d'or, accompagnée d'une aigle de même, entre deux merlettes aussi d'or en chef et de trois roses de même en pointe. — Coupé : au 1 d'azur à deux coquilles d'or; au 2 d'argent à la rose de gueules. — De gueules au chevron d'or accompagné de trois roses de même.

Bretagne. D'argent à trois palmes de sinople, les deux du chef adossées.

Guyenne. D'azur au sautoir, cantonné au 1 d'un lionceau, au 2 et 3 d'une étoile et au 4 d'un croissant, le tout d'argent. — D'or à deux lions affrontés de gueules; au chef d'azur chargé d'un croissant d'argent, entre deux étoiles du champ.

Des différentes familles dont les armes se blasonnent ainsi il reste onze représentants : de Boucher d'Argis, à Paris; de Boucher d'Argis, conseiller général à Carquefou, département de la Loire-Inférieure; de Boucher d'Aubanel, sous-préfet à Nyons, département de la Drôme; de Boucher de Molandon, au château de Preuilly, par Pontaux, département du Loiret; de Boucher de Montuel, au château de Montuel, par Montigny-sur-Avre, département d'Eure-et-Loir; de Boucher de Perthes, antiquaire, à Abbeville; de Boucher de Précourt, receveur des douanes, à Lille; de Boucher de la Rupelle, substitut du procureur impérial, à Melun, département de Seine-et-Marne; de Boucher de la Rupelle, trésorier payeur général, à Saint-Lô, département de la Manche ; de Boucher de la Rupelle, au château de Montchevreuil, département de l'Aube; de Boucher de Ville-Jossy, membre de la chambre de commerce, à Nantes.

BOUCHERON-BOISSOUDY (DU). *France.*

D'azur à trois chevrons d'or. — Ecartelé : au 1 et 4 d'or à trois lions de gueules, qui est de Boucheron ; au 2 et 3 contre-écartelé d'or et de gueules.

L'unique représentant du nom, du Boucheron de Boissoudy, réside au château de Bommiers, par Issoudun, département de l'Indre.

BOUCHET. *Bourgogne, Auvergne, Languedoc, Champagne, Dauphiné, Bretagne, Poitou, Anjou, Maine.*

BOURGOGNE. D'argent à une merlette de sable; au chef d'azur, chargé de trois besants d'or.

AUVERGNE. D'argent semé de trèfles de sinople; au lion d'or et au filet de gueules, brochant sur le tout.

LANGUEDOC. De gueules à trois croix d'argent; au chef cousu d'azur chargé de trois étoiles d'or.

CHAMPAGNE. Tiercé en fasce : au 1 d'argent à trois lionceaux de gueules ; au 2 d'azur au croissant d'argent, surmonté d'une étoile de même ; au 3 de sable fretté d'or. — D'argent à trois écrevisses de gueules posées 2 et 1. Supports : deux sauvages.

DAUPHINÉ. D'azur à la fasce crénelée de trois pièces accompagnées de trois étoiles d'or en chef et en pointe d'un lion de même, lampassé de gueules, tenant de ses deux pattes de devant une ancre d'or.

BRETAGNE, origine de Bourgogne. De sable à la croix engrelée d'argent.

POITOU. D'azur au sautoir d'argent, chargé de cinq losanges de gueules.

Anjou, Maine. D'argent à deux fasces de sable.

De ces familles il reste trois représentants : de Bouchet au Mans; de Bouchet, au château de Bouchet, par Issoire, département du Puy-de-Dôme ; de Bouchet de Grandmay, conseiller général à Mazières, département des Deux-Sèvres.

BOUCHEZ. *Provence.*

D'azur, au croissant d'argent, accompagné de trois étoiles de même, deux en chef et une en pointe.

Le seul représentant connu du nom, de Bouchez, réside au château de Veneville, par le Lude, département de la Sarthe.

BOUCLANS. *France.*

D'argent à la bande d'azur.

Bouclans, terre et seigneurie en Franche-Comté, diocèse de Besançon, fut érigée en marquisat par lettres du mois de novembre 1749, enregistrées à Besançon et à Dôle les 30 janvier et 26 février 1750, en faveur de Joseph le Bas-de-Clevant, conseiller au parlement de Besançon.

Le marquis de Bouclans réside au château de son nom, par Nancray, département du Doubs. Il est le seul représentant de sa famille.

BOUCLET D'HALWIN. *Picardie.*

D'azur à trois haches d'argent, posées 2 et 1.

Cette famille est représentée par de Bouclet d'Halwin, au château de Ledquend, par Marquise, département du Pas-de-Calais.

BOUDARD (Martin de). *Avignon, Provence.*

D'argent à deux jumeaux de carnation accouplés, posés sur une terrasse de sinople.

Devise : *Concordia crescunt.*

Origine : Italie, république de Florence ; nom primitif : *Gemelli.*

Dicton : *Modeste, mais toujours digne.*

Chef actuel : Auguste-Marie-Félicien Martin de Boudard, chevalier de l'ordre pontifical de Saint-Sylvestre, marié à Antoinette-Marie-Thérèse de Carmejane-Pierredon, fille de Charles-Joseph, baron de Carmejane de Pierredon, officier de la Légion d'honneur, chevalier de l'ordre de Saint-Louis, chevalier de la couronne de fer, maréchal de camp d'artillerie, et de Camille-Marie-Thérèse-Stéphanie Trono de Bouchony, dont quatre filles et trois fils : Félicien-Marie-Joseph, adjudant aux zouaves pontificaux ; Marie, religieuse du Sacré-Cœur ; Amélie, Pauline, Louise, Charles et Clément ; — fils d'Auguste-Barthélemy, page de Sa Majesté l'Empereur Napoléon 1er, chef d'escadrons au régiment de dragons de la garde royale, officier de la Légion d'honneur, et de Marie-Marguerite-Sabine Ode ; — petit-fils de Claude-Pierre, garde du corps de Louis XVI, compagnie de Luxembourg, conseiller de préfecture de Vaucluse, chevalier de l'ordre de Saint-Louis, et de Victoire-Adélaïde-Louise de Colla de Pradine ; — frère de Clément-Louis, capitaine de cavalerie, chevalier de la Légion d'honneur, marié à Marie-Charlotte le Blan, et de six autres frères et sœurs : Alexis, capitaine des mobilisés de Vaucluse ; Louis, marié à Lucie Sézini ; Jenny, religieuse de Notre-Dame ; Félicie, religieuse de Sainte-Ursule ; Maria, mariée à Adrien Fabre ; Athénie, mariée à Édouard Reinaud de Fonvert, officier de la Légion d'honneur, lieutenant colonel en retraite.

Louis, dit le chevalier de Boudard, frère de Claude-Pierre, cadet gentilhomme au régiment de Lorraineinfanterie, émigré à l'armée des Princes, officier supérieur en retraite, chevalier de l'ordre de Saint-Louis, et fils de Pierre Martin de Boudard, docteur en droit, juge royal à Barbantane, conseiller du roi, lieutenant général criminel et subdélégué de l'intendant de Provence, et de Louise-Marie-Marguerite de Rullaud, a laissé deux enfants : Charles, ancien garde général des eaux et forêts, et Louis-Théodore, ex-directeur du trésor de la couronne au ministère de la maison de l'empereur. Du mariage de Louis-Théodore avec Delphine-Sophie de Carré de Bray, est née une fille, Delphine, qui a épousé Léon Mangin, officier de la Légion d'honneur et de Notre-Dame de Guadalupe, commandeur de Saint-Grégoire-le-Grand, général de brigade.

Alexis-Joseph, frère d'Auguste-Barthélemy, garde du corps du roi, compagnie de Luxembourg, lieutenant au régiment de hussards du Nord, a laissé de son mariage avec Marie-Honorine de Vigny une fille, Clémence-Marie, qui a épousé Louis-Paul comte d'Humières, chevalier de l'ordre pontifical de Saint-Sylvestre, dont quatre filles et un fils, Roger, volontaire aux zouaves pontificaux, capitaine de la garde mobile de la Seine-Inférieure.

Louise-Sophie-Justine, sœur du même, veuve de César Pistoye de Maillanne, ancien magistrat, a un fils, Alexandre, chef d'escadrons de cuirassiers, chevalier de la Légion d'honneur.

Antoinette-Marie-Hortense, autre sœur du même, veuve d'Auguste de Poulle-Vénasque, mousquetaire du roi, chevalier de la Légion d'honneur, est remariée sans enfants à Étienne de Besson, ancien garde du corps du roi Louis XVIII.

BOUDET. *Artois-France, Auvergne, Berry, Lorraine.*

Artois. Vairé d'or et d'azur au canton de gueules.

France. De gueules chapé d'or ; l'or chargé en chef d'une épée d'azur, posée en fasce.

Berry, Lorraine. D'or au demi-vol de sable.

Ces familles distinctes sont représentées par le comte de Boudet, député de la Dordogne ; Boudet de Montplaisir, chevalier de la Légion d'honneur, conseiller général, à la Force, Dordogne ; Boudet de Paris, chevalier de la Légion d'honneur, vice-président du tribunal civil, à Paris ; Boudet de Paris, conseiller général à Châteauneuf, département d'Eure-et-Loir.

BOUDET. *Auvergne.*

D'or aux deux plumes de sable posées en sautoir.

Armes enregistrées par d'Hozier, le 26 septembre 1698, dans l'Armorial de la généralité d'Auvergne, p. 342, n° 301.

Cette famille s'honore d'avoir donné un receveur général de la généralité de Riom en 1560 ; douze consuls élus ou échevins de Clermont-Ferrand de 1401 à 1652 et Antoine-Alexis Boudet, théologien, auteur de différents ouvrages, vicaire général du diocèse de Clermont en 1765. Elle a quitté le chef-lieu du Puy-de-Dôme pour aller se fixer dans le département où elle existe encore.

BOUDIER. *Normandie.*

De sable à trois molettes d'or ; au pal d'azur, chargé d'un croissant d'argent posé en cœur, et de deux molettes d'éperon d'or, une en chef et l'autre en pointe.

Cette famille est encore représentée par de Boudier de la Valleinerie, dans le département de la Manche.

BOUDIEZ. *Normandie, France.*

Normandie. De sable à trois molettes d'or.

France. D'or au pal d'azur, chargé d'un croissant d'argent, accompagné de deux molettes d'or, une en chef et une en pointe.

On ne rencontre plus que dans le Finistère un représentant de cette famille.

BOUDIN. *Bretagne, Flandre.*

Bretagne, Boudin de Tromelin. De sable à l'épée d'argent accompagnée en chef de deux étoiles à cinq rais d'or.

Devise : *Ad sidera tenta.*

Flandre. Boudins. D'azur au chevron d'argent, au canton de Flandre qui est d'or au lion de sable, armé et lampassé de gueules. Bourlet : d'argent et d'azur. Cimier : Un vol-banneret d'argent et d'azur.

Devise : *Evigilavi.*

Nous retrouvons deux représentants du nom de Boudin : un maire d'une commune rurale dans la Dordogne et un avocat à Paris.

BOUDON. *Flandre, Guyenne, Limousin.*

Flandre. D'or à trois barils de sable posés 2 et 1.

Guyenne. D'azur à cinq étoiles d'or posées 3 et 2 ; au chef cousu de gueules chargé de deux croissants d'argent. — D'argent à trois besants de gueules. — De sable à un château d'argent.

Limousin. De gueules à une fontaine de trois bassins l'un sur l'autre d'argent, sur le plus haut desquels sont perchés deux oiseaux affrontés de même.

Il reste en France deux représentants du nom : de Boudon, au château de Mothe-Coulon, par Villefranche de Longchape, département de la Dordogne ; de Boudon de Saint-Amans, officier de la Légion d'honneur, chevalier de Saint-Louis, officier supérieur de cavalerie en retraite.

BOUESSEL. *Bretagne.*

D'argent à trois boisseaux de sable.

Cette famille a deux représentants : de Bouessel de Lecousselle, président du tribunal civil, à Rennes ; de Bouessel de Lecousselle, avoué à Fougères, département d'Ille-et-Vilaine.

BOUET. *Poitou.*

D'argent à trois hures de sanglier cantonnées de sable, l'une sur l'autre, arrachées de gueules, défendues d'argent.

Désormais grande et glorieuse par l'éclat qu'elle doit à son chef actuel, de nom et d'armes, Louis, comte de Bouet-Willaumez, grand-officier de la Légion d'honneur, ancien sénateur, à Paris ; cette maison est encore représentée par de Bouet de Portal, receveur, à Saïda, Algérie.

BOUETIEZ DE KERORGUEN. *Bretagne.*

D'azur à deux fasces d'argent, accompagnées de six besants d'or, posés 3, 2 et 1.

Cette famille est représentée par du Bouetiez de Kerorguen, notaire à Hennebont, département du Morbihan ; de Bouetiez de Kerorguen, avocat à Lorient, même département, et par du Bouetiez de Kerorguen, attaché à l'administration des lignes télégraphiques à Angers.

BOUEXIC. *Bretagne.*

D'argent à trois pins de Bretagne déracinés.

Ce beau nom, d'origine reculée, déjà connu en 1440, a

quatre représentants, le comte du Bouexic de Pinieux, chef de nom et d'armes, à Boucq, département de la Meurthe ; le comte du Bouexic, au château de Drieunays, département d'Ille-et-Vilaine ; le comte du Bouexic, au château d'Appilly, près d'Avranches ; le comte du Bouexic de Guichen, au château de Sainte-Catherine, près Circy, département de la Meurthe.

BOUEZ D'AMAZY. *Nivernais.*

Écartelé : aux 1 et 4 d'argent à trois hures de sanglier de sable, ensanglantées de gueules, défendues d'argent, posées 2 et 1 contournées, et une cigogne de même en abîme tenant en son bec une couleuvre de sinople, qui est de Bouez d'Amazy ; au 2 et 3 d'azur à un lion passant d'or, surmonté de trois trèfles d'argent, qui est de Chargères. Couronne : de comte. Support : deux lions.

Devise : *Noblesse et droiture.*

Cette famille, originaire du Nivernais, est représentée par Ludovic, comte de Bouez d'Amazy, au château d'Amazy, par Tannay, département de la Nièvre.

BOUFFARD DE L'ESPINOY. *Toulouse, Montauban.*

D'azur à une colombe éployée d'or, tenant en son bec un rameau d'olivier de sinople.

Cette famille n'a qu'un représentant : de Bouffard de l'Espinoy, au château de Laval, par Leplèvre, département de la Corrèze.

BOUGEREL. *Provence.*

De gueules au lion d'or ; au chef cousu d'azur, chargé de trois étoiles d'or.

Ce nom est représenté par un percepteur dans la Moselle et un sous-inspecteur des douanes à la Basse-Terre, Guadeloupe.

BOUGY. *Gâtinais.*

De gueules à six besants d'or, posés 3, 2 et 1. *Alias* d'azur à six roses d'argent posées 3, 2 et 1.

Devise : *Perseverando e sperando.*

Cette famille n'a de commun que le nom avec celle des marquis et des comtes de Bougy.

Il existe un château et une terre de Bougy en Gâtinais, et une terre de même dans le Calvados, mais les deux familles n'ont de commun que le nom.

Une branche de cette même famille s'est établie dans le canton de Vaud, entre Genève et Lausanne. Elle porte d'azur à six roses d'argent.

BOUHIER. *Artois, Bourgogne.*

D'azur, au bœuf d'or. — D'azur au chevron d'or, accompagné en chef d'un croissant d'argent et en pointe d'une rencontre de bœufs du second.

Cette famille, qui joint à son nom celui de l'Écluse, a un représentant à Paris et un autre dans le département d'Eure-et-Loir.

BOUILLANT. *Dauphiné.*

D'azur, à une patte senestre d'ours d'or, posée en fasce. — D'argent à l'aigle éployée de sable. — D'azur au chevron d'argent accompagné de trois étoiles de même. — De sinople à trois hures de sanglier d'argent.

Nous connaissons quatre représentants du nom : trois de Bouillant-Colombe résident à Marseille, le quatrième, de Bouillant-Lacoste, est conseiller honoraire de cour, à Grenoble.

BOUILLÉ. *Auvergne, Bretagne.*

AUVERGNE. D'argent à la fasce de gueules frettée d'or, accompagnée de deux burelles de gueules, deux en chef et une en pointe, dans le même sens. — De gueules à la croix ancrée d'argent. — D'argent à l'aigle d'azur, becquée, membrée et couronnée d'or.

Bretagne. D'azur à la bande d'argent, accompagnée de deux croissants de même.

Le chef de nom et d'armes de cette belle famille est le marquis de Bouillé, à Paris; elle est encore représentée par Jules, comte de Bouillé, à Paris; et par le comte de Bouillé, au château de Villars, par Magny, département des Deux-Sèvres.

BOUILLET. *France.*

D'azur au chevron d'or, accompagné de trois besants de même; au chef de gueules soutenu d'or et chargé d'un croissant d'argent entre deux étoiles à cinq rais de même.

Le comte de Bouillet, seul représentant connu du nom, réside au château de Goué, par Mansle, département de la Charente.

BOUILLONNEY. *Normandie.*

D'azur à neuf croisettes pattées d'argent, posées 4, 3 et 2.

Cette famille est représentée par de Bouillonney, maire à Menil-Vicomte, par le Merlerault, département de l'Orne.

BOUILLY. *Bretagne.*

D'azur à la bande d'argent, accompagnée de deux croissants de même.

Cette famille, dont l'anoblissement remonte à l'an 1587, est représentée par de Fretay du Bouilly, officier de cavalerie.

BOULAIS. *Normandie.*

De gueules au chevron d'or, accompagné de trois besants de même.

Cette famille est représentée par de Boulais, à Montmoyen, par Becey-sur-Ource, département de la Côte-d'Or.

BOULANGER. *Bretagne, France.*

BRETAGNE. D'azur à l'épée d'argent en bande, accompagnée en chef d'un poignard de même.

FRANCE. — D'azur à une fasce d'or, accompagnée en chef de trois étoiles à cinq rais de même, et en pointe de trois roses d'argent.

Cette belle maison n'est plus représentée que par le comte de Boulanger, à Paris.

BOULARD. *Caen, France, Lyon, Touraine.*

CAEN. De sinople à une boule d'argent.

FRANCE. Coupé : au 1 d'azur à un tube de canon en pal d'or; au 2 d'or au chevron d'azur, accompagné d'une étoile à cinq rais de même en abîme.

LYON. D'argent à trois bombes de sable, ardentes de gueules, posées 2 et 1.

TOURAINE. De gueules à trois étoiles d'or.

La maison de Boulard a quatre représentants : de Boulard, juge de paix à Verdun; Jules de Boulard, attaché à l'Administration des lignes télégraphiques, à Paris; de Boulard de Vaucelles, à Paris; de Boulard de Villeneuve, à la campagne, dans le département de la Nièvre.

BOULAY. *France.*

D'azur à la gerbe liée d'or, soutenue d'une champagne d'argent du tiers de l'écu, chargée de deux palmes de sinople posées en sautoir; au franc-quartier tiré du Conseil d'État.

Le comte de Boulay de la Meurthe, ministre d'État sous Napoléon Ier, membre du conseil privé, rédacteur du Code civil, grand officier de la Légion d'honneur, grand'croix de l'ordre de la Réunion, mort en 1840, eut deux fils et deux filles, savoir :

A. H., comte de Boulay de la Meurthe, vice-président de la République, mort sénateur.

B. Joseph, comte de Boulay de la Meurthe, sénateur.

C. La comtesse de Bessas de la Mégie.

D. Madame de Courcel.

Ce nom est encore représenté par de Boulay de la Meurthe, grand-officier de la Légion d'honneur, à Paris ; et par de Boulay de la Meurthe, au château de Fretay, par Loches, département d'Indre-et-Loire.

BOULAYE (LA). *Normandie, Bretagne.*

NORMANDIE. D'argent à trois têtes de léopard de sable. — D'argent à la bande de gueules, cotoyée en chef d'une merlette de sable, et en pointe de trois flanchis de même, posés en orle 1 et 2. — D'azur au sautoir alésé d'argent.

BRETAGNE. D'azur au chevron d'or. — De sinople à trois fasces d'argent. — De gueules à six fers à cheval d'argent. — De sable au cygne d'argent, becqué et membré de gueules. — De sable à trois têtes de levrier d'argent, colletées de gueules, bouclées d'or.

Des différentes maisons, dont les armes sont blasonnées ci-dessus, il reste deux représentants : le vicomte de la Boulaye, conseiller général du département de l'Ain ; de la Boulaye, ancien aide de camp de Napoléon III.

BOULIE (DE LA). *Provence, Quercy.*

D'azur à deux chevrons d'or accompagnés de trois étoiles d'argent.

Cette ancienne famille de robe et d'épée est représentée par Gustave, comte de la Boulie, ancien membre des Assemblées constituantes et législatives, ancien député et ancien sous-préfet, résidant à Paris.

BOULLARD DE GATELLIER. *Bretagne, Rouen.*

BRETAGNE. D'azur à une fasce d'or chargée d'un arc de sable et accompagnée de six boules ou besants d'argent, rangés trois en chef et trois en pointe.

ROUEN. D'argent à un griffon d'hermine, armé et lampassé de gueules. — D'azur à une couronne d'or, accompagnée de trois besants de même.

Cette famille a pour unique représentant de Boullard de Gatellier, au château de Janzay, à Marcilly-d'Azergues, département du Rhône.

BOULLAY (MAILLET DU). *Normandie.*

De gueules au maillet d'or en pointe, entouré de cinq étoiles à cinq rais de même.

Cette famille est représentée par de Maillet du Boullay, maire à Herqueville, département de l'Eure. Son aïeul était, de 1729 à 1790, conseiller au parlement de Normandie, et secrétaire perpétuel de l'Académie des sciences, belles-lettres et arts, à Rouen.

BOULLAYE DE THEVRAY. *Normandie.*

D'argent à la bande de gueules, accompagnée en chef d'une merlette de sable, et en pointe de trois croisettes de même en orle.

Cette famille, qui a pris le nom de son ancien fief de la Boullaye, près de Gacé, est représentée par Robert-

Marc-Jules-Niel de la Boullaye, au château de Martainville, département de l'Eure.

BOUILLENOIS. *France.*

D'argent au chevron d'azur, accompagné de trois roses de gueules, feuillées et tigées de sinople, 2 en chef et 1 en pointe.

Ce nom est représenté à Senac, département des Ardennes, par un conseiller général.

BOUILLEUR. *Champagne, Normandie, Bourgogne.*

Champagne, Normandie. D'azur au chevron d'or, accompagné de trois boules de même.

Bourgogne. — Le Bouilleur de Malnoé. D'azur au chevron d'or, accompagné de trois boules de même, enchaînées d'argent.

De ces deux familles on ne rencontre plus qu'un seul représentant, propriétaire rural dans le département de la Côte-d'Or.

BOULOGNE. *Flandre française, Artois.*

Flandre française. D'or à trois tourteaux de gueules.

Artois. De gueules à la tour d'argent; au chef cousu d'azur, chargé de trois étoiles d'or.

Ce nom a deux représentants : de Boulogne, proprement dit, chevalier de la Légion d'honneur, receveur particulier dans le département de Seine-et-Marne, et de Boulogne Saint-Villiers, notaire à la Guadeloupe.

BOULY DE LESDAIN. *Cambrésis.*

D'azur au chevron d'argent accompagné en pointe d'une aigle essorante et de profil d'or, tenant de la patte senestre une balance de même.

Cette famille est représentée par de Bouly de Lesdain, notaire à Saint-Quentin, et par de Bouly de Lesdain, sous-chef à l'administration des domaines, à Paris.

BOUQUET. *France.*

D'azur à la tour d'argent, au chef d'argent, chargé de trois étoiles du champ.

Cette famille a pour représentants trois frères : Claude-Jean-Victor Bouquet-des-Chaux ; au château de Brillats, par Saint-Christophe, département de l'Allier, qui a quatre fils : Gaspard-Ferdinand Bouquet-des-Chaux, à Varennes-sur-Tesch, département de l'Allier, qui a un fils ; Édouard Bouquet-des-Chaux ; Jacques-Alexandre Bouquet de Linières, à Ambierle, département de la Loire.

BOUQUET D'ESPAGNY ET DE LA GRYE. *France.*

D'azur au chevron d'or accompagné de trois roses d'argent.

Ces deux familles se sont séparées de la branche principale, de Bouquet-des-Chaux, vers 1610. Voici leurs représentants : Bouquet-d'Espagny, officier de la Légion d'honneur, receveur central des finances, à Paris ; Bouquet de la Grye, inspecteur des forêts, à Paris.

BOURAISNE D'ECQUEVILLY. *Bretagne.*

D'argent au chevron de gueules, accompagné de trois croissants d'azur ; au chef cousu d'or, chargé d'une ancre de sable.

On retrouve encore un représentant du nom à Paris.

BOURBLANC (du). *Bretagne.*

De gueules au château d'or.

Devise : *Custodi nos, Domine.*

Nous connaissons deux représentants du nom : le vicomte du Bourblanc, à Paris, et Sarturnin du Bourblanc, à Rennes.

BOURBON. *France.*

D'or au lion de gueules accompagné de huit coquilles d'azur, rangées en orle. — De gueules à deux léopards d'or. — D'azur à trois fleurs de lis d'or. — Parti : au 1 d'azur à trois fleurs de lis d'or; au 2 d'Antin, qui est écartelé : aux 1 et 4 de gueules, à trois lions naissants d'argent; aux 2 et 3 d'argent à trois tourteaux de gueules; sur le tout d'or, à la clef de sable, attachée à une serrure de même. — De France, à une bande de gueules et une barre d'or. — De France, à la cotice de gueules en bande; au chef de Jérusalem qui est d'argent, à une croix de Jérusalem d'or. — De France au bâton de gueules en bande, chargé de trois lionceaux d'argent à la bordure de gueules. — De France, au bâton de gueules, en bande. — De Bourbon-Condé, à la bordure de gueules. — De France, au bâton de gueules, en barre. — De Bourbon-Carency, à la bordure de gueules, dentelée d'argent. — De France, au lambel d'argent en chef, au filet en barre, de sable, brochant sur le tout. — De France, à la barre d'argent. — De France, au lambel d'argent en chef, à la barre de gueules, brochante sur le tout. — De France, au bâton de gueules en bande, chargé de trois lionceaux d'argent. — De France, à la cotice de gueules; au franc-quartier d'or, chargé d'un dauphin pâmé d'azur. — De France, au lambel d'argent au chef parti : au 1 de France, à la cotice de gueules brochante sur le tout; au 2 de gueules, à l'aigle d'or, qui est de Préaux. — De France, au bâton de gueules en bande, chargé en chef d'un croissant d'argent. — D'argent plein; au franc-quartier de France.

— De France, au bâton de gueules, à la barre de gueules brochante sur le tout. — Parti : au 1 de France ; au 2 d'argent à trois jumelles de gueules, qui est de Rubempré. — Écartelé : aux 1 et 4 de France, à la cotice de gueules ; aux 2 et 3 d'argent, au lion de gueules, la queue fourchée, armé et couronné d'or, lampassé d'azur, chargé sur l'épaule d'une croisette d'or. — De France, au bâton de gueules en bande, et à la bordure de même.

Le nom de Bourbon a encore en France cinq représentants : le comte de Bourbon de Busset, au château de Toury, par Moulins ; Eugène, vicomte de Bourbon, à Paris-Auteuil ; Louis, vicomte de Bourbon, à Paris ; le comte de Bourbon-Chalus, à Chalus, département de la Haute-Vienne ; Henri, comte de Bourbon-Lignières, à Paris.

BOURBONNE. *Ile-de-France.*

Écartelé : aux 1 et 4, d'azur, à la croix tréflée et alaisée d'or ; au 2 et 3 d'argent au croissant de gueules.

Le seul représentant du nom, Charles de Bourbonne, est juge de paix à Reims.

BOURCIER. *France, Belgique, Roussillon, Lorraine.*

FRANCE, BOURCIER DE BARTHELEMONT. D'or, à la fasce d'azur, accompagnée en chef de deux molettes de sable et en pointe de trois fers de lance de même, se joignant en fleuron par la tête.

BELGIQUE, ROUSSILLON, LORRAINE. BOURCIER-VILLERS. D'azur à la panthère rampante d'or, mouchetée, armée, lampassée, et allumée de gueules, tenant une croiselette tréflée d'argent.

Nous connaissons un représentant du nom de Bourcier de Barthelemont et deux autres du nom de Bourcier-

Villers. Ils portent le titre de comte. Le premier réside à Château-Salins, dans le département de la Meurthe ; le second, chevalier de la Légion d'honneur, à Paris, et le troisième à Girecourt-sur-Durbion, département des Vosges.

BOURDEILLE. *Périgord.*

D'or à deux membres de griffon de gueules, onglés d'azur, posés en contre-bande.

Cette famille se compose de deux branches représentées par le marquis Hélie de Bourdeille, en Périgord et par le comte de Bourdeille, ancien officier de cavalerie, au château de Saveille, département de la Charente.

BOURDON (Chauveau de). *Auvergne.*

D'azur à l'aigle d'argent éployée et contournée ; à la bordure de gueules à huit besants d'argent.

Cette famille n'est plus représentée que par un officier supérieur de cavalerie.

BOURDON-LAUNAY. *France.*

Coupé : au 1 d'or à la tête de lion d'azur ; au 2 d'argent à l'ancre d'azur tortillée d'une givre de sable.

Le dernier représentant de nom et d'armes de cette famille, de Bourdon-Launay, a fixé sa résidence à Paris.

BOURDONNAIS (la). *France.*

D'azur à trois croissants d'or, surmontés de trois étoiles à cinq rais de même.

Le comte de la Bourdonnais réside à la campagne dans le département de l'Yonne.

BOURDONNAYE (la). *Bretagne.*

De gueules à trois bourdons de pèlerins d'argent, posés en pals 2 et 1.

Cette ancienne famille qui obtint concession du titre

de vicomte de Coëtion, en 1647, et de marquis de la Bourdonnaye en 1717, et enfin de baron accordé en 1810 par l'empereur Napoléon au général marquis de la Bourdonnaye, alors capitaine, compte encore de nombreux représentants. Le chef de nom et d'armes, qui porte le titre de marquis, réside dans le département du Morbihan, au château de la Bourdonnaye et dans le département d'Ille-et-Vilaine, au château de Blossac; le comte de la Bourdonnaye-Blossac habite Fontainebleau; le comte Léon de la Bourdonnaye, le château d'Avroles, dans le département de l'Yonne; le comte de la Bourdonnaye-de-Montluc habite le château de Laillé, dans le département de l'Ille-et-Vilaine; le comte de la Bourdonnaye de la Varenne et son frère habitent le château de la Varenne, dans le département de la Loire-Inférieure; le comte de la Bourdonnaye-de-Coëtcandec habite le château de Coëtcandec, dans le département du Morbihan; le comte de la Bourdonnaye-de-Boisry habite Orléans.

A cette famille appartiennent : le général marquis de la Bourdonnaye, député du Morbihan, gentilhomme de la chambre des rois Louis XVIII et Charles X, etc.; le comte de la Bourdonnaye-de-Blossac, pair de France sous Louis XVIII; le comte de la Bourdonnaye-de-Varenne, député, puis pair de France et ministre du roi Charles X; le comte de la Bourdonnaye-de-Montluc, député d'Ille-et-Vilaine; le comte de la Bourdonnaye de Blossac, marquis du Tymeur, intendant de la généralité de Poitiers en 1750.

Olivier, croisé en 1248. Son écusson est à la salle des Croisades.

BOURG (DU OU LE). *France, Normandie, Provence, Languedoc, Bresse.*

FRANCE. D'or à la croix ancrée de gueules.

NORMANDIE. D'azur au chevron d'argent, accompagné de trois sautoirs d'or, deux en chef et un en pointe.

PROVENCE. D'azur à trois tiges d'épines d'argent, posées en pal 2 et 1.

LANGUEDOC. Parti au 1 de gueules à la croix d'argent surmontée d'un bourg de même; au 2 d'argent au noyer de sinople.

BRESSE. Le BOURG. D'azur au dragon d'or.

On retrouve encore six représentants du nom : le marquis du Bourg, au château de Vauchamps, par Montmirail, Marne; trois comtes de Bourg, à Toulouse; le baron de Bourg, conseiller général, à Marines, département de Seine-et-Oise; le supérieur du petit séminaire de Dax.

BOURGE. *France.*

D'azur au chevron d'or, accompagné de trois lis d'argent, tigés de sinople.

On retrouve deux représentants du nom; de Bourge, commandeur de la Légion d'honneur et Gaston de Bourge, avocat, tous deux à Paris.

BOURGEOIS DE LAGNY. *Normandie, Champagne.*

NORMANDIE. D'azur au chevron d'or, accompagné de trois molettes d'éperons d'or, deux en chef et un en pointe.

CHAMPAGNE. D'azur à la fasce d'argent accompagnée en chef d'un croissant et en pointe d'une rose, le tout de même.

Le nom de Bourgeois est représenté par Bourgeois de Lagny, à Paris.

BOURGEOIS DU MARAIS. *Picardie.*

D'azur à un chevron d'argent fretté de sable et d'or,

accompagné en chef de deux papegais d'or, becqués et langués de sable et en pointe d'une étoile d'argent. Couronne : de comte, accompagnée de lambrequins aux émaux de l'écu.

Cette famille descend de Henri Bourgeois, seigneur du fief de son nom qui succéda sous Henri II et François II, à Jean des Essarts dans le commandement du pays et bec de Caïeux-sur-la-Mer, dont il était lieutenant général au service des rois de France et des princes apanagés de Nevers, Gonzague, Clèves et Lorraine. Il est représenté ainsi que sa femme dame Nicole de Latteignant et leur fils Gabriel, docteur de la Sorbonne à Paris, sur le pilier droit faisant face au chœur, dans l'église dudit pays et bec de Caïeux, dont il était le bienfaiteur, sinon le fondateur pour partie.

Il avait dès cette époque une généalogie figurée en portraits sur ce tableau, dont les différents plans représentent les degrés.

Cette famille est aujourd'hui représentée par Marie-Édouard de Bourgeois du Marais, maire de Penthièvre, Algérie.

BOURGEON. *Bourbonnais.*

D'or à deux fasces crénelées de gueules, maçonnées de sable.

L'unique représentant du nom, de Bourgeon, réside au château de Boissy-le-Sec, par Étampes, département de Seine-et-Oise.

BOURGEVIN. *France, Ile-de-France, Champagne.*

FRANCE. Écartelé : aux 1 et 4 d'azur au sautoir d'or cantonné de quatre croix potencées de même, qui est de Vialart ; aux 2 et 3 d'azur à une fasce d'argent chargée de trois roses de gueules et accompagnée de trois fleurs de lis d'or posées deux en chef et une en pointe, qui est de Guyard ; sur le tout, d'azur à une fasce d'hermine accompagnée de trois coquilles d'or qui est de Bourgevin.

Ile-de-France, Champagne. D'azur à la fasce d'hermine accompagnée de trois coquilles d'or.

Cette famille a pour chef de nom et d'armes de la branche aînée, Charles de Bourgevin de Vialard, marquis de Moligny, à Nice. Elle est encore représentée par son fils, Olivier de Bourgevin de Vialard de Moligny.

La seconde branche est représentée par Charles-Albert de Bourgevin de Linas, lieutenant au 19e de ligne.

BOURGNON DE LAYRE. *Poitou.*

Armes anciennes. D'argent, au verveux (ou bourgnon) de gueules, dans lequel entre un poisson de même, accompagné de trois roses aussi de gueules, feuillées et soutenues de même, posées deux en chef et une en pointe.

Les lettres patentes de 1815 ont ajouté à ces armes, en faveur de la branche de Layre :

Un chef de gueules, chargé à dextre d'une épée haute d'argent, montée d'or et à senestre d'un croissant d'argent.

En mémoire des lettres patentes de chevalier, accordées en 1811 par l'empereur Napoléon Ier à Armand-Elzéard de Bourgnon, la branche de Layre complète son écusson par un parti ainsi blasonné :

Parti : au 1 d'azur à l'épée haute d'argent, montée d'or, mise en pal ; au 2 échiqueté d'or et d'azur, soutenu d'une champagne de gueules du tiers de l'écu, chargée d'une croix de la Légion d'honneur. Couronne : de marquis. Supports : deux loups.

Devise : *Fulgent inter lilia rosæ.*

Le chef de nom et d'armes, baron de Bourgnon de Layre, réside à la campagne dans la Vienne ; de Bourgnon, autre représentant, habite le château du Vieux-Chastenet, par Masseret dans la Corrèze.

BOURGOGNE. *Flandre.*

Écartelé : au 1 et 4 semé de France, à la bordure componée d'argent et de gueules ; aux 2 et 3 bandé d'or et d'azur de six pièces, à la bordure de gueules, qui est de Bourgogne ancien ; sur le tout d'or, au lion de sable, armé et lampassé de gueules, brisé d'une plaine d'or à la pointe de l'écu, qui est de Flandres.

Nous retrouvons encore trois représentants du nom. Le chef de nom et d'armes réside à son château d'Hamonville, dans la Meurthe ; un autre représentant, officier de la Légion d'honneur, est officier supérieur de cavalerie ; enfin de Bourgogne réside à la Marche, département des Vosges.

BOURGOING. *Nivernais, Orléanais.*

Nivernais. D'azur à la croix ancrée d'or.

Orléanais. De sable au chevron d'or abaissé sous une fasce de même et accompagnée de six roses d'argent.

Ces familles distinctes ont plusieurs représentants : le comte de Bourgoing, commandeur de la Légion d'honneur ; le baron de Bourgoing, officier de la Légion d'honneur, ancien écuyer de Napoléon III, à Paris ; le baron Othon de Bourgoing, secrétaire d'ambassade à Vienne ; de Bourgoing, ancien préfet, à Paris.

BOURGON. *Bretagne.*

De gueules à trois écussons d'or, chargés chacun d'une bande d'azur.

Cette belle famille dont les lettres d'anoblissement

ont été signées en 1446 est représentée par le général de division de Bourgon, grand-officier de la Légion d'honneur à Paris.

BOURGUET. *Languedoc.*

D'or à cinq billettes d'azur rangées en pal.

De Bourguet, unique représentant du nom, est avoué à Limoges.

BOURKE. *France.*

Coupé : au 1 d'or ; au 2 d'hermine, à la croix de gueules ; sur le tout, cantonné au 1 d'un lion de sable armé et lampassé de gueules ; au 2 d'une main de sable.

Le comte de Bourke, unique représentant du nom, réside à Paris.

BOURLON. *Artois, Picardie, Ile-de-France.*

Artois. De sinople au rais d'escarboucle d'or.

Picardie, Ile-de-France. D'or à la bande d'azur chargée de trois annelets du champ.

Cette maison a trois représentants : de Bourlon, proprement dit, à la campagne dans le Doubs ; de Bourlon de Rouvre, commandeur de la Légion d'honneur, préfet du département de la Loire-Inférieure ; Bourlon de Sarty, ancien préfet, à Paris.

BOURMONT (Ghaisnes de). *Bretagne.*

Écartelé : aux 1 et 4 vairé d'or et d'azur, qui est de Ghisne ; au franc-quartier de sable, au chef d'argent, qui est de Gand ; aux 2 et 3 fascé de vair et de gueules de six pièces qui est de Coucy.

Le nom patronymique de cette maison est de Ghisne qui, plus tard, en Bretagne, s'écrit de Ghaisne conformément à la prononciation flamande. Elle est issue en ligne directe des anciens comtes de Ghisne, Guysin ou Guines en Flandre, descendants des maisons souveraines de Flandre, de Hainaut, de Saxe, de France et d'Angleterre ; et auteurs de la deuxième maison de Coucy qui fut si illustre. Le nom de Ghisne a été représenté dix fois aux croisades (du Chesne, *Histoire des comtes de Guines*, et autres auteurs) et son écu figure à la salle des Croisades à Versailles.

Après la bataille de Poitiers, Baudoin V, de Ghisne, l'un des compagnons du roi Jean, donna tous ses biens en Flandre pour payer la rançon du roi. Ses enfants qui, durant les luttes des comtes de Blois et de Montfort, avaient fait les guerres de Bretagne sous les ordres des deux connétables comtes d'Eu et de Gaysne, leurs parents, se fixèrent dans l'ouest de la France, conservant leur nom et leurs armes que d'Hozier a enregistrées.

Le nom de Bourmont, illustré récemment encore par le maréchal qui a conquis Alger, est celui d'une terre entrée dans la famille en 1697 par le mariage du comte de Ghaisne avec Hélène de Maillé. — Les membres de cette maison portent les titres de comte de Ghaisne et comtes de Bourmont.

Le maréchal de Bourmont avait deux filles et cinq fils dont quatre l'ont suivi en Afrique en 1830, savoir : Louis officier d'état-major, marié à Marie de Crespot, dont deux fils : Dieudonné et Raoul, et trois filles ; Charles, officier d'état-major, marié à Marie de Viette dont trois fils : Henri, officier de cavalerie ; Louis, officier de marine, Amédée ; Adolphe, officier d'état-major ; César, officier en Vendée et en Portugal, mort en 1854 ; Cita, mariée au vicomte de Landemont, laisse deux filles ; Ernestine, mariée au marquis de Langle, laisse un fils : Bertrand.

BOURNAT. *Bourgogne, Auvergne.*

D'or au chevron de gueules, accompagné de trois cors de chasse de sable, liés du second.

La maison de Bournat ou Bournac est représentée par le directeur des postes à Poitiers.

BOURNAZEL. *Guyenne.*

De gueules à une tour d'or.

Le marquis de Bournazel, unique représentant du nom, réside dans ses terres au château, par Rignac département de l'Aveyron.

BOURNONVILLE (Artois de). *Picardie, Angleterre, Pays Bas Autrichiens, Espagne.*

Armes anciennes : de sable à trois louches d'argent.

Armes nouvelles depuis le quatorzième siècle : de sable, au lion d'argent, armé et lampassé de gueules, couronné d'or, la queue fourchée et passée en sautoir ; à la barre de gueules brochant sur le tout. Supports et cimier : trois griffons. Couronne : de comte.

Cette belle maison qui remonte à Guillaume de Bournonville, deuxième fils d'Eustache, troisième comte de Guines, vivant en 1071, qui a donné huit chevaliers croisés, un vice-roi de Catalogne et de Navarre, quatre grands d'Espagne de 1re classe, quatre chevaliers de la Toison-d'Or et dont la branche princière était titrée de cousins des rois de France et d'Espagne, et qui reçut les honneurs du Louvre en 1660, a, pour chef de nom et d'armes, Louis d'Artois de Bournonville, à Versailles. Elle est encore représentée par Edmond d'Artois de Bournonville, à Avon, près de Fontainebleau.

BOURRAN. *Guyenne.*

D'argent à une aigle à deux têtes de sable.

Cette famille a cinq représentants : Henri, marquis de Bourran, au château de Roger, par Villeneuve-sur-Lot, département de Lot-et-Garonne ; Maurice de Bourran, au château de Lestelnau, par Puymiral, département de Lot-et-Garonne ; il a un fils : Henri de Bourran ; de Bourran, architecte, à Paris ; de Bourran, au château de Bourran, par Haux, département de la Gironde.

BOURROUSSE DE LAFFORE. *Béarn, Agénois, Bruilhois.*

Écartelé : aux 1 et 4 de sinople, au léopard d'or (*sic*), qui est de Bourrousse de Laffore ; au 2 contre-écartelé d'azur à la croix d'or et d'azur, à trois fleurs de lis d'or posées 2 et 1, concession royale, qui est de Faudoas ; au 3 de gueules plein, qui est Narbonne-Lara. Heaume : taré de front, fermé de onze grilles, orné de ses lambrequins de sinople, d'or, d'azur et de gueules. *Alias*, couronne de marquis [1].

L'ancienne famille de Bourrousse, originaire de Béarn, vouée depuis longtemps à la science, habite Agen et la ville de la Plume, vicomté de Bruilhois, d'où elle est

---

[1]. Des découvertes récentes, nous écrit-on du Midi, donnent la preuve que les Bourrousse de Laffore ont d'abord porté des armes parlantes, ainsi blasonnées : D'or à la couronne d'épines de bourousse de sinople. En langue gasconne on appelle *bourousso* un espèce de bugrane, plante légumineuse, nommée en français *arrête-bœuf*, parce que ses racines traçantes font souvent obstacle à la charrue. L'arrête-bœuf aux longues et fortes racines est quelquefois épineux.

originaire. Elle tire son nom habituel du fief noble de Laffore qu'elle possède au moins depuis trois siècles ; et on la trouve alliée, dès ces époques reculées, aux principales famille de sa province : les Faudoas, les Saint-Géry de la Mothe, les Narbonne-Lomagne (des Narbonne-Lara), les Sarrau de la Cassaigne et Neufond, etc.

Noble Pierre Bourrousse de Laffore, premier du nom, né en 1480, avait épousé, en 1509, damoiselle Anne de Faudoas, de la famille du célèbre Arnauld Guilhem de Faudoas, sieur de Barbazan, dit *le chevalier sans reproche*, enterré à l'abbaye de Saint-Denis, « en la chapelle et à côté des rois. » Elle pouvait être sœur d'Olivier de Faudoas, chevalier, baron de Sérilhac et seigneur de l'Isle-Chrétienne-en-Garonne, capitaine de cinquante hommes d'armes, demeurant au château d'Augé, situé, ainsi que le château de Laffore, dans le canton de la Plume.

Aujourd'hui la famille de Laffore a pour chef de nom et d'armes Pierre-Jules de Bourrousse de Laffore, dit Jules, neuvième descendant de Pierre Ier, ancien président de la Société d'Agriculture, Sciences et Arts d'Agen, dont avaient été membres ses deux oncles paternels, ingénieurs en chef des ponts et chaussées. Il est auteur de divers écrits historiques et archéologiques, et du Tome troisième du *Nobiliaire de Guyenne et de Gascogne*, ouvrage savant et consciencieux, de plus de 600 pages, grand in-8°, tenant la matière de trois bons volumes (Paris, 1856-1860). L'un de ses oncles susnommés, Jacques-Samuel, chevalier de la Légion d'honneur, avait épousé N. Castéra d'Artigues, dont le père avait écrit l'*Histoire de Catherine II de Russie* et plusieurs autres livres estimés.

Jules de Laffore habite Agen et le château du Grand-Rogès, près la Plume. Il a épousé, en 1857, Marie-Louise Pons, arrière-petite-nièce de ce vaillant capitaine Pons qui se distingua à la bataille de Malpaquet (1709); qui fut vainqueur dans une sorte de tournoi, où il avait pour adversaires les plus habiles à manier les armes, et qui reçut, de la ville de Toulouse, une épée d'honneur, toujours gardée par ses descendants. (Extrait du Tome II du *Nobiliaire de Guyenne et de Gascogne*.)

L'ouvrage que nous avons entrepris n'est pas spécialement archéologique, cependant nous ne pouvons nous empêcher de consigner ici une singularité vieille d'un siècle, se rattachant au nom de Bourrousse de Laffore et restée dans le souvenir du département de Lot-et-Garonne. — A la suite d'une épizootie très-meurtrière, qui sévit en 1775 et 1776, sur les pays d'Armagnac, de Condommois et de Bruilhois, les habitants de la Plume, ayant à leur tête les magistrats, les consuls et le clergé, espérèrent conjurer le fléau par une fondation pieuse. Ils reconstruisirent dans cette intention, le maître-autel de leur église, au-dessus duquel ils firent sculpter en relief, le Père Éternel tenant le monde dans ses mains et entouré de groupes d'anges ; mais ils voulurent aussi que le Père Éternel fût représenté sous les traits de « noble messire Joseph de Laffore, écuyer, sieur de Laffore, bisaïeul de Pierre III (dont il vient d'être question), et qui était leur maire depuis vingt et un ans (1742-1763). En 1861, on trouva que cette sculpture, respectée par la révolution, n'était pas en harmonie avec le style ogival de l'église; que d'ailleurs elle fermait une fenêtre de très-belles proportions, elle fut remplacée par un vitrail peint. Mais la figure, ou buste, du

Père Éternel a été remise à Jules de Laffore, comme à l'aîné des arrière-petits-fils de l'ancien maire de la Plume.

Ce rare et remarquable exemple de la reconnaissance des populations, ce portrait commémoratif d'un bienfaiteur vénéré, placé sous l'égide même de la première personne divine, méritaient d'être rappelés dans une notice consacrée à la famille de Laffore. — Joseph, le maire regretté, mourut en 1790, âgé de quatre-vingt-trois ans, laissant un fils et un petit-fils, également maires de la Plume, chacun pendant une vingtaine d'années.

BOURSIER. *Ile-de-France, Languedoc.*

Ile-de-France. D'or à trois bourses de gueules.

Languedoc. D'azur à la colonne d'argent, accostée de deux lions affrontés d'or.

Le nom de Boursier est encore représenté dans la Gironde ; au château de Belcier, par Castillon.

BOURY. *France.*

Ce nom provient d'une terre et seigneurie érigée en baronnie le 24 novembre 1582, en faveur de Georges du Bec.

Aujourd'hui on retrouve encore un comte et un vicomte du nom : à Paris et à Beauvais ; le baron de Boury, maire de Gaudancourt, conseiller général à Marines, département de Seine-et-Oise ; le vicomte de Boury dans l'Eure et de Boury sans titre dans l'Yonne.

BOURZÈS. *Toulouse, Montauban.*

D'azur à deux chevrons d'or et un lion de sable brochant sur le tout.

Cette famille est représentée par de Bourzès, au

château de Montazels, par Couiza, département de l'Aude.

BOUSCHET (DU). *France.*

Gironné d'or et de sinople.

Bernard du Bouschet, unique représentant du nom, est membre de la Société d'agriculture de Montpellier.

BOUSQUET. *Languedoc, Provence.*

LANGUEDOC. De gueules au chêne d'argent, surmonté d'une fleur de lis d'or.

PROVENCE. De gueules au chevron d'or, accompagné en pointe d'un arbre de sinople et de deux lions affrontés de gueules.

Bousquet proprement dit a quatre représentants : deux à Paris, un dans la Dordogne et le quatrième dans la Lozère.

BOUSQUET. *Normandie, Languedoc, France Provence.*

NORMANDIE. De gueules à trois losanges d'argent. — De gueules à trois étoiles à cinq rais d'argent, rangées en fasce.

LANGUEDOC. D'or à la croix vidée de gueules, qui est de Bousquet; au chef d'azur chargé de sept fleurs de lis d'argent, posées 4 et 3.

FRANCE. De gueules au chef d'argent, surmonté d'une fleur de lis d'or.

PROVENCE. De gueules au chevron d'or, accompagné en pointe d'un arbre de sinople et de deux lions affrontés de gueules.

Cette famille a trois représentants : de Bousquet, au château de Montanceix, par Saint-Astier, département de la Dordogne ; de Bousquet, juge de paix à Florac, Lozère ; de Bousquet, chevalier de la Légion d'honneur, à Paris.

BOUSSAC. *Limousin.*

D'azur au sautoir denché (ou brétessé), d'or, cantonné de quatre croissants d'argent.

On retrouve encore à Toulouse deux représentants du nom.

BOUSSARD D'ARCY. *Alençon, Provence.*

ALENÇON. De sinople à trois gerbes d'or, posées 2 et 1.

PROVENCE. D'azur au chiffre composé de deux lettres B, B, entrelacées d'or.

Cette famille est représentée par de Boussard d'Arcy, adjoint au maire de Bazoches, par Lormes, département de la Nièvre.

BOUSSARDIÈRE. (CHEVALIER DE LA). *Normandie.*

D'argent au chevron de gueules accompagné d'un croissant de même en pointe ; au chef d'azur, chargé de trois oiseaux d'or.

On ne retrouve plus qu'un représentant du nom ; Chevalier de la Boussardière, chevalier de la Légion d'honneur, officier supérieur d'infanterie en retraite ; il habite Paris.

BOUSSAY. *Artois, Touraine, Poitou.*

ARTOIS. D'azur à la croix ancrée d'argent.

Cri : *Boussay.*

TOURAINE, POITOU. De sable, au lion d'or, couronné de même, armé et lampassé de gueules.

Ce nom est encore représenté par de Boussay au château du Parc, par Elbeuf, dans la Seine-Inférieure.

BOUSSIER. *Dauphiné.*

D'azur au lion d'argent, armé et lampassé de gueules, supportant de sa patte dextre une fleur de lis d'or.

Ce nom est encore représenté dans la haute propriété en Dordogne, au château de Curçon, par Villefranche-de Longcharpt.

BOUSSINEAU. *Bretagne.*

D'azur à trois mondes croisés d'or, cintrés de sable.

Boussineau de Bois-Péan, d'ancienne noblesse bretonne, est représenté par un notaire, à Carquefou, département de la Loire-Inférieure.

BOUSSINIÈRE (PRUDHOMME DE LA). *Maine.*

D'azur à deux épées d'or en croix, les pointes en haut, accompagnées de trois merlettes de sable, deux en flancs et une en pointe.

Cette famille, qui paya l'impôt de la réformation de la noblesse sous Louis XIV, est représentée au château du Tilleul, par Segré (Maine-et-Loire). Le chef de nom et d'armes a épousé la fille du vicomte Lancrau de Biron, famille d'Anjou.

La branche cadette de cette famille était représentée par Fernand de la Boussinière, lieutenant colonel d'artillerie, mort glorieusement devant Sébastopol, avait épousé Mlle Rivort (Godard de), famille du Soissonnais. Son frère, Olivier de la Boussinière, a épousé sa cousine, fille du marquis de Kermel, famille bretonne, dont il a un fils. Il réside au château de Bénéhart, par Chartre-sur-le-Loir, département de la Sarthe.

BOUT DE MARNHAC. *Languedoc.*

D'azur au chevron d'or, accompagné de trois boutterolles de même.

Cette maison n'est plus représentée que par de Bout de Marnhac, juge de paix à Aumont, département de la Lozère.

BOUTAUD. *Lyonnais, Bretagne.*

D'or au chevron de gueules, accompagné de deux tourteaux de même en flancs et d'un trèfle de sinople en pointe ; au chef du second, chargé de trois étoiles à cinq rais d'argent.

Cette famille a trois représentants : Louis-Antoine-Edouard de Boutaud, à Toulouse, chef de nom et d'armes ; Marie-Joseph-Alexandre de Boutaud, son frère ; de Boutaud de la Villéon, à Rennes.

BOUTET. *Auvergne.*

D'azur au chevron d'or accompagné de trois tours d'argent, posées 2 et 1 et d'un lambel de même en chef. — D'azur à la licorne d'argent surmontée d'un soleil d'or. — D'azur au chevron accompagné en chef de trois étoiles et en pointe d'un croissant, le tout d'or.

Cette famille a quatre représentants : de Boutet d'Eguilly, chevalier de la Légion d'honneur, officier supérieur de cavalerie ; de Boutet de Mazuy, officier de la Légion d'honneur, officier supérieur de cavalerie ; de Boutet de Mazuy, à Paris, et de Boutet de Mazuy, à Passy.

BOUTEVILLE. *Flandre.*

De sinople à la bande d'argent chargée en cœur d'un croissant de sable.

Cette famille a quatre représentants : le comte de Bouteville, à Paris ; le baron Eugène de Bouteville, conseiller général du département du Nord ; de Bouteville, maire, dans le département de la Somme ; Edouard de Bouteville, à Péronne, même département.

BOUTHIER. *Dauphiné.*

D'azur au faucon d'or longé et grilleté d'argent, chaperonné de gueules et soutenu d'une burèle abaissée d'argent.

Cette famille a deux représentants : Bouthier de Borgard, à Ambérieux-en-Dombes, département de l'Ain ; Bouthier de la Tour, secrétaire de la Chambre consultative d'agriculture du département de Saône-et-Loire.

BOUTHILLIER-CHAVIGNY. *Bretagne.*

D'azur à trois fusées d'or accolées en fasce.

Le marquis de Bouthillier, est maire de Montmort, membre du conseil général du département de la Marne ; de Bouthillier de Chavigny, est président du tribunal civil de Fontainebleau.

Une autre famille du nom de Bouthillier est représentée par Bouthillier du Rétail, à Orléans.

BOUTIER. *Bretagne.*

Gironné d'hermine et de gueules, de six pièces.

Ces armes sont celles de la branche de Boutier de Chataudocy, aujourd'hui éteinte ; mais nous retrouvons encore Boutier de Beauregard, à Lyon.

BOUTILLIER. *France.*

D'azur à l'épée d'argent, chargée de deux baïonnettes croisées de même.

On trouve encore deux représentants de cette famille distinguée : Boutillier de Beauregard, dans le département de Maine-et-Loire ; et Boutillier, à Saint-André, dans celui de la Vendée.

BOUTIN, BOUTINY, BOTINI. *Provence.*

D'azur au bateau contourné d'argent, adextré en chef

d'un croissant contourné d'or et senestré d'une étoile du même. Couronne : de marquis ; supports : deux lions.

Cette famille originaire de Bologne, établie en Provence au commencement du quatorzième siècle, y a occupé, dès 1365, des charges dans le parlement ; dans l'armée et la marine des grades élevés et a souvent à Hyères rempli les fonctions consulaires.

Aujourd'hui cette famille a deux représentants : pour la branche aînée, de Boutiny, ancien officier de marine, chevalier de la Légion d'honneur, ex-maire et conseiller général à Hyères ; et pour la branche cadette, Ernest de Boutiny, également à Hyères.

L'histoire de cette famille est écrite dans les *Etats chronologiques des noms et armoiries de NN. SS. les officiers de la grande Cour du pays de Provence, 1723* ; dans Artefeuille 1754 ; dans Saint-Allais, édition de 1817.

BOUTON D'AGNIÈRES. *Artois.*

D'azur à la croix potencée d'argent ; l'écu sommé d'un tortil de baron surmonté d'un heaume d'argent, grillé, liseré, couronné d'or, fourré de gueules et accompagné de ses lambrequins aux émaux et couleurs de l'écu. Supports : deux levriers au naturel, contournés.

Devise : *Les souvenirs tuent Bouton.*

Cris : *Ailleurs* et *Jamais.*

Qualifié du nom de sa seigneurie d'Agnières, près de Nœux, relevant du château de Béthune et d'autres lieux en Artois. Cette famille, dont des membres prirent part aux Croisades, est une des plus anciennes de la noblesse d'Artois. Elle compte plusieurs de ses aïeux au parlement de cette province, et eut pour dernier seigneur d'Agnières, en 1777, Pierre-Éloi Bouton, dont les titres et parchemins, propriété du chef de nom et d'armes de la famille, M. le docteur de Bouton d'Agnières, à Montpellier, ont été soumis au Conseil d'État en 1863. La famille habite, depuis un temps immémorial, le Pas-de-Calais, son berceau, où, avant 1789, elle possédait les sept seigneuries ou fiefs nobles d'Agnières, Nœux, Le Cigne, Éperney, La Sauvagerie, La Bouverie et La Bourdonneraye : ce qui est constaté par le *Livre de saint Éloi*, imprimé annuellement à Arras depuis l'an 1700 jusqu'à nos jours.

Les preuves de cette noblesse se trouvent dans d'Hozier; les *Archives de la Légion d'honneur*, par Glaëser; La Chesnaye des Bois; le Père Anselme; l'*Histoire des Croisades*; l'*Histoire des fiefs de France et d'Artois*; l'*Armorial toulousain-montpellierain, 1873*, par Brémond; *État présent de la noblesse, etc., 1873*, Bachelin, éditeur à Paris, et tous les nobiliaires en général.

Elle a plusieurs représentants : Constant-Éloi de Bouton d'Agnières, officier de la Légion d'honneur, docteur en médecine, médecin en chef du dépôt général des convalescents de Montpellier, chef de nom et d'armes, qui compte, dans ses états de services, dix campagnes de guerre; fils de Pierre-Éloi-François-Marie-Joseph de Bouton d'Agnières, mort en Artois, en 1854, à l'âge de soixante-quatorze ans, membre du conseil municipal, etc., nommé chevalier de la Légion d'honneur à l'âge de vingt-quatre ans.

Éloi-Constant-Aimé de Bouton d'Agnières, né le 26 mai 1844, propriétaire à Montpellier, fils de Constant-Éloi précité, décoré du Dévouement et de l'ordre des Volontaires 1870-1871, membre de la Société d'archéologie de France et de plusieurs autres sociétés savantes, auteur de différents ouvrages publiés en 1867 et 1868, père d'Éloi-Constant-Adhémar-Charles-Hugues de Bouton d'Agnières, né le 9 mars 1871, et d'Héloïse-Edmée-Yolande, née le 26 juillet 1872.

La seconde branche de cette famille est représentée par Éloi-Alfred de Bouton d'Agnières, né en 1823, frère du chef de la famille, propriétaire dans le département du Pas-de-Calais, dont le fils Éloi-Alfred-Benoît de Bouton d'Agnières est né en 1854.

Une sœur du chef de la famille a épousé M. Beghin, propriétaire dans le nord de la France.

BOUTRAY. *Ile-de-France.*

D'argent au bouc passant de sable ; au chef d'azur chargé de deux flèches d'or passées en sautoir. Les membres de la branche aînée de cette famille portent le titre de baron.

Le chef de nom et d'armes, baron de Boutray, habite Versailles et le département de Seine-et-Oise.

La seconde branche non titrée réside dans la Mayenne, et la troisième, non titrée également, dans l'Ille-et-Vilaine.

BOUTRESSE (DE LA). *Angoumois, Saintonge.*

D'azur au chevron d'argent accompagné de trois grenades de même.

Cette famille est représentée par Victor de la Boutresse, au château de Plantais, par le Donjon, département de l'Allier ; Emmanuel de la Boutresse, au château des Quillets, par Jaligny, même département.

BOUTTES. *Toulouse, Montauban.*

D'or à trois billettes couchées de gueules posées en fasce.

L'unique représentant de la famille, Alfred de Bouttes, réside à Toulouse.

BOUVAIS. *France, Bretagne.*

France. D'argent à la marmite de sable.

Bretagne. D'argent au lion de sable, armé et lampassé de gueules, couronné d'or.

Ce nom est encore représenté en Bretagne par de Bouvais de la Fleulaye, maire de Carquefou, dans la Loire-Inférieure.

BOUVET. *Piémont, Lorraine.*

D'azur au bœuf passant d'or, accompagné en chef de trois étoiles de même.

Cette famille originaire des comtes de Bouvet, d'Asti, en Piémont, vint s'établir en Lorraine au quinzième siècle.

Titre de baron pour tous les enfants mâles sans distinction. Voici la situation de la famille dont la résidence est Saint-Rémy en Bouzemont, département de la Marne.

Baron Adolphe de Bouvet, ancien élève de l'école polytechnique; baron Emile de Bouvet, ancien officier de hussards de la garde royale; baron Jules de Bouvet, ancien capitaine au 5e hussards.

BOUVIER. *Lorraine, Dauphiné, Normandie, France.*

Lorraine. D'or au léopard de gueules, allumé et armé d'azur, au chef de même chargé de trois grenades d'or.

Dauphiné. De sable au taureau passant d'or, au chef de même chargé de trois étoiles à cinq rais du champ.

— De gueules à trois rencontres de bœuf d'or, panaché de même.

Normandie. D'argent au rencontre de bœuf de sable, accorné d'or; au chef de gueules.

FRANCE. Vairé d'or et d'azur.

Nous retrouvons le baron de Bouvier, chevalier de la Légion d'honneur, adjoint au maire à Vesoul et un autre représentant non titré, chevalier de la Légion d'honneur, président de cour impériale à Nancy, et de Bouvier, médecin à Longuyon, Moselle.

BOUVIER DE CACHARD. *Bretagne.*

Ecartelé : aux 1 et 4 de gueules à trois rencontres de bœuf d'or; aux 2 et 3 d'azur, semé de fleurs de lis d'or.

Cette famille bretonne est représentée par Alexis, baron de Bouvier de Cachard, ancien officier de marine, à Saint-Peray, département de l'Ardèche, et par un fonctionnaire public à Oran, département de l'Algérie.

BOUVIER DE CÉPOY. *Orléanais.*

De gueules au chevron d'or, accompagné de trois trèfles de même.

Le marquis de Bouvier de Cepoy, chef de nom et d'armes de cette famille, réside au château de Lombreuil, par Montargis, Loiret. Elle est encore représentée par de Bouvier de Cepoy, maître de Lombreuil, par Montargis.

BOUVILLE, *Normandie.*

D'argent à la fasce de gueules, chargée de trois anneaux d'or.

Cette famille a pour chef, de nom et d'armes, le comte de Bouville, préfet à Bordeaux; un autre représentant du nom de Bouville réside à Blois.

BOUVOT (DU). *Champagne, Bourgogne.*

CHAMPAGNE. Parti de quatre traits : au 1 de sable à

cinq rais d'argent; au 2 de gueules, au bœuf passant d'or; au 3 d'or à deux roses de gueules; au 4 d'azur à plein.

Bourgogne. De gueules à la fasce d'or, accompagnée en chef de trois roses d'argent, et en pointe d'un bœuf passant de même.

Nous rencontrons trois représentants du nom : à Versailles, à Fleury-les-Faverney et au château de Bouligney, par Vauvillers, département de la Haute-Saône.

BOUX (le). *Bretagne.*

D'or au sautoir de gueules cantonné de quatre merlettes de sable.

Cette maison est encore représentée dans la contrée dont elle est originaire : elle signe le Boux de Casson et a son siège au château de Verie, par Challons, département de la Vendée.

BOUY (du). *Limousin.*

De gueules à trois fasces d'argent; à la bande d'azur, brochant sur le tout.

Le chef de nom et d'armes, de Bouy, réside au château de Breuil, dans le département de l'Allier.

BOUYER DE MONHOUDON (le). *Limousin, Normandie.*

Limousin. Parti : au 1 d'argent à trois étoiles de gueules et un cœur de même en pointe; au 2 d'azur au lion d'or armé et lampassé de gueules.

Normandie. D'or à trois têtes de lion d'azur, lampassé de gueules; au chef de même.

L'unique représentant du nom, le Bouyer de Monhoudon, réside au château de Courbomer, par Marolles-les-Braux, département de la Sarthe.

BOUZET (DU). *Gascogne.*

D'argent au lion d'azur, armé et lampassé de gueules couronné d'or.

Le marquis du Bouzet, chef de nom et d'armes, grand officier de la Légion d'honneur et contre-amiral à sa résidence à Paris. Il a un fils, Gaston, comte du Bouzet.

Un autre représentant du nom, le vicomte du Bouzet réside à Paris et au château de Mons, par Condom, département du Gers.

BOUZIER D'ESTOUILLY. *Picardie.*

D'azur à trois bandes de Vair.

Cette famille est représentée par de Bouzier d'Estouilly, au château de Ham, département de la Somme.

BOVET. *Dauphiné.*

Nous ne retrouvons plus qu'un représentant du nom, propriétaire à Grenoble.

BOVIS. *Florence, Provence, Guadeloupe.*

Coupé en chef d'azur, au chevron d'or, accompagné de trois roses d'argent; et de gueules, au bœuf passant d'argent. Couronne : de comte. Supports : deux lions. Devise : *Devoir quand même.*

Cette famille qui appartient aujourd'hui à la Provence et à la Guadeloupe est très-ancienne. Originaire de Florence, on la trouve en Toscane dès le douzième siècle. Issue d'un noble guelfe, que la faction gibeline força de s'expatrier en Savoie, son histoire a été traitée par Augustin della Chieza et d'autres auteurs héraldiques. Sallenches, en Savoie, fut longtemps le siège de cette antique maison; mais on la retrouve encore à Novare, à Fossant, dans le marquisat de Saluces en Piémont.

Des différentes branches qui s'entèrent sur la souche principale, c'est la branche de Provence, qui paraît être seule représentée aujourd'hui, et nous allons exclusivement nous en occuper.

Elle commence par noble Honoré Bovis, qui suit I :

I. Honoré Bovis, qualifié du titre de noble, quitta la Savoie en 1497 et vint s'établir dans la Vallée de Barcelone en Terre-Neuve, à Barcelonnette, aujourd'hui département des Hautes-Alpes. Auteur direct de la branche de Provence, il eut un fils Isnard, qui suit II :

II. Isnard Bovis, épousa en 1526 Jeanne Laviguière d'Issarens, avec laquelle il s'établit près d'Entrecasteaux, département du Var, où sa race s'est perpétuée. Il eut un fils, Nicolas, qui suit III :

III. Nicolas Bovis, capitaine, commandant le navire de Sa Majesté le *Sébir*, suivant procuration du 2 février 1590, à lui passée à Avignon, par la comtesse de Grignan, s'établit à Lorgues en 1550 et y épousa Marguerite Jassaud de la Mouthière, dont deux enfants, savoir :

A. Gaspard, premier du nom, qui suit IV.

B. Jean Baptiste Bovis, fondateur de la branche d'Aix, établie ensuite à la Guadeloupe, où elle est encore représentée et dont le chef obtint, en 1819, admission dans l'ordre de Saint-Jean de Jérusalem, après avoir fait ses preuves.

IV. Gaspard 1er Bovis, capitaine (qualification donnée en Savoie à des chefs militaires faisant partie de la noblesse) épousa, en 1560, Marguerite Rodeillade, dont deux enfants, savoir :

A. Octave, qui suit V.

B. César Bovis, écuyer et conseiller du Roi, dans une transaction du 1er juin 1626, viguier de la ville de

Moustiers, en 1627, qualifié de noble par le roi dans ses lettres de provision de la branche de Moustiers, dans les Basses-Alpes, éteinte en 1825.

V. Octave Bovis, écuyer, consul de Lorgues, maintenu dans sa noblesse par une sentence du juge royal de Lorgues en 1626, dans un procès qu'il soutint contre les capitaines Fournier, eut un fils, Gaspard II, qui suit VI :

VI. Gaspard II Bovis, épousa, le 8 février 1649, Jeanne Meissonnier d'Ampus, fille de Melchior et de dame Antoinette de Pasquet, dont un fils, Esprit, premier du nom, qui suit VII :

VII. Esprit 1er Bovis, conseiller du Roi, commissaire aux revues des armées de Sa Majesté et dont les armes furent en 1697, enregistrées dans l'*Armorial général* de France, recueil officiel dressé par ordre de Louis XIV, épousa le 20 juillet 1683, mademoiselle de Laurens, dont un fils, Esprit II, qui suit VIII.

VIII. Esprit II Bernard de Bovis, écuyer, conseiller du Roi, commissaire aux revues des troupes de Sa Majesté, viguier et premier capitaine pour le Roi des ville et viguerie de Lorgues, chevalier du guet, etc., épousa à Marseille, le 31 mai 1728, Françoise de l'Aigle, d'une illustre famille d'Auvergne, encore représentée en France, fille de noble César, marin célèbre par ses succès dans les guerres contre les Anglais, et de dame Antoinette de Parédès, d'une famille d'Espagne, investie de la grandesse, dont deux fils, savoir :

A. Esprit III Joseph, qui suit IX.

B. Antoine-César de Bovis, capitaine de dragons, chevalier de l'ordre royal et militaire de Saint-Louis, dont la postérité est éteinte.

IX. Esprit III Joseph de Bovis, écuyer, maire et premier consul de la ville de Lorgues et figurant en ces qualités comme député de la commune de Lorgues, à l'assemblée des États de Provence, tenue à Lambesc en 1780, épousa à Fayence, le 1er juin 1759, Anne Marie de Robert d'Escragnolles, fille de messire Louis de Robert, seigneur, comte d'Escragnolles, et de dame Catherine de Théas d'Andon, dont un fils, Esprit IV, qui suit X :

X. Esprit IV Bernard de Bovis, écuyer, maire de la ville de Lorgues, émigré pendant la tourmente révolutionnaire, eut tous ses biens confisqués et vendus. Sous-préfet de Grasse, après la restauration par nomination de Sa Majesté le roi Louis XVIII, chevalier de la Légion d'honneur, il épousa, le 6 mars 1788, dame Marie-Macrine de Catelin, d'une ancienne et noble famille de Provence, fille de Thimothée de Catelin, lieutenant particulier civil et des soumissions en la sénéchaussée de Marseille, et de Claire Françoise de Rémuzat, dont un fils unique, Esprit V Benoît-Gustave, qui suit XI :

XI. Esprit V Benoît-Gustave de Bovis, écuyer, épousa à Aix, le 8 octobre 1817, Marie-Louise-Josèphe de Bovis Beauvoisin, sa cousine au quinzième degré, dont quatre enfants, savoir :

A. Esprit VI Joseph-Edmond, qui suit XII.

B. Marie-Louise-Berthe, épousa à Marseille, le 20 janvier 1842, M. de la Paquerie.

C. Louis-Paul-Robert de Bovis, épousa : 1° à Lisle, Vaucluse, le 9 février 1861, Mathilde de Casal, morte le 2 décembre 1861, sans enfants ; 2° en février 1866, Thérèse de Sampigny de Bussière, famille originaire d'Auvergne et de Lorraine, établie actuellement dans le Bourbonnais. Il en a deux filles, savoir :

a. Marie, née en décembre 1866 ;

b. Marthe, née en mars 1868.

D. Henri-Etienne-Léopold de Bovis, épousa au Teil, Ardèche, le 1er mai 1861, Gabrielle d'Hilaire de Jovyac, morte le 12 novembre 1867, dont trois enfants, savoir :

a. Marie-Joséphine Denyse, née le 31 mars 1862;

b. Alexandre-Louis, né le 11 décembre 1863;

c. Marie-Anne-Edmée, née le 29 octobre 1867.

XII. Esprit VI Joseph-Edmond de Bovis, lieutenant de vaisseau dans la marine impériale, chevalier de la Légion d'honneur[1], épousa en 1850, Emily Dring Lansdal, de Brigton (Angleterre), dont dix enfants, savoir :

A. Esprit VII Jean-Bernard de Bovis, né le 2 novembre 1851.

B. Louis-François-David, né le 10 février 1853.

C. Pauline-Marie-Josèphe, née le 12 janvier 1855.

D. Joseph-Edric-Henri, né le 3 novembre 1856.

E. Benoît-Roger-Stanislas, né le 23 avril 1858.

F. Paul-Raymond-Robert, né le 11 juillet 1859.

G. Emmy-Sophie-Lamberte-Philomène, née le 17 septembre 1860.

H. Gaspard-Gustave-Gabriel, né le 1er sept. 1862.

I. Marie-René-Victor, né le 16 juillet 1866.

J. Henri-Pierre-Raphaël, né en avril 1868.

BOY (DU). *Champagne.*

D'azur a deux épées d'argent, passées en sautoir, accompagnées d'une rose de même en chef et d'un croissant aussi d'argent en pointe.

Ce nom qui appartient à la noblesse de Champagne, est représenté par un jurisconsulte à Paris.

---

1. De la Rose du Brésil, de l'ordre pontifical de Saint-Grégoire le Grand, officier du Nichan de Tunis, décoré de la médaille de Crimée.

BOYER. *Provence, Languedoc, France.*

Provence. D'azur au bœuf d'or, passant sur une tringle de même, posée en fasce; accompagnée en chef de trois étoiles à cinq rais rangées et en pointe d'un cœur, le tout de même.

Languedoc. Écartelé : aux 1 et 4 d'or à trois hures de sanglier de sable; aux 2 et 3 d'azur à trois besants d'or.

France. De gueules à la colonne d'argent, le chapiteau et la base d'or; accolée d'une bisse d'azur; au chef du troisième, chargé d'une aigle éperonnée de sable. — De gueules; au chef d'or, chargé d'un bœuf passant du champ. — Tiercé en bande : au 1 d'azur à l'épée d'argent, garnie d'or; au 2 de gueules plein; au 3 de sable à une tête de cheval d'or. — D'azur à la montagne de six coupeaux d'argent; à l'oiseau de proie de même, chaperonné de gueules, posé sur le sommet de la montagne. — Écartelé : au 1 d'azur à la main appaumée d'or; aux 2 et 3 de gueules à la verge d'or, en pal, accolée d'un serpent d'argent; au 4 d'azur au coq d'or, crêté de gueules. — Écartelé : aux 1 et 4 d'azur à l'étoile à cinq rais d'or; aux 2 et 3 de gueules au lion contourné d'argent.

On trouve en France plusieurs représentants du nom de Boyer : Emmanuel Boyer de Fonscolombes, à Aix, Bouches-du-Rhône, et ses deux fils : Charles, baron de Boyer de Fonscolombe, inspecteur des finances, à Paris, et Boyer de Fonscolombe, à Marseille.

Il a aussi deux frères : Ludovic Boyer de Fonscolombe, officier supérieur de cavalerie; Boyer de Fonscolombe de Peyronnet-Saint-Marc.

Une autre branche est représentée par Paul Boyer de Montégut, à Toulouse; de Boyer de Montégut, conseiller honoraire; Prosper de Boyer colonel en retraite ; Justin de Boyer vice-président du tribunal de Foix; Casimir de Boyer, lieutenant colonel d'artillerie en retraite ; de Boyer d'Ombrit, au château d'Ombrit, par Sangue, département de la Haute-Loire ; de Boyer de Sainte-Suzanne, sous-préfet à Cambrai ; de Boyer de Suguy, au château de Chooz, département des Ardennes.

BOYER DE RÉBEVAL. *France.*

Coupé : au 1 parti de sable au lion rampant d'argent et de gueules à l'épée d'or, signe des barons de l'empire ; au 2 d'azur à trois bouées, avec leurs câbles d'or, posées 2 et 1.

Le premier chef de nom et d'armes, lieutenant général, créé baron de l'empire par Napoléon Ier, le 19 mars 1808, sous le titre de baron de Rébéval, laissa deux fils : l'aîné, Ernest Boyer, baron de Rébéval, chef de bataillon au 54e régiment d'infanterie de ligne, ancien officier d'ordonnance du prince Jérôme Napoléon, fut tué dans la guerre de la grande Kabylie le 22 mars 1857. Le titre passa au second fils, Louis-Philippe, baron Boyer de Rébéval, propriétaire, ancien notaire et ancien maire à Villiers-Saint-Benoît, arrondissement de Juigné, département de l'Yonne, qui est aujourd'hui l'unique représentant de nom et d'armes de la famille.

BOYER DE TAURIAC. *Provence.*

D'azur au bœuf d'or, surmonté de trois étoiles à cinq rais d'argent.

Cette famille provençale est représentée à Toulouse.

BOYSSEULH. *Limousin, Périgord, Auvergne.*

D'argent à la bande de sable, chargée de trois larmes

du champ; à la bordure du second, semée de larmes de gueules et d'argent.

Cette famille titrée a pour chef de nom et d'armes, le comte de Boysseulh, agent vice-consul, à Saragosse, Espagne.

BOYVE. *Neufchâtel.*

Écartelé : aux 1 et 4 d'azur à une pignate d'or, accompagnée de trois étoiles d'argent rangées en chef; au 2 et 3 de sable, au croissant d'or, supportant une palme et une branche de laurier au naturel, entre deux besants du second. Heaume : couronné. Cimier : une tête d'aigle de sable becquée d'or, couronnée d'une couronne royale de même, accostée des branches du second.

Cette famille Suisse qui reçut des lettres d'anoblissement, le 21 mars 1765, est représentée par de Boyve, à Paris.

BOZONNIER DE LESPINASSE. *Dauphiné.*

D'azur à un chevron d'or accompagné en chef de deux roses d'argent, et en pointe d'une colombe de même portant en son bec un rameau d'olivier de sinople.

Cette famille est représentée par de Bozonnier de Lespinasse, inspecteur des forêts à Gray, département de la Haute-Saône.

BRABANT. *Hainaut, Champagne.*

HAINAUT. D'azur à la fasce, accompagnée en chef de deux molettes et en pointe d'une croix ancrée, le tout d'argent. Cimier : un cygne issant au naturel.

CHAMPAGNE. De gueules à la bande d'or, chargée d'une tête de More tortillée d'argent et accompagnée de deux huchets de même, engrelés d'or.

Le chef de nom et d'armes, de Brabant, habite le

château de Roulain, par Stenay, Meuse. Un autre représentant du nom, de Brabant, est juge de paix, à Romilly-sur-Seine, département de l'Aube.

BRAC DE LA PERRIÈRE. *Beaujolais.*

D'argent à trois bandes d'azur.

Cette famille est une des plus anciennes et des plus distinguées du Beaujolais. Elle a brillé dans les armes et dans la magistrature, dans l'Église, dans la science, et s'est toujours noblement alliée. Sa filiation authentique et légale, établie sur pièces irrécusables, ne remonte pas au delà du seizième siècle. Toutefois, son nom se rencontre dans les archives du pays à une époque beaucoup plus reculée.

I. Louis Brac, premier du nom, eut deux fils : *A.* Robert, qui suit, II; *B.* Étienne, dont la destinée est inconnue.

II. Robert Brac, premier du nom, épousa, à Beaujeu, en 1594, Laurence d'Aigueperse, dont cinq enfants : *A.* Antoine, qui suit, III; *B.* Mathurin, qui épousa Perrette Carrige, dont une fille; *C.* Thomas, médecin distingué de la marine royale, eut un fils, capitaine de vaisseau, et deux filles, richement mariées à Toulon; *D.* Jean-Chrysostome, ecclésiastique; *E.* Philiberte, épousa Louis Thevenon.

III. Antoine Brac, premier du nom, né le 8 septembre 1599, mort le 5 décembre 1681, notaire royal, procureur, receveur des consignations en la prévôté du Beaujolais, lieutenant de juge de plusieurs terres, unique échevin de Beaujeu pendant la peste de 1630 et cité pour son dévouement dans cette circonstance calamiteuse, épousa Jeanne Hugues, dont quinze enfants, entre autres : *A.* Jean, qui suit, IV; *B.* Antoine, qui partit pour les colonies ; *C.* Jean-Chrysostome, religieux capucin ; *D.* Aimé, ecclésiastique, docteur en droit civil et en droit canon, aumônier de Colbert et de l'évêque de Mâcon, prieur de Saint-Nizier-sous-Charlieu ; *E.* Louis, capucin ; *F. G. H. I. J.* Marie, Élisabeth, Jeanne, Christine et Claudine, noblement mariées.

IV. Jean Brac, premier du nom, né le 21 mars 1626, mort à Mâcon en 1669, médecin distingué de la Faculté de Montpellier, épousa Marie de la Charme, dont sept enfants, entre autres : *A.* Antoine, qui suit, V ; *B.* François, religieux dominicain, docteur en théologie, savant prédicateur, prieur de Saint-Quentin, de Reims et de Mâcon, mort en 1717 ; *C.* Marie-Angélique, filleule du marquis d'Entrague, gouverneur de Mâcon, sans alliance.

V. Antoine Brac, deuxième du nom, né le 23 juillet 1657, mort le 13 avril 1725, docteur en médecine, fit enregistrer en 1699 son nom dans l'*Armorial général officiel,* où on lui a donné par erreur les armoiries suivantes : de sable au griffon d'or becqué, armé et lampassé de gueules : à l'étoile aussi d'or au canton dextre de l'écu ; plusieurs lettres, conservées par la famille avec leurs cachets, prouvent qu'il portait : d'argent aux trois bandes d'azur comme ses ancêtres et ses descendants. Il épousa Catherine de la Fond, dont douze enfants, entr'autres *A.* François, qui suit, VI ; *B.* Nicolas, chanoine du chapitre de Notre-Dame du Château de Beaujeu ; *C.* Catherine, mariée à Dominique Varenard de Billy.

VI. François de Brac, premier du nom, seigneur de Montpiney, né à Beaujeu, le 29 juillet 1693, mort à Saint-Lager, le 7 octobre 1779, docteur en droit, avocat au Parlement de Paris et aux cours de Lyon, administrateur à la tête de l'hôpital général de la Charité et Aumône de Lyon de 1731 à 1735, échevin de Lyon, épousa : 1° Jeanne Athiaud, dont il n'eut qu'une fille, morte au berceau, et 2° le 8 août 1724, Catherine Deschamps, dont dix enfants : une fille morte au berceau, une autre fille non mariée et huit qui suivent, savoir : *A*. François-Pierre-Suzanne, qui suit, VII ; *B*. Jacques-Joseph, auteur de la seconde branche ; *C*. Nicolas-Claude Brac du Chasty, chanoine de l'église collégiale du château de Beaujeu ; *D*. François Brac de Montpiney, né le 8 octobre 1732, capitaine au régiment de Royal-Comtois, gouverneur de Beaujeu, chevalier de Saint-Louis, combattit au siége de Lyon, en 1793, et fut fusillé après la prise de cette ville ; *E*. Etienne-Antoine, médecin de l'hôpital général de la Charité, épousa N. Masseing, sa cousine ; *F*. Camille-Suzanne Brac de Saint-Loup, né le 29 septembre 1736, receveur des traites et gabelles, épousa Catherine Dumas, sa cousine, fille de Jean-Baptiste et d'Élisabeth de la Fond de Pougelon, dont postérité ; *G*. Anne-Marie, épousa André de Bonnel, chevalier, fils d'Antoine, doyen des conseillers de la cour des Monnaies de Lyon, et de Marie Pianelly ; *H*. Antoinette, épousa Pierre-Marie de Beaujan.

VII. François-Pierre-Suzanne de Brac, seigneur de la Perrière, né à Lyon, le 19 mai 1725, mort le 28 juin 1800, avocat au Parlement de Paris et ès cours de Lyon, administrateur de l'hôpital général de la Pitié et du grand Hôtel-Dieu de Lyon, associé de la Société royale d'Agriculture de Lyon, échevin et président du tribunal de la conservation des priviléges royaux et foires de la ville de Lyon, commanda en chef la ville de Lyon, en 1776, s'attira par sa courageuse fermeté la disgrâce de Louis XVI, qui l'exila le 8 août 1777, et révoqua ses lettres de cachet l'année suivante. Il épousa, le 6 février 1769, Jeanne-Claire-Guillin du Montet, sa cousine, dont six enfants, cinq morts en bas âge ou sans postérité, et Jacques-Justin, second fils, qui suit, VIII :

VIII. Jacques-Justin de Brac de la Perrière de Bourdonnel, né à Lyon, le 6 décembre 1775, mort en 1853, savant érudit, consacra la plus grande partie de sa vie à des ouvrages religieux, dont l'impression fut arrêtée par sa mort. Il épousa, le 21 décembre 1809, Catherine-Julie d'André Blanc, dont trois enfants, savoir : *A*. Antoine-Édouard, qui suit, IX ; *B*. Achille-François, chef du second rameau ; *C*. Marie-Louise Brac de Bourdonnel, née le 17 mai 1814, morte le 2 août 1853, épousa, le 10 novembre 1835, Alexandre Quarré de Veneuil.

IX. Antoine-Édouard de Brac de Bourdonnel, né le 29 novembre 1810, mort le 8 novembre 1850, épousa, le 28 mai 1844, Anne-Benoîte-Marie Donin de Rosière, dont deux enfants, savoir : *A*. Jacques-Gabriel-Henri, qui suit, X ; *B*. Marie-Marguerite-Camille, morte le 6 août 1854, à l'âge de neuf ans.

X. Jacques-Gabriel-Henri de Brac de Bourdonnel, né le 25 mars 1847, chef de nom et d'armes de sa famille.

RAMEAU DE LA BRANCHE AINÉE

IX. Achille-François de Brac de la Perrière, né à Saint-Lager, le 17 mai 1812, épousa le 17 mars 1851, Amélie de Besse, d'une famille de noblesse de robe, dont huit enfants, savoir : *A*. Jacques-Auguste, né le 22 janvier 1852 ; *B*. Paul-Achille, né le 26 janvier 1865 ; *C*. Gabrielle-Jean, né le 22 février 1867 ; *D*. Catherine-Thérèse, née le 27 février 1853 ; *E*. Louise-Gabrielle, née le 2 novembre 1856 ; *F*. Thérèse-Élise, née le

22 août 1859 ; *G*. Élise-Amélie, née le 28 août 1861 ;
H. Marthe-Marie-Augustine, née le 5 juillet 1868.

SECONDE BRANCHE

VII. Jacques-Joseph Brac de la Perrière, seigneur de la Pillonière et de Châteauvieux, second fils de François Brac, seigneur de Montpiney et de Catherine Deschamps, ci-dessus, né le 21 mars 1726, fermier général en 1771, administrateur de l'hôpital général de Paris, en 1776, épousa en janvier 1766, Élisabeth-Charlotte Passerat, dont sept enfants, savoir : *A*. André-François-Anne, qui suit VIII ; *B*. Étienne-Philippe-Joseph Brac de la Perrière, né le 25 février 1778, mort le 5 juin 1851, directeur des douanes à Bayonne, chevalier de la Légion d'honneur, épousa le 16 juin 1804, Pauline Galart, dont il n'eut pas d'enfants. Ils adoptèrent, en 1848, Anita de Mothes de Blanche, leur nièce, ci-dessous ; *C*. Antoine-Marie-Victor Brac de Châteauvieux, né le 29 juillet 1779, épousa Alexandrine Bœuf de Curis dont cinq enfants : *D*. Anne-Françoise-Élisabeth Brac de la Perrière, née en 1768, épousa Charles-René Parceval de Frileuse, fermier général ; *E*. Anne-Nicole-Marie-Joséphine Brac de la Perrière, née en 1773, épousa N. de Seyturier ; *F*. Alexandrine-Charlotte-Joséphine Brac de la Perrière, née le 29 mars 1775, épousa le 6 juillet 1804, Jean-François Béchon de Caussade, page de Louis XVI, puis officier aux dragons de la reine, chevalier de Saint-Louis, né en 1765, mort en 1844, dont trois enfants : *a*. René, ancien sous-préfet, *b*. Ludovic, général de brigade, *c*. Charles ; *G*. Anne-Françoise-Marie Brac de la Perrière, née le 27 mai 1785, épousa le 7 mars 1806 Alphonse de Mothes de Blanche, dont sept enfants : *a*. Louis-Armand ; *b*. Albéric, auteur d'écrits littéraires ; *c.* Renaud, officier de hussards ; *d.* Valérie ; *e.* Camille, épousa Ferdinand de Léotard ; *f.* Élisabeth, *g.* Anita, adoptée par son oncle Etienne, ci-dessus.

VIII. André-François-Anne Brac de la Perrière, né en 1771, mort le 13 janvier 1846, épousa le 10 décembre 1806, Marie-Césarine Michel, dont deux enfants; savoir : *A.* Antoine-Marie-Adolphe, qui suit IX, *B.* Laurent-Paul-Marie, qui suit IX, après son frère aîné.

IX. Antoine-Marie-Adolphe Brac de la Perrière, né le 11 décembre 1807, épousa le 5 décembre 1842, Agathe-Alexandrine-Adona Richard de Soultrait.

IX Laurent-Paul-Marie Brac de la Perrière, né le 23 janvier 1814, épousa le 2 mai 1848, Marie-Joseph-Victoire-Blanche Journel, dont sept enfants, savoir : *A.* Paul-Marie-Louis, né le 23 février 1854 ; *B.* Irénée-Marie-Jacques, né le 28 janvier 1856 ; *C.* Pierre-André-Marie, né le 5 mai 1864 ; *D.* André-Marie-Jacques, né le 27 mars 1865 ; *E.* Marie-Antoinette-Geneviève, née le 28 avril 1849 ; *F.* Marie-Jeanne-Blanche, née le 3 mai 1852 ; *G.* Françoise-Marie-Jeanne, née le 5 mars 1864.

BRACH. *Guyenne.*

De sable à la bande fuselée d'argent.

D'azur à une bande d'or, accostés de deux fusées d'argent.

L'unique représentant de cette famille réside au château de Mouillère, par Coulongues, dans le département des Deux-Sèvres.

BRACHET. *Champagne, Limousin.*

CHAMPAGNE. De gueules au chien braque assis d'argent.

LIMOUSIN. D'azur à deux chiens braques d'argent passant l'un sur l'autre.

On trouve aussi le braque du chef remplacé par une croisette également d'argent. Un de Brachet était aux croisades. Un autre fut chambellan du roi à Limoges en 1440. Ce nom, qui figure parmi les plus honorables, est représenté actuellement par deux dames : l'une, la marquise de Brachet, réside à Paris; l'autre, la comtesse de Brachet, réside à la campagne, dans le département de Seine-et-Marne.

Un autre représentant, de Brachet de Lamenuse, réside au château de la Côte, près Saint-Gérac, département de la Dordogne.

BRACQUEMONT. *Picardie.*

De gueules à huit losanges d'argent mises en croix.

Nous trouvons deux représentants du nom de Bracquemont : le premier habite Paris; le second, officier de la Légion d'honneur, est propriétaire à Saint-Alvère, département de la Dordogne.

BRAINVILLE. *Orléanais.*

D'argent à une billette de sinople.

Cette famille n'a qu'un représentant : de Brainville, au château de Villiers, par Creuilly, département du Calvados.

BRANCAS. *Naples, Provence.*

Parti : au 1 d'azur au pal d'argent, chargé de trois tours de gueules, et accosté de quatre jambes de lion d'or, mouvantes des flancs de l'écu, celles à dextre en barre, celles à senestre en bande, qui est de Brancas; au 2 d'argent à trois têtes de reine de carnation, couronne d'or, qui est de Hibon de Frohen.

Devise : *Di fuor di leggi.*

Ce grand nom, du premier gentilhomme chrétien, a

été substitué à Henri-Ferdinand, comte de Hibon de Frohen, qui épousa Yolande, duchesse de Brancas, dont postérité.

Il réside au château de Tournelles, département de Seine-et-Marne.

BRANCHE DE FLAVIGNY. *Laon.*

D'azur à un chevron d'or, accompagné de deux coquilles oreillées d'argent en chef et d'un croissant de même en pointe.

Cette famille est représentée par Alexandre-Pierre-Gustave Branche de Flavigny, à Soissons.

BRANCION. *Bourgogne.*

D'azur à trois fasces ondées d'or.

Cette famille est représentée par le comte de Brancion, au château de Royoumeix, par Novian-aux-Prés, département de la Meurthe ; le vicomte de Brancion, chevalier de la Légion d'honneur, à Toulouse ; de Brancion, au château de Marigné, par Andouillet, département de la Mayenne.

BRANDT. *Artois.*

D'azur à trois flammes d'or, *alias* d'argent.

La souche de maison qui descend de Jean Brandt, greffier de la ville de Saint-Omer en 1787, et qui compte encore des représentants, a formé plusieurs branches connues sous les noms de *Marconné*, de *Galametz* et de *Loos*. Elle s'est alliée aux maisons de Fléchin, Le Jome, de Contay, Salpernick, Tolonny, etc. Les terres de Marconné et de Galametz furent érigées en comté par le roi Louis XV, en 1758. Brandt, proprement dit, a trois représentants : au château d'Havernas, dans la Somme ; un chanoine du chapitre d'Amiens ; et de Brandt, à

Boves, par Amiens. Adolphe, comte de Brandt de Galametz, réside à Abbeville; son frère, Albéric, qui porte le titre de comte, réside à la campagne, au château d'Écoivres-Mont-Saint-Éloy, par Arras, dans le département du Pas-de-Calais; Brandt de Loos, réside également dans le Pas-de-Calais, au château de Boisleux, par Croisilles.

BRANNE. *Guyenne.*

D'azur à un lion d'or tenant de sa patte droite une épée, et de la gauche une pique de même et un chevron d'argent chargé de trois guidons de gueules.

Cette famille est représentée par le baron de Branne, au château de Branne-Cantenac, par Margaux, département de la Gironde.

BRAQUEMONT. *Normandie, Belgique.*

De sable au chevron d'argent. Cimier : un pélican au naturel.

Devise : *Posteris.*

Ce nom a deux représentants : un inspecteur des douanes à Dieppe, et un propriétaire rural dans la Dordogne.

BRAS DE FER. *Normandie.*

De gueules à trois mains dextres d'argent, posées 2 et 1. *Alias*, trois poings au gantelets d'argent, mis en bande. — De gueules au bras d'argent, tenant une épée de même en bande, garnie de sable.

Cette famille normande est représentée au château de Montaiges, par Longny, département de l'Orne.

BRASCHET. *France.*

D'azur au chien assis d'argent.

Cette famille est représentée par de Braschet, à Orléans et au château de Lestron, près Mer, département de Loir-et-Cher.

BRASSAT DE SAINT-PARTHEM. *Toulouse, Montauban, Aubin, Aveyron.*

De sable à deux bras d'or, posés en bande.

Cette famille était représentée par François-Louis Brassat de Saint-Parthem, mort le dernier de son nom, le 9 juillet 1870, à Aubin, Aveyron, laissant une mémoire vénérée. Héritier principal de ses titres et de ses droits, son neveu, Alexandre de Cardonnel, est petit-fils en ligne directe et masculine d'un procureur du roi avant 1789, inscrit, avec son cousin du même nom et député d'Albi, au nombre des illustres, au Capitole, à Toulouse.

BRASSIER DE JOCAS. *Comtat Venaissin. Rouergue.*

COMTAT VENAISSIN. D'or à la fasce d'azur.

ROUERGUE. BRASSIER DE SAINT-SIMON. D'azur au chevron d'or, accompagné en chef de deux merlettes affrontées de même, et en pointe de trois larmes mal ordonnées d'argent.

Ce nom est représenté dans la branche aînée par le marquis de Brassier de Jocas, à Carpentras, et par Mme la comtesse de Brassier de Jocas, à Paris.

La branche cadette, celle de Saint-Simon, est représentée par le comte de Brassier de Saint-Simon-Vallade, ambassadeur de Prusse près la Porte-Ottomane, et par de Brassier de Saint-Simon de Camboulade, à Villefranche de Rouergue, département de l'Aveyron.

BRAUX. *Champagne.*

De gueules au dragon ailé d'or.

Le chef de nom et d'armes de la famille de Braux habite Paris ; un second représentant, du nom de Braux proprement dit, est officier au 5ᵉ de chasseurs ; de Braux d'Anglures est également officier au 16ᵉ de chasseurs.

BRAY. *Normandie.*

D'argent au chef de gueules chargé d'un léopard d'or. Supports : deux lions. Couronne de comte.

Cette famille a plusieurs représentants : le baron de Bray, au château de Mongerault, par Pontoise, département de Seine-et-Oise; Frédéric de Bray, à Toulouse; Philippe de Bray, à Toulouse; le chevalier de Bray, au château de Bordeaux, à Sainte-Croix, par Buchy, département de la Seine-Inférieure; Léon de Bray, ancien référendaire en la chancellerie, à Paris; le comte de Bray, ministre plénipotentiaire de Bavière, à Vienne; Jules de Bray, à Amiens,

BRAYER. *France, Alsace.*

FRANCE. D'azur à la bande d'argent, chargée de trois tourteaux de gueules et accostée de deux croissants du second.

ALSACE. Écartelé : au 1 de sable au chevron alésé d'argent, accompagné de trois besants de même; au 2 de gueules à l'épée d'argent ; au 3 de pourpre au serpent arrondi d'or, se mordant la queue; au 4 d'azur à la faucille d'argent, posée en barre; le tout soutenu d'une champagne de gueules, chargée d'un pont de sept arches d'argent, sommée d'un renard passant de même.

Nous connaissons deux représentants du nom : le vicomte de Brayer, et le baron de Brayer, tous deux à Paris.

BRÉANT. *Alençon.*

De gueules à cinq fasces d'argent, accompagnées en

chef de cinq étoiles rangées et en pointe d'une merlette, le tout d'argent.

Cette famille est représentée par le baron de Bréant, au château de Pontavesnes, par Méru, département de l'Oise.

BRÉART DE BOISANGER. *Bretagne.*

D'azur au lion d'argent.

Les représentants du nom sont de Bréart de Boisanger, à Arzano, département du Finistère, et de Bréart de Boisanger, avocat, à Quimperlé.

BRÉAUTÉ. *France, Flandre française, Normandie.*

France. D'or à deux trèfles de sinople.

Flandre française, Normandie. D'argent à une quintefeuille de gueules.

Cette famille a son unique représentant au château de la Chapelle, par Longueville, département de la Seine-Inférieure.

BRÉBISSON. *Normandie.*

De gueules au lion d'argent.

Le représentant du nom de Brébisson réside au château de Carel, près Saint-Pierre-sur-Dives, Calvados.

BRECEY. *Bretagne, Normandie.*

Bretagne. De gueules à deux badelaires d'argent passés en sautoir.

Normandie. Brecey d'Issigny. D'or à la croix de sable, cantonnée de quatre merlettes de sable.

Nous ne connaissons qu'un seul représentant du nom de Brecey, proprement dit : Il habite dans la contrée dont sa famille est originaire, le château de Brisolière, par Brecey, département de la Manche.

BRÉCHARD. *Nivernais, Bourgogne, Berry.*

D'azur à trois bandes d'argent.

La maison de Bréchard appartient à l'ancienne noblesse de race et d'origine chevaleresque. Ses possessions en Bourbonnais et en Berry furent immenses pendant le moyen âge. Elle était déjà illustre et puissante au treizième siècle, quand Rodolphe, ou Raoul de Bréchard, chevalier, échangea, par acte du 10 octobre 1206, la vicomté de Moulins, contre la baronnie de Bressoles, à un baron de Bourbon, qui le qualifie de *chevalier bien-aimé*. Son titre de baron de Bressoles date de cette époque, et c'est en cette qualité de baron que Rodolphe ou Raoul de Bréchard signa comme témoin de la Charte de confirmation des priviléges de Sauvigny, donné en 1217 par Archambaud VIII, sire de Bourbon.

Les autres titres anciens de la maison de Bréchard sont aussi nombreux qu'éclatants, ils portent des dates de 1297, 1299, 1360, 1375, 1388.

Elle a donné l'illustre Jeanne-Charlotte, dame de Bréchard, compagne de la vénérable mère de Chantal, troisième religieuse de l'ordre de la Visitation, première supérieure du monastère de Riom, en Auvergne, où elle mourut en odeur de sainteté le 18 novembre 1637. La maison de Bréchard a également donné un grand nombre de chevaliers de l'ordre de Malte et des officiers distingués. Le sceau de Claude de Bréchard, seigneur d'Altigny, maréchal des logis de cinquante hommes d'armes des ordonnances du roi, est attaché à un parchemin conservé à la Bibliothèque nationale, à Paris. Ce sceau porte trois bandes d'argent sur fond d'azur, de l'écu.

Les fiefs de la maison de Bréchard sont la baronnie de Bressoles, le comté de Bréchard, la baronnie d'Oyé, les seigneuries d'Alligny, Époisses, Lys, Vellerot, Saint-Pierre-en-Vane, Chauvenches, Sonty, Villiers, Confex, Brinay, Chamaunot, Pouilly, Lacour, Villeneuve, etc.

Ses alliances sont prises dans la plus haute noblesse. Bréchard s'est allié aux maisons de Culant, de Beauvais, de Bourbon, de Digoyne, de Bournonville, de Thury, de Saint-Vidaille, de Chauvigny, de Montjournal, de Luzy, de Monvoisin, de la Corselle, de Veilhon, d'Amuzel, de Juissard, de Champs, Pellé, le Roy d'Allarde, Senillot, de Railly, de Meuny, d'Apremont, de Champs, de Saint-Léger, etc., etc.

Divisée en un grand nombre de branches, dont toutes sont éteintes aujourd'hui à l'exception de la branche de Brinay, la maison de Bréchard a pour chef, de nom et d'armes, Maurice-François de Champs, de Saint-Léger, comte de Bréchard, au château de Brinay, département de la Nièvre ; de son mariage avec dame Pierrette-Jacqueline-Hedwige de Montagu, il a trois fils et six filles : Eudes, Paul, Alfred, Marie, Éléonore, Henriette, Albertine, Jeanne et Céline.

BRÉCHOT DE RELIGNAC. *Bourgogne.*

D'argent à un chevron de gueules accompagné de trois cors de chasse de même, posés deux en chef et un en pointe.

L'unique représentant de la famille, de Bréchot de Relignac est officier ministériel à Gorée, au Sénégal.

BRÉCOURT (Lenez de Cotty de). *Normandie.*

D'azur au lion d'argent, armé et lampassé de gueules, chargé de trois étoiles d'or. Couronne : de marquis. Supports : deux lions d'or.

Devise : *Impavidum ferient ruinæ.*

Le nom est représenté par Alfred de Brécourt, ancien officier de la marine de l'État à Caen, et par Henry de Brécourt, officier de la Légion d'honneur, lieutenant colonel de cavalerie.

BREDA. *Pays-Bas.*

Écartelé aux 1 et 4 d'argent, au lion de gueules, armé, couronné et lampassé d'or, à la bordure de sable chargée de onze besants d'or, qui est de S'Heerenberg, aux 2 et 3 d'argent à trois croissants de sable, qui est de Polanen.

Devise : *Dominus protector vitæ meæ quo trepidabo.*

Cette famille, naturalisée en France par lettres du roi Louis XII, compte de nombreux représentants : le baron Adalbert de Bréda, au château de Mont-Marin, département de l'Ille-et-Vilaine; le comte Antoine de Breda, au château de Plessis-Brion, département de l'Oise; la baronne douairière de Breda, à Paris; le comte Albert de Breda, au chatean de Chamblac, département de l'Eure; le comte Félix de Breda et le comte Arthur de Breda, à Paris; le comte Paul de Breda, premier secrétaire de la légation de France, à Stockholm.

BRÉE. *Maine, Alsace.*

MAINE. D'argent à deux fasces de sable; au sautoir de gueules brochant sur le tout.

ALSACE. D'argent à la bande d'azur, chargée de cinq cornières d'or, les bouts tournés vers l'angle senestre du chef; à une étoile du champ entre les branches de chaque cornier. — Fascé d'argent et d'azur.

Le chef de nom et d'armes et unique représentant du nom habite le château d'Isigny, dans le département de la Manche.

BREGEOT. *Lorraine.*

D'azur à l'épée d'argent garnie d'or, accompagnée de trois étoiles à cinq rais de même.

Nous retrouvons encore deux représentants du nom : le comte de Bregeot à Paris et un juge de paix à Guérande, département de la Loire-Inférieure.

BREHAN. *Bretagne.*

De gueules au léopard d'argent.

Devise : *Foy de Brehan mieux vault.*

Cette ancienne famille, connue dès l'an 1080, admise aux honneurs de la cour en 1768, élevée au titre de baron de l'Empire par lettres patentes du 14 février 1810, est représentée par Napoléon-Charles Bihi, marquis de Brehan.

BREHIER. *Bretagne.*

D'argent à trois olives de sinople, tigées et feuillées de même, les tiges en haut ; deux en chef, une en pointe.

Cette famille originaire d'Anjou est représentée par Paul-Émile de Brehier, au château de Joussardais, Ille-et-Vilaine ; par Alfred-Olivier-Marie de Brehier, au château du Cormier-Bavet, même département, et par Ernest-François-Charles de Brehier, à Josselin, Morbihan.

BREIL (DU). *Bretagne.*

D'azur au lion morné d'argent, *alias* d'azur au lion d'argent, armé et lampassé de gueules.

Devise : *Parcere Subjectis de bellare superbos.*

DU BREIL DE PONTBRIAND. Écartelé : aux 1 et 4 d'azur au lion d'argent, qui est du Breil ; aux 2 et 3 d'azur au pont de trois arches, maçonné de sable, qui est de Pontbriand.

Comtes de Pontbriand en 1652, comtes de Landal de

Rays en 1680, et comtes de la Caunelaye, cette famille
compte le grand nombre de dix-neuf représentants :
Charles-Marie-Bonaventure, marquis du Breil de Rays,
au château de Quimerc'h, par Banalec, département du
Finistère; Eugène-Paul-Émile, comte du Breil de Rays,
même résidence; Louis-Charles-Marie, comte du Breil
de Landal, en la Boussac, près Dol, département d'Ille-
et-Vilaine; Augustin-Marie, comte du Breil de la Caunelaye de Pontbriand, au château de Caunelaye, près
Plancouët, département des Côtes-du-Nord; Achille-
Marie du Breil de Pontbriand de la Caunelaye, au château de Monterfil, près Corseul, département des Côtes-
du-Nord; Louis-Marie-Joseph du Breil de Pontbriand,
au château de Hauguemirais, par Matignon, département des Côtes-du-Nord; Jean-Baptiste du Breil de
Pontbriand, au château de Kersevan, près Guémenée-
sur-Scorf, département des Côtes-du-Nord; Edmond-
Toussaint-Marie du Breil de Pontbriand, au château de
Villerobert, près Plancoët; Victor-Marie-Joseph du
Breil de Pontbriand, à Saint-Servan, département d'Ille-
et-Vilaine; Frédéric-Louis-Marie du Breil de Pontbriand, au château de Roncerais, près Hédé, département d'Ille-et-Vilaine; Stanislas-Louis-Marie du Breil
de Pontbriand, au château de la Villeguérif, près Plou-
balay, département des Côtes-du-Nord; Ange-Marie-
Xavier du Breil de Pontbriand, au château de la Brousse,
près Matignon, département des Côtes-du-Nord; Fran-
çois-Marie-Toussaint du Breil de Pontbriand, au château de Marzan, par la Roche-Bernard, département du
Morbihan; Auguste-Marie-Louis du Breil de Pontbriand
de la Caunelaye, au château du Crevy, par Ploërmel,
département du Morbihan; Joseph-Marie du Breil de
Pontbriand, au château de Lessart, près Corseul; Henri-

Marie-René du Breil de Pontbriand, au château de la Haye-Besnou, près Châteaubriant, département de la Loire-Inférieure ; Hippolyte-Marie du Breil de Pontbriant, au château de Villeguérin, près Plancoët, département des Côtes-du-Nord ; Adolphe-Marie-François du Breil de Pontbriand, au château de Villeguérin, département des Côtes-du-Nord ; Ferdinand-Charles-Marie du Breil de Pontbriand, à Saint-Brieuc, département des Côtes-du-Nord.

BREM. *Lorraine.*

D'azur à trois annelets d'or posés 2 et 1 ; au chef d'argent chargé de deux étoiles d'azur. Cimier : Une étoile d'azur issante d'un armet morné, orné de son bourlet et de ses lambrequins aux métaux et couleurs de l'écu.

Cette famille, anoblie en 1725 par le duc Léopold de Lorraine en la personne de Nicolas Brem ou Breme, natif de Morhange, ainsi que cela est constaté au trésor des chartres de Lorraine, folio 98, registre 1725-1726 à la bibliothèque de Nancy, est représentée par trois frères, officiers supérieurs d'infanterie, et par un officier au 10ᵉ de chasseurs à cheval.

BREMAND. *La Rochelle.*

D'argent à une fasce de sinople.

L'unique représentant de la famille, de Bremand, réside à Versailles.

BREMOND. *Dauphiné.*

D'or au cœur de gueules.

Devise : *Ex toto anima mea et toto corde meo.*

On connaît en France plusieurs représentants du nom : Alphonse, comte de Bremond, à Paris ; la comtesse

Arthur de Bremont, à Paris ; de Bremond, au château d'Arce et de Saint-Brice, à Cognac, département de la Charente ; de Bremond, officier de la Légion d'honneur, officier supérieur de cavalerie ; de Bremond de Léoube, maire à Collobrières, département du Var.

BREMOND D'ARS. *Saintonge, Dauphiné.*

SAINTONGE. D'azur à l'aigle éperonnée d'or, au vol abaissé, languée de gueules.

DAUPHINÉ. De gueules au croissant d'or ; au chef cousu d'azur chargé de trois roses d'argent.

De Bremond d'Ars, chef de nom et d'armes, est directeur des prisons, au Mans ; le vicomte de Bremond d'Ars, chevalier de la Légion d'honneur, est sous-préfet à Quimperlé, département du Finistère ; de Bremond d'Ars, commandeur de la Légion d'honneur, est général de brigade, commandant la 3e subdivision à Angoulême.

BREMOY. *Bretagne.*

D'azur, à l'épée d'or, accompagnée au chef de trois couronnes triomphales du même.

Cette famille, dont l'anoblissement remonte à 1677 est représentée par le comte de Bremoy, à Lille ; Ch. de Bremoy, sous-chef de gare au Mail-d'Onges, à Rennes.

BRENIER. *Dauphiné.*

D'azur semé de fleurs de lis d'or ; au sautoir de gueules, brochant sur le tout et chargé de cinq coquilles d'argent.

Le baron de Brenier, sénateur, grand officier de la Légion d'honneur, chef de nom et d'armes de sa famille, réside à Paris.

Un autre représentant du nom, vicomte de Brenier

de Montmorand, est consul général de France à Shanghaï, Chine.

BRÉON. *Auvergne.*

D'or à la croix ancrée de sinople.

Le comte de Bréon, seul représentant du nom, réside à Paris.

BRÈS. *Languedoc.*

De gueules à la bande d'argent, accompagnée de quatre molettes d'or, deux en chef et deux en pointe.

Cette famille est représentée par Le Brès-Durest, avocat, à Quimper, département du Finistère.

BRÈS. *Nice.*

D'azur à deux bandes échiquetées d'argent et de sinople de trois tires; au chef du champ, chargé d'un triangle accosté de deux étoiles, le tout d'argent.

Cette famille dont le chef fut investi du fief de Pierlay, avec le titre de comte, le 5 octobre 1685, est représentée par Louis de Brès, avocat, à Nice.

BRESSIEUX. *Dauphiné.*

De gueules à trois fasces de vair.

Nous connaissons deux représentants du nom : le comte de Bressieux, officier de la Légion d'honneur, chef de nom et d'armes, à Paris; le baron de Bressieux, au château de Fures, par Saint-Marcellin, département de l'Isère.

BRESSOLLES. *France.*

D'azur à trois bandes d'argent.

Ce beau nom est porté par le général de division de Bressolles, grand officier de la Légion d'honneur, conseiller général du département de Tarn-et-Garonne, à Paris, et par de Bressolles, propriétaire, au château de Moulins, département de l'Allier.

BRESSON. *France.*

D'argent à l'écusson d'azur en abîme, chargé d'une épée d'or en pal; à la bordure de gueules. — D'or au berceau de sable; au chef d'azur chargé de trois étoiles du champ; à la bordure de gueules.

Cette famille est représentée par la comtesse de Bresson, à Paris; le vicomte de Bresson, conseiller référendaire à la Cour des comptes, à Paris; de Bresson, officier de la Légion d'honneur, conseiller à la Cour de cassation à Paris.

BRESSY. *Normandie.*

De gueules chaussé d'hermine.

Cette famille est représentée par de Bressy, procureur général à Vigan, département du Gard, et par de Bressy, maire à l'Isle, département de Vaucluse.

BRET DE ROMIEU. *Bourgogne, Normandie, Bretagne.*

BOURGOGNE. — D'hermine plein.

NORMANDIE, BRETAGNE. D'or au sautoir de gueules, chargé d'un écusson d'argent, surmonté d'un lion de sable, lampassé de gueules; le sautoir cantonné de quatre merlettes de sable.

Cette famille est représentée par de Bret de Romieu, officier de la Légion d'honneur, secrétaire général de préfecture à Privas, département de l'Ardèche.

BRETÈCHE (JOUSSEAUME DE). *Poitou, Bretagne.*

De gueules à trois croix pattées d'hermine. — *Alias.* De gueules à trois croix pattées d'argent; à la bordure d'hermine. — *Alias.* D'argent fretté de gueules.

Cette famille est représentée par le marquis de Bretèche, qui a sa résidence d'été au château d'Aigrefeuille, département de la Loire-Inférieure, et sa résidence d'hiver, à Paris.

BRETEUIL. *France.*

D'azur à l'épervier essorant d'or, longé et grilleté de même. Couronne : de comte. Supports : Deux éperviers.

Devise : *Nec spe, nec metu.*

Le comte de Breteuil, chef de nom et d'armes de cette belle famille originaire du Beauvoisis et le comte Joseph de Breteuil, résident à Paris.

BRETIGNIÈRES. *Normandie.*

De gueules à trois soleils d'argent.

Le seul représentant connu du nom habite la contrée dont sa famille est originaire, au château de Venistanville, par Bacqueville, département de la Seine-Inférieure.

BRETON DU BREIL (LE). *Normandie.*

De gueules à la croix de vair.

Pierre le Breton, de Coutances près Rennes, fit ses preuves à la dernière réformation.

La famille de le Breton du Breil est du nombre de celles qui vinrent se réfugier en Bretagne à la suite de la bataille d'Azincourt en 1415. Elle a donné depuis James le Breton en 1451, onze échevins à la communauté de Rennes et elle est encore représentée à Rennes. Elle l'est également par le Breton de la Bonnelière, directeur des contributions indirectes à Annecy.

BRETON DE CHAMP. *Normandie, Bretagne.*

NORMANDIE. D'argent à trois mouchetures d'hermine de sable, rangées en chef et accompagnées de trois écussons de gueules. — D'argent à trois roses de gueules.

BRETAGNE. D'argent à cinq fusées de sable, ourlées en fasce, accompagnées de trois tourteaux de même.
— D'argent au lion léopardé de sable, chargé sur l'épaule d'une molette d'or. — D'azur au cor de chasse d'argent.

Le seul représentant connu du nom de Breton de Champ, chevalier de la Légion d'honneur, est ingénieur à Paris.

BRETONNEAU. *Touraine, Orléanais, Provence, Italie, Paris.*

D'argent à un saule de sinople terrassé de même, surmonté de 3 étoiles d'azur rangées en chef.

Cette famille est uniquement représentée aujourd'hui par deux frères, fils de Henry Bretonneau de la Bissonnaye, payeur général du Trésor et de la guerre et de Marie-Victorine Porcher des Rolands.

BRETONNIÈRE (LA). *France.*

De gueules à cinq fusées d'or, accolées en bande.

Cette famille est représentée par de la Bretonnière, au château de son nom, près de Nantes.

BRETTES. *Limousin.*

D'argent à trois vaches passant de gueules, colletées et clairinées d'azur, l'une sur l'autre.

Cette famille est représentée par trois frères au château de Poulaine, département de l'Indre.

BRETTES-THURIN. *Narbonne.*

Ecartelé : aux 1 et 4 d'azur au lion d'or couronné et lampassé de gueules; au chef cousu de gueules à trois étoiles d'or, qui est de Brettes; au 2 et 3 d'or à trois aigles de sable posées 2 et 1, qui est de Thurin.

Cette famille originaire du comté de Narbonne et qui n'a pas quitté le Languedoc depuis l'an 1223, a pour unique représentant le comte de Brettes-Thurin, à Toulouse.

BRETTEVILLE. *Normandie.*

D'azur à trois glands d'or.

Cette famille est représentée au château de Botru dans le Calvados et dans l'armée par un capitaine du génie.

BREUIL (DU). *Normandie, Berry, Touraine, Bourbonnais, Limousin.*

NORMANDIE. Losangé d'argent et d'azur; au chef de gueules chargé de deux têtes de léopard d'or.

BERRY, TOURAINE. D'argent à la fasce vivrée de gueules bordée de sable. Couronne : de comte. Cimier : une aigle issante de gueules. Supports : deux lions au naturel.

BERRY. D'argent au lion de sable, armé, lampassé et couronné à l'antique d'or.

BOURBONNAIS. D'azur à l'angle d'argent; au chef cousu de gueules, chargé de trois étoiles à cinq rais d'or.

LIMOUSIN. D'azur à la bande d'or accompagnée de trois étoiles à cinq rais d'argent.

Ces différentes familles comptent plusieurs représentants : du Breuil, conseiller de préfecture à Dijon; du Breuil au château de Pailly, par Longau, département de la Haute-Marne; du Breuil-Théon, à Toulouse.

BREUILLE (DE LA). D'azur à la bande cousue de gueules, accompagnée en chef d'un lion tenant une épée d'or, et en pointe d'un casque de profil d'argent.

Cette famille est représentée par de la Breuille, au château de la Borde, par Auxerre, département de l'Yonne.

BREUILLE (GENTIL DE LA). *Limousin.*

D'azur à la bande cousue de gueules, accompagnée en chef d'un lion tenant une épée d'or, et en pointe d'un casque de profil d'argent. — De sinople à l'aigle éployée d'argent, becquée, membrée et couronnée de gueules, tenant de la griffe une épée flamboyante.

Cette famille, anciennement de Gentil, a des titres qui remontent à l'an 1150. Le nom de la Breuille qui vient d'une terre seigneuriale, fut ajouté au sien après le mariage d'un de ses membres avec une héritière de la maison de du Deffant.

Elle compte aujourd'hui deux représentants : de Gentil de la Breuille, colonel au 5e régiment de chasseurs à cheval ; de Gentil de la Breuille, propriétaire dans le département de l'Yonne.

BREUILLY. *Normandie.*

D'azur au chef de gueules, au lion rampant d'or, couronné et lampassé, brochant sur le tout.

Devise : *Plus volet quam lucet.*

Il n'existe plus qu'un seul représentant du nom : Edmond-Louis-Wilhelm, chevalier de Breuilly, à Paris.

BREUSE. *Champagne.*

D'azur au chevron d'or accompagné de trois abeilles du même.

Cette famille est représentée par de Breuse, propriétaire foncier à Boissy-Saint-Léger, département de Seine-et-Oise, et par son fils, juge à Avallon, département de l'Yonne.

BREVANT, *Montpellier, Montauban.*

Écartelé : au 1 et 4 d'azur à un chevron d'or surmonté à la pointe d'une croix pattée de même et accompagnée de trois cloches d'argent posées 2 et 1 ; au 2 d'azur à la bande d'argent chargée d'un croissant de gueules, accosté de deux étoiles de même ; au 4 d'azur à un griffon d'or et une bande de gueules brochant sur le tout, chargé d'une croisette d'argent.

Cette famille est représentée par Gauthier de Brevant, à Livry, par Saint-Pierre-le-Montier, département de la Nièvre, et par de Brevant, officier de la Légion d'honneur, chef de bataillon du génie à la Rochelle.

BRÈVES. *France.*

Parti : au 1 écartelé d'argent et de sable ; au 2 coupé de gueules à la croix ancrée d'or, et d'une bande d'or et d'azur à la bordure de gueules.

Le comte de Brèves, chef de nom et d'armes est conseiller dans l'Indre ; un autre représentant du nom, de Brèves, habite la campagne dans l'Indre, également.

BREZETS. *France.*

Coupé : au 1 fuselé d'or et de sable ; au 2 d'azur à deux pals d'hermine.

Cette famille est représentée par de Brezets, juge à Bordeaux, par deux autres de Brezets, avocats, à Bordeaux.

BRIAN. *Bourges.*

D'azur à un chevron d'or chargé de trois roses d'or affrontées et perchées sur le milieu de chaque branche, surmonté de deux étoiles d'argent et un croissant de même en pointe.

L'unique représentant du nom, baron de Brian, reside à Paris.

BRIAND DU ROCHER. *Bretagne, Poitou.*

Bretagne. De gueules à trois rais de sainte Catherine d'argent. — D'azur à trois banderolles d'or. — Écartelé : aux 1 et 4 d'argent à l'aigle de sable, accompagnée en chef de deux étoiles à cinq rais de même ; aux 2 et 3 d'azur à la colombe d'argent, tenant en son bec un rameau d'olivier de sinople.

Poitou. D'argent au chevron d'azur, accompagné de trois besants de même.

De Briand du Rocher, seul représentant du nom, est suppléant au juge de paix, à Mascara, Algérie.

BRIANSON. *Provence.*

D'or à la fasce d'azur, accompagnée en chef de trois roses de gueules, et en pointe d'une coquille d'azur.

Le seul représentant connu du nom de Brianson est vice-président de la société d'agriculture à Libourne, département de la Gironde.

BRIANT DE LAUBRIÈRE. *Bretagne.*

D'argent au sautoir d'azur, accompagné de quatre roses de gueules.

Devise : *Sans détour.*

Cette famille qui remonte à Jehan Briant faisant hommage au vicomte de Rohan en 1397, est représentée par Yves-Marie-Désiré de Briant de Laubrière, capitaine d'artillerie en retraite, à Paris.

BRIAS. *Artois.*

D'argent à la fasce de sable, surmontée de trois cormorans de même, membrés et becqués de gueules.

Le comte de Brias réside au château de son nom dans le département du Pas-de-Calais.

BRICE DE VILLE. *France.*

D'azur au chevron cousu de gueules, accompagné en chef de deux étoiles à cinq rais d'argent, et en pointe d'un cor de chasse de même, traversé d'une épée d'or.

Brice-Montigny. Coupé : au 1 de gueules à une montagne d'argent, sommée d'une flamme d'or ; au 2 d'azur au chevron alésé d'or, accompagné de trois trèfles d'argent.

Cette famille n'a d'autres représentant qu'un officier supérieur d'infanterie.

BRICHE. *Picardie.*

Coupé : au 1 d'or à deux têtes de cheval de sable, affrontées ; au 2 d'azur à deux fasces d'argent et deux chevrons d'or accompagnés de trois molettes de même, brochant sur le tout.

Cette famille a plusieurs représentants : Mme la comtesse douairière de Briche, veuve du lieutenant général comte de Briche, commandeur de l'ordre de Saint-Louis ; le vicomte de Briche, chevalier de la Légion d'honneur, à Paris ; le baron de Briche, colonel, officier de la Légion d'honneur.

BRICQUEVILLE. *Normandie.*

Palé d'or et de gueules de six pièces. Supports : deux lions d'or. D'argent à six feuilles de chêne de sinople.

Briqueville de Coulombrières. Palé d'or et de gueules de six pièces.

De Bricqueville, ou de la Bricqueville, indifféremment, se divise en trois branches, de même souche et de même origine, la Normandie, quoique portant dans chaque branche des armoiries distinctes. Le nom est écrit Bricqueville et Briqueville dans plusieurs actes signés par des frères.

Le marquis de Bricqueville, à Bayeux, département du Calvados, représente la branche qui porte palé d'or et de gueules ; l'autre branche indiquée habitait le département de la Manche. Nous ignorons si elle est encore représentée ; la troisième, qui signe de Briqueville, est représentée par Mme la comtesse de Briqueville, fixée à la campagne, dans son château de Saint-Blaise, par Briquebec, département de la Manche.

BRIDET D'AUTREMONT. *Bourgogne.*

D'azur à un chevron d'or accompagné en chef de deux étoiles de même et en pointe d'un bélier d'argent, surmonté d'un croissant de même.

Cette famille est représentée par de Bridet d'Autremont, percepteur à Romainville, par Belleville, département de la Seine.

BRIDIERS. *Marche, Berry.*

D'or à la bande de gueules. Supports : deux lions.

Cette famille, une des plus anciennes de France, est mentionnée avec le titre de vicomte, dès l'an 958, dans les archives de Limoges et dans l'*Histoire de la Marche*, tome II, p. 299. Elle est citée dans le *Dictionnaire de la noblesse* de Lachenaye-Desbois, à l'article Montmorency-Fosseux, d'Hozier, le Père Anselme, Moreri, le comte de Magny, *Institut héraldique*, tome II et dans un grand nombre d'ouvrages modernes : Worraquier, de Combles, de Saint-Allais, de Courcelles, le marquis de Magny, Borel d'Hauterive, etc.

Thomas de la Thaumassière (*Histoire du Berry*, p. 848), donne une généalogie sommaire de cette famille.

La maison de Bridiers a formé plusieurs branches, pour la plupart éteintes aujourd'hui. Les représentants actuels descendent de la branche de Gardempes, à laquelle appartenait Hermann, marquis de Bridiers, que l'on voit figurer parmi les compagnons de Frédéric Barberousse, Philippe, roi de France, et Richard, roi d'Angleterre, à la croisade de 1191. (Bibliothèque de l'Arsenal, à Paris, manuscrit de l'époque, 11e partie.)

Les représentants connus de ce nom sont :

Au 1er degré de la branche : François de Bridiers, (petit-fils de Claude de Bridiers, mort en 1829), demeurant à Bethenet (Indre), père de trois enfants dont un fils.

Au 2e degré : Les fils d'Etienne frère de Claude et leur postérité, savoir :

1° Jean-Baptiste-Alexandre de Bridiers, a plusieurs enfants dont l'aîné est Ludovic de Bridiers, marié et père de trois filles. — Ils habitent Paris.

2° Jean-Antoine de Bridiers, a pour fils unique Auguste de Bridiers, avocat à Poitiers.

3° François-Alexandre de Bridiers, résidant à Bourges, a pour fils unique Ludovic de Bridiers.

4° Ernest-Charles-Abel de Bridiers, célibataire, parti pour la Californie.

BRIDIEU. *Touraine.*

D'azur, à la macle d'argent, cramponée doublement par le haut et accompagnée de trois étoiles à cinq rais d'or, dont deux en chef et une en pointe.

On trouve en France cinq représentants du nom. Le marquis de Bridieu, conseiller général d'Indre-et-Loire, au château de Sausac, Loches; le comte de Bridieu, au château de Champigneulles, par Nancy; le vicomte de Bridieu au château de Vaux, par Esvres, Indre-et-Loire; le baron de Bridieu, à Loches; le comte Louis de Bridieu, à Paris.

BRIE. *Bretagne, Limousin, Champagne, Anjou.*

BRETAGNE. D'argent à trois merlettes de sable. — D'argent à trois fasces crénelées de sable.

LIMOUSIN. D'or à trois lions de gueules, armés, lampassés et couronnés d'azur. — D'azur à la hallebarde en pal d'or, le fer d'argent; au chef cousu de gueules.

CHAMPAGNE. D'azur à deux haches adossées d'argent.

ANJOU. De gueules à trois têtes de levriers d'argent.

Le comte de Brie, chef de nom et d'armes, habite la campagne près de Vouziers, département des Ardennes; deux autres représentants du nom, non titrés, résident dans la Haute-Vienne et dans la Haute-Loire.

BRIÈRE (DE LA). *France.*

D'or au lion de gueules, enclos dans un trescheur de sable; au chef échiqueté d'azur et d'argent de trois tires. — De gueules au chevron échiqueté d'argent et d'azur de trois tires, accompagné en chef de deux étoiles à cinq rais d'or et en pointe d'une tête de léopard de même.

On trouve en France de nombreux représentants du nom : de la Brière, chef de la statistique centrale des chemins de fer au Ministère de l'agriculture, du commerce et des travaux publics, à Paris; de la Brière de Boismont, à Paris; de la Brière de Lisle, officier supérieur d'infanterie de marine; de la Brière de Lisle, maire à François, Martinique; de la Brière de Lesmont, à Paris; de la Brière de Mondétour, conservateur des forêts, à Ajaccio; de la Brière de Mondétour, officier de la Légion d'honneur, procureur impérial à Cherbourg; de la Brière de Valigny, officier de la Légion d'honneur, à Paris.

BRIEY. *Lorraine, Belgique.*

D'or à trois pals alésés de gueules, le pied aiguisé. Casque : couronné d'une couronne comtale. Cimier : un chapeau de gueules le bord percé par deux épis de sinople, posés en forme de chevron renversé. Supports : deux lions regardant d'or, armés et lampassés de gueules.

Cette famille est originaire de Lorraine ; les comtes de Briey, barons de Landres appartiennent à la Belgique ; le comte de Briey, réside dans le département de la Vienne ; un autre représentant du nom est vicaire général, chanoine à Poitiers.

BRIFFE (la). *Ile-de-France, Bretagne.*

D'argent au lion de gueules ; à la bordure cousue du champ, chargée de six merlettes de sable, posées 3, 2 et 1.

Cette famille représentée par la marquise douairière de la Briffe, au château de Chapton, par Montmirail, département de la Marne et au château de Neuville, par Houdan, département de la Seine-Inférieure.

BRIGNAC. *Bretagne, Languedoc.*

Bretagne. De gueules au sautoir d'argent.

Languedoc. De gueules au levrier passant d'or, accompagné en chef d'une étoile à cinq rais de même.

Le nom de Brignac a deux représentants : de Brignac, chanoine à Rennes ; de Brignac, ingénieur dans le département de l'Hérault.

BRIGNOLE. *Provence.*

D'argent au cœur de gueules, chargé de trois étoiles à cinq rais d'or, posées 2 et 1, sommée d'une croix tréflée d'azur et accompagnée en pointe d'un croissant de sable.

Cette ancienne famille est représentée par le marquis de Brignole, agent consulaire à Noli, Italie.

BRIGNON. *Bretagne.*

D'argent à une tête de léopard de gueules accompagnée de trois merlettes de sable. D'azur à une tête de léopard d'or accompagnée de trois merlettes de même.

Cette belle et ancienne famille est divisée en deux branches dont les deux chefs sont cousins issus de germains.

La première a pour chef de nom et d'armes Joseph-Marie de Brignon de Lehen, fils de Pierre Brignon de Lehen et de dame Eulalie de Gaujon Matignon de Beaufort, décédés. Il épousa dame Sophie de Metton, dont trois enfants, un fils et deux filles : Edouard, Marie et Alice.

Cette branche est encore représentée par un frère, deux sœurs et un oncle du titulaire, savoir :

Paul de Brignon de Lehen, Eulalie et Athalie, sans alliance, à Rennes.

L'oncle, Thomas de Brignon de Lehen, sans alliance, vit, âgé de quatre-vingt-huit ans, à Plouër, même département d'Ile-et-Vilaine.

La seconde branche, fixée à Quintin, département des Côtes-du-Nord, est représentée par Jean-Marie de Brignon de Lehen, qui épousa Eugénie Boullé, dont cinq enfants, deux fils et trois filles : Frédéric, Émile, Marie, Eugénie et Mathilde.

BRIGODE. *Flandre française.*

Coupé : au 1 de gueules à trois quintefeuilles d'argent au 2 d'argent au cigne de sinople. Tenants : deux hercules.

Devise : *Dieu en soit ta garde.*

Cette famille a pour chef de nom et d'armes le comte de Brigode qui a deux fils et habite le département du Nord. Elle est encore représentée par le frère du comte, vicomte de Brigode dans la Somme et par deux cousins, issus de germains, encore mineurs, à Paris.

BRILLAUD DE LAUJARDIÈRE. *Bretagne.*

D'argent au rencontre de cerf de sable.

Ce beau nom de noblesse bretonne est encore représenté dans la contrée dont il est originaire par le maire de Cheix, dans la Loire-Inférieure.

BRINCARD. *France.*

Parti : au 1 d'azur à l'étoile d'argent, embrassée par deux branches, l'une de laurier, l'autre de chêne, passées en sautoir, le tout aussi d'argent ; au 2, d'or au cheval naissant de sable, mouvant du parti ; au chef de gueules chargé d'un sabre en fasce garni d'or.

Cette famille a pour représentant le baron de Brincard, chevalier de la Légion d'honneur, maître des requêtes au Conseil d'État, à Cérisiers, département de l'Yonne.

BRINCKEN. *Prusse, Courlande.*

D'azur à trois roses d'argent. Casque couronné. Cimier : une rose d'argent entre un vol coupé alternativement d'azur et d'argent.

Cette famille porte en Prusse et en Courlande le titre de baron Van der Brincken : en France, ce nom est porté par un membre du corps enseignant au collége de Beauvais, département de l'Oise.

BRINDEJONC DE BERMINGHAN, *Bretagne.*

D'argent à une tige de jonc arrachée de sinople, accompagnée de trois canettes de sable.

Cette famille est représentée par Alphonse-Siméon-Marie-Pierre de Brindejonc, à Paris; Eugène de Brindejonc et Louis de Brindejonc, officiers de marine.

BRIOIS. *Artois.*

De gueules à trois gerbes de blé d'or, posées 2 et 1 et une bordure de même, chargée de huit tourteaux de gueules.

Le chef de nom et d'armes de cette famille, baron de Briois, réside à Paris.

BRIOT. *France.*

D'argent chaussé de sable.

Le nom de Briot, simplement dit, n'est point représenté en France. Il est porté par des familles différentes: de Briot de la Crochais, au château de Maure, département d'Ille-et-Vilaine, et au château de la Crochais-du-Ploubalay, département des Côtes-du-Nord; de Briot de Montrémy à sa résidence au château de Dieue, par Verdun, département de la Meuse.

BRIOT DE LA MALLERIE. *Bretagne.*

De gueules au chevron d'argent, accompagné en chef de deux croix pattées d'or et en pointe d'une tête de léopard de même.

Devise : *Dei et Regis, antiquis amor.*

Inscrite dans l'*Armorial général* sous le nom de Briot de la Mallerie, cette famille est représentée par le premier vicaire des Missions Étrangères, à Paris.

BRISAY. *Anjou.*

Fascé d'argent et de gueules de huit pièces. Supports : deux aigles. Couronne : de marquis, sommée d'une aigle pour cimier.

La maison de Brisay, issue des comtes d'Anjou, a une

origine commune avec celle de Mirebeau, et sa filiation s'établit depuis Geoffroi Grisegounelle, comte d'Anjou, et Guillaume de Mirebeau, père d'Ernauld de Brisay, qui vivait encore en 1043. Ces faits sont établis par les preuves de réception dans l'ordre de Malte faites en 1659, par Octave de Brisay, sixième fils de Pierre IV, vicomte de Dénonville. Ces preuves sont attestées par Lachenaye-Desbois.

Les seigneurs de Brisay formaient déjà à cette époque du onzième siècle une puissante famille.

Le nom de Simon et d'Adelon de Brisay, fils présumés d'Ernault, figurent dans la charte de fondation du prieuré de Saint-André de Mirebeau, faite en 1050, à côté de celui de Guillaume de Mirebeau, qualifié du titre de prince. La même année, Burchard de Chourses, énoncé fils d'Ernauld de Brisay, était mentionné dans une charte de donation faite au prieuré de Laval. Ce fut lui qui fonda la maison de Chourses (seigneurs de Malicorne, au Maine), qui se perpétua jusqu'à la fin du seizième siècle, alliée entre autres aux familles d'Argenson, de Beaumanoir, de Coëtivy-Taillebourg, de Craon, etc., et illustrée par un chevalier croisé en 1081, un grand chancelier de France en 1140, et un gouverneur du Poitou, qui fut reçu chevalier des Ordres du Roy, à la première promotion, en 1578. Il mourut sans postérité.

Depuis Aimery Ier, fils de Simon, seigneur de Brisay, en Touraine, et de La Roche-Brisay, en Poitou, la branche aînée, dite de La Roche-Brisay, s'est perpétuée sans interruption jusqu'en 1608.

Parmi les illustrations de cette race on peut citer :

Pierre II, chevalier banneret qui combattit à la bataille de Bouvines, en 1214;

Raoul, son fils, surnommé le Grand. Il prit part à la troisième croisade, sous Philippe-Auguste, et ramena de Terre-Sainte, vers l'année 1220, deux Cordeliers, les premiers qui furent en France, et les installa dans son château de Mirebeau, du vivant même de saint François (René-Chopin-Gonzagues);

Alau IV, mentionné sous le nom de seigneur de La Roche-Brisay, au nombre des gentilshommes les plus qualifiés qui périrent à la bataille de Poitiers, 1356;

Gilles, qui fut fait prisonnier à la bataille de Nicopolis, en 1396, et fut rangé parmi les vingt-cinq les plus qualifiés que le sultan Bajazet épargna dans l'espoir d'en tirer de grosses rançons. Ses armes sont dans la salle des Croisades, au château de Versailles;

Magdelaine de Brisay porta la terre de La Roche-Brisay et celle de Brisay à son mari, René de Puyguyon, après la mort de son frère René, mort sans enfants en 1608.

En 1344, une seconde branche collatérale se détacha et fonda la maison de Beaumont, qui s'éteignit en 1547.

La seule branche qui existe aujourd'hui est celle de Dénonville. Elle fut fondée en 1521 par François de Brisay, petit-fils de Jean, noble et puissant seigneur de La Roche-Brisay. Il épousa Marie de Hémard, fille du seigneur de Dénonville, en Beauce, et sœur de Charles de Hémard, cardinal de Dénonville, conseiller du roi François Ier et son ambassadeur auprès du Saint-Siége, en 1535. L'importante seigneurie de Dénonville appartint tout entière dès lors à François de Brisay, qui en prit le nom. Cette terre relevait de la grosse tour d'Étampes, et c'est au roi seul qu'on en devait rendre foi et hommage.

Cette branche a donné :

Pierre V, vicomte de Dénouville, conseiller du roi. En 1649 et en 1651, élu député aux États généraux;

Jean-François, évêque de Comminges de 1693 à 1710;

Octave, chevalier de Malte, 1659, tué au siége de Candie;

Jules-Armand, chevalier de Malte, lieutenant de vaisseau;

Jacques-René, marquis de Dénonville, maréchal de camp, vice-roi du Canada, où se trouve un fort de son nom (1685), puis sous-gouverneur du duc de Bourgogne (1689), lieutenant général au pays chartrain, charge que ses descendants ont conservée jusqu'en 1789;

Pierre-René, marquis de Dénonville, devint en 1695 colonel du régiment de Dénonville, qu'il avait levé lui-même à ses frais, le commanda pendant plusieurs campagnes. Nommé brigadier en 1704, il fut fait prisonnier à la bataille d'Hochstedt.

La famille de Brisay est représentée aujourd'hui par deux frères, savoir :

A. Alexandre-René, marquis de Brisay, né en 1810, marié en 1845 à Marie de Francine, d'une famille originaire de Florence; il a deux fils :

a. Joseph-René, né en 1846, avocat en 1872.

b. Pierre, né en 1848, engagé volontaire eu 1865, sous-lieutenant d'infanterie de marine en 1871.

B. Jules, comte de Brisay, né en 1810, marié, en 1845, à Marie de Birmingham, d'une famille anglaise, dont trois filles et deux fils :

a. Georges, né en 1851, élève de l'école de Saint-Cyr sous-lieutenant au 31e de ligne en 1872.

b. Henry, né en 1864.

BRISSAC. *France, Poitou.*

FRANCE. De gueules à la bande ondée d'or, accompagnée en chef d'un lion léopardé d'argent.

POITOU. D'azur au sautoir d'argent; cantonné de quatre coquilles de même et chargé d'un dauphin de sable.

Cette famille distincte du nom de Cossé-Brissac a deux représentants : de Brissac, à Paris ; de Brissac, au château de Brestot, par Montfort, département de l'Eure.

BRISSE. *Normandie.*

D'argent à un pal de sinople chargé d'une rose d'or.

Le baron Brisse, unique représentant du nom, réside à Paris.

BRIVAZAC. *Guyenne.*

De gueules à un cœur d'or en pointe, duquel sort un jet d'eau d'argent; au chef d'azur chargé de trois étoiles d'or. — D'or à un chevron de gueules accompagné de trois molettes de même, deux en chef, une en pointe.

Le marquis de Brivazac, chef de nom et d'armes, réside au château de Barbe, par Blaye, département de la Gironde ; le baron de Brivazac, autre représentant du nom, réside au château de Minors, par Marmande, département de Lot-et-Garonne.

BRIVES, *Auvergne.*

D'or à une bande de gueules.

Cette famille a deux représentants : de Brives, au château d'Auteroche, par Murat, département du Cantal; de Brives, chevalier de la Légion d'honneur, officier supérieur d'artillerie.

BROC. *Anjou, Normandie, Bretagne.*

ANJOU. De sable à la bande fuselée de neuf pièces d'argent.

NORMANDIE, BRETAGNE. D'azur au chevron d'or, accompagné de trois croissants de même.

Cette famille a pour chef de nom et d'armes le marquis de Broc, au château de la Ville-aux-Fourriers, par Vernantes, département de Maine-et-Loire. Elle a trois autres représentants : le comte de Broc, au château de Peroy, par La Suze, département de la Sarthe ; de Broc de Seganges, secrétaire général de préfecture à Nevers ; de Broc de Seganges, au château de Seganges, par Moulins.

BROCA. *Guyenne.*

Écartelé : aux 1 et 4 d'argent au lion de gueules ; aux 2 et 3 d'azur à trois chevrons d'or.

Cette famille est représentée par de Broca, président du Tribunal civil, à Montauban et par de Broca, au château de Thieste, par Plaisance, département du Gers.

BROCARD-DOUMERC. *Bourgogne.*

D'azur à trois brocards d'or.

Le comte de Brocard-Doumerc, unique représentant de ce nom ancien, réside à Paris.

BROCAS. *Guyenne.*

D'argent à trois étoiles d'azur rangées en bande, écartelé de gueules à deux tenailles d'or.

C'est encore dans la contrée dont sa famille est originaire, qu'on retrouve l'unique représentant du nom, de Brocas, à Toulouse.

BROCHANT DE VILLIERS. *Poitou.*

D'or à l'olivier de sinople, accosté de deux croissants

de gueules ; à la champagne d'azur, chargé d'un brochet d'argent.

L'unique représentant du nom, Gustave Brochant de Villiers, chevalier de la Légion d'honneur, réside à Paris.

BROCHARD. *Poitou, Normandie.*

Poitou. D'or au chevron d'azur, accompagné de trois fraises de gueules, tigées et feuillées de sinople. — D'argent au pal de gueules cotoyé de deux pals d'azur.

Normandie. D'argent au chevron renversé d'azur chargé de trois annelets d'or ; au chef du second.

Cette famille a deux représentants : de Brochard d'Aufreville, procureur général, à Nantua; de Brochard de la Rochebrochard, à Poitiers.

BROCHE. *Languedoc.*

D'azur à un oranger d'or dans une caisse de même, posé sur une terrasse de sable ; au chef cousu de gueules chargé de trois étoiles d'or.

Raoul de Broche, unique représentant du nom, est juge de paix à Alais, département du Gard.

BRODY DE LA MOTTE. *Bourgogne.*

D'argent à trois aigles de gueules, posées 2 et 1.

L'unique représentant du nom, de Brody de la Motte, est notaire à Montaigut, département du Puy-de-Dôme.

BROÉ. *Dauphiné, Province Rhénane.*

Coupé : au 1 d'or à trois trèfles de sinople; au 2 d'azur à l'étoile d'or; à la fasce de gueules brochant sur le coupé.

De Broé, maire d'Essuiles, par Saint-Just-en-Chaussée, département de l'Oise, est l'unique représentant de la famille.

BROGLIE. *Normandie.*

D'or au sautoir ancré d'azur.

Cette illustre maison aussi dénommée de Broglié, est originaire de Quiers, en Piémont, où dès le douzième siècle elle tenait un rang distingué.

La terre, seigneurie et baronnie de Ferrières en Normandie, fut érigée en duché héréditaire, sous le nom de Broglie, par lettres patentes du 20 août 1752, en faveur de François-Henri de Broglie, comte de Broglie, maréchal de France.

Cette famille est représentée par . Achille-Léonce-Victor-Charles, duc de Broglie et prince du Saint-Empire-Romain, ancien pair de France, et ancien ministre, grand officier de la Légion d'honneur, membre de l'Institut, à Paris. Il a deux fils : Albert, prince de Broglie, chevalier de la Légion d'honneur, **membre** de l'Académie française, à Paris, qui a quatre fils, Victor, Amédée, François et Emmanuel de Broglie ; le second fils du chef de la famille est Paul de Broglie, chevalier de la Légion d'honneur, ancien lieutenant de vaisseau.

La maison de Broglie, est encore représentée par deux frères, cousins du chef de la famille. Ils ont postérité : Auguste, prince de Broglie, mort en 1867, a laissé trois fils : Henri, Charles et Georges de Broglie ; Raymond, prince de Broglie, à Paris, qui a quatre fils : Joseph, Louis, Octave et Auguste de Broglie.

BROHON. *France.*

Coupé : au 1 d'or au chevron alésé d'azur ; au 2 d'azur au pélican d'argent becqué d'or, dans son aire avec ses petits d'argent.

Le baron de Brohon, chevalier de la Légion d'honneur, unique représentant du nom, est maire à Bréhal, département de la Manche.

BROIN. *France.*

D'azur à la croix d'argent.

L'unique représentant du nom, de Broin, réside au château de son nom, par Seurre, département de la Côte-d'Or.

BROISE. *Normandie.*

D'azur à deux fasces d'or; au chevron de même, accompagné de trois molettes aussi d'or brochant sur le tout. — D'azur à deux chevrons d'or accompagnés de trois molettes de même, deux en chef et une en pointe, chargés de deux jumelles d'or.

De Broise ou de la Broise a deux représentants : un à Alençon, l'autre au château de Boulvert, par Brecey, département de la Manche.

BROISSIA. *Franche-Comté.*

D'azur au cerf passant d'or.

Par lettres du mois d'octobre 1691 et enregistrées à Dôle, les diverses seigneuries de Broissia, etc., furent érigées en marquisat sous le nom de Broissia, en faveur de Jean-Claude-Joseph Froissard de Broissia. D'autres lettres de mai 1739 érigèrent en comté les terres et seigneuries de Velle et de Noidons, sous le nom de Broissia, en faveur de Froissard, seigneur de Broissia.

Le marquis de Broissia, chef de nom et d'armes, habite Bruxelles. Il est le chef de la famille et de la branche aînée.

Deux autres branches habitent encore le Jura. Les chefs de ces deux branches sont le comte de Broissia, ancien maire d'Arbois et conseiller général du Jura, résidant au château de Neublans, par Chaussin, et le vicomte de Broissia, maire de Domblans, résidant au château de Blandans, par Voiteur.

La branche des comtes de Velle est éteinte.

BRON. *France.*

D'or à la fasce de sable, accompagnée en chef d'un lion naissant de même, mouvant de la fasce.

Cette famille a deux représentants : le baron Bron, sous-préfet, à Quimperlé; le baron Bron, chevalier de la Légion d'honneur, commissaire civil, à Batna, Algérie.

BRONAC. *Montpellier, Montauban.*

De gueules à un griffon d'or.

L'unique représentant du nom de Bronac, est maire à Montfaucon, département de la Haute-Loire.

BRONDEAU DE SAULXURES. *Bourgogne.*

D'argent à trois croix de Saint-André de sable.

L'unique représentant du nom, de Brondeau de Saulxures, réside à son château, à ~~Montigny-le-Roi~~, département de la Haute-Marne.

BRONGNIART. *Artois.*

D'or au chevron d'azur, accompagné de trois têtes de léopard de même, lampassés de gueules.

Anoblie par lettres patentes des archiducs Albert et Isabelle, en date du 20 mars 1610, cette famille descend d'Antoine de Brongniart, avocat, receveur général des Etats d'Artois. Elle est encore représentée dans le département du Pas-de-Calais.

BROQUA. *Toulouse, Montauban.*

De gueules au lion d'or; coupé d'argent, à un croissant d'azur,

L'unique représentant du nom, de Broqua, réside au château de Doa, par Lectoure, département du Gers.

BROQUEVILLE. *Gascogne, Brabant.*

D'azur au sautoir d'argent. Supports : deux levriers contournés d'argent. L'écu entouré d'un manteau de gueules fourré d'hermine, sommé d'une couronne de comte.

D'après *l'Armorial de France*, d'Acquier, et le *Nobiliaire de Gascogne*, de l'abbé Maulezun, cette famille remonterait à l'époque des Croisades. Elle est représentée en Belgique et en France : en Belgique, par le baron Stanislas de Broqueville, au château de Ghyseghem, par Alost, province de Brabant; en France, par Louis de Broqueville, au château d'Esparbez, par Montfort, département du Gers.

BROSSARD. *France, Champagne, Bourgogne.*

FRANCE. D'argent à trois fleurs de lis mi-parti d'azur et de gueules, posées 2 et 1, à la cotice de gueules brochant sur le tout.

CHAMPAGNE. D'azur à une main gantée d'or, posée en fasce, soutenant un épervier d'argent et accompagné de trois fleurs de lis soutenues chacune d'une mouche d'hermine du troisième.

BOURGOGNE. D'azur à deux bandes d'or chargées de chevrons du champ.

Il existe en France cinq représentants du nom : de Brossard, lieutenant colonel en retraite, Versailles; de Brossard, à l'administration des lignes télégraphiques, à Bastia; de Brossard, à Pezou, par Vendôme; de Brossard de Beauchesne, au château de Moliens, département de l'Oise; de Brossard de la Pommeraye, à Amiens.

BROSSARD DE CORBIGNY. *Orléanais.*

Tiercé en barre d'argent, d'hermine et d'or.

Cette famille, qui reçut le titre de baron sous le premier empire, et qui tend à se rattacher à la précédente, a cinq représentants : le baron Brossard de Corbigny, chevalier de la Légion d'honneur, capitaine de vaisseau ; Brossard de Corbigny, chevalier de la Légion d'honneur, inspecteur des forêts à Fontainebleau ; Brossard de Corbigny, chevalier de la Légion d'honneur, capitaine de frégate en retraite ; Brossard de Corbigny, chevalier de la Légion d'honneur, ingénieur des mines à Angers ; Brossard de Corbigny, chevalier de la Légion d'honneur, lieutenant de vaisseau.

BROSSE. *Limousin, Bretagne, Anjou.*

Limousin. D'azur à trois brosses d'or, liées de gueules.

Bretagne. Fascé d'argent et de sable, au bâton de sable brochant sur le tout. — Écartelé : aux 1 et 4 de gueules, à la croix alésée d'argent ; aux 2 et 3 fascé d'argent et de sinople. — Écartelé : aux 1 et 4 d'azur à trois gerbes d'or, liées de gueules ; aux 2 et 3 d'hermine plein.

Anjou. D'argent au chevron de gueules, accompagné de trois merlettes de sable.

Le nom de Brosse a six représentants, de branches ou même de souches distinctes : le comte de Brosse, à Paris ; le vicomte de Brosse, à Chennebrun, par Saint-Maurice, département de l'Eure ; le baron de Brosse, au château de Varenne, par Feurs, département de la Loire ; de Brosse, à Lyon ; de la Brosse, juge au tribunal de commerce, à Nantes ; de la Brosse, au château de Pragoulin, par Randan, département du Puy-de-Dôme.

BROSSEAU DE JUIGNÉ. *Poitou, Paris.*

Poitou. De sinople à une brosse d'argent.

Paris. D'azur à une fasce d'argent accompagnée de trois vergettes ou brosses d'argent posées en pal.

L'unique représentant du nom, Brosseau de Juigné, réside au château de Verrerie, par Varades, département de la Loire-Inférieure.

BROSSES. *Bourgogne, Normandie.*

Bourgogne. D'azur à trois trèfles d'or.

Normandie. D'argent au lion de sable armé et lampassé de gueules.

Le comte de Brosses, unique représentant du nom, est maire à Grisselles, par Ferrières, département du Loiret.

BROSSIER. *France.*

D'azur au chevron d'or, accompagné en chef de deux étoiles de même et en pointe d'un croissant d'argent.

Stephane, baron de Brossier de la Bouillière, unique représentant, réside au château de Vertrien, par la Balme, département de l'Isère.

BROSSIN DE MÉRÉ. *Anjou, Touraine.*

D'argent au chevron d'azur.

Devise : *Virtus, Asperat, Vincit.*

D'extraction ancienne, longtemps attachée à la cour des Valois et grandement alliée, cette famille a pour chef de nom et d'armes le comte de Brossin de Méré, au château d'Ecury, près de Soissons.

BROU. *Bourgogne.*

De gueules à un lion d'or surmonté en chef de deux fasces de même.

Représentée par le comte de Brou, chevalier de la Légion d'honneur, et par de Brou, à Lille ; cette famille existe également en Belgique, où elle a pour chef de nom et d'armes le baron de Brou de la Wastinne, chevalier de l'ordre de Léopold, qui a sa résidence d'hiver à Bruxelles et sa résidence d'été au château de Cortil-Noirmont.

BROUE (DE LA). *Languedoc, Poitou.*

D'azur au chevron d'or accompagné en chef de deux coquilles d'argent et en pointe d'une main de même posée en pal.

Fixée en Poitou depuis deux siècles, ayant formé des branches en Languedoc, en Franche-Comté, en Auvergne, cette maison prouve sa généalogie jusqu'en 1420; elle a fourni deux évêques à l'église et un grand nombre d'officiers supérieurs à l'armée, dont deux maréchaux de camp sous Louis XIV et Louis XV. Elle est représentée actuellement par Auguste-Jean-François-Claude-Félix-Marie-Marguerite de la Broue, baron de Vareilles-Sommières, marquis de Vareilles, à Poitiers, officier démissionnaire en 1830, lequel a cinq enfants vivants, trois fils et deux filles.

BROUILLY. *Artois.*

D'argent au lion de sinople armé et lampassé de gueules.

De nombreuse qu'elle était anciennement, cette famille est réduite aujourd'hui à un seul représentant : de Brouilly, chef de division à la préfecture de Bar-le-Duc.

BROUSSE (DE LA). *Auvergne, Guyenne, Languedoc, Bourbonnais, Périgord.*

AUVERGNE. D'azur à trois étoiles d'argent.

GUYENNE. De gueules au cerf élancé d'argent.

Languedoc, Bourbonnais. Écartelé aux 1 et 4 d'or au chêne de sinople, terrassé de même, englanté du champ ; aux 2 et 3 d'azur à trois barres d'or.

Périgord. D'or au chêne arraché de sinople, englanté du champ ; au chef d'azur chargé de trois étoiles du premier.

Moins dispersée et moins nombreuse qu'anciennement, cette famille n'a plus que trois représentants : le baron de la Brousse de Veyrazet, conseiller général, à son château de Saint-Martin-des-Bois, département de l'Allier ; de la Brousse, contrôleur des contributions à Blois ; de la Brousse, fonctionnaire du département des finances, à Brumath, département du Bas-Rhin.

BROUTELLES. *Picardie.*

D'azur à la croix d'argent cantonnée de quatre croissants d'or.

De Broutelles, chevalier de la Légion d'honneur, unique représentant, est médecin à Dieppe.

BROYES. *Champagne.*

D'azur à trois broyes d'or l'une sur l'autre.

Ce nom illustre et grand dans les annales de la noblesse de France est encore porté avec gloire par le comte de Broyes, chevalier de la Légion d'honneur, lieutenant colonel en retraite. Il a sa résidence au château de Joudun, par Launois-sur-Vente, département des Ardennes, et sa résidence d'hiver à Paris.

BRUC. *Bretagne.*

D'argent à la rose de six feuilles de gueules, boutonnée d'or.

C'est encore dans la contrée dont cette famille est originaire qu'on retrouve les principaux représentants du nom ; le marquis de Bruc, chef de nom et d'armes, au château de Trelo, par Carentoir, département du Morbihan ; le comte de Bruc, au château de Banc, par Guéméné-Penfao, département de la Loire-Inférieure ; le comte de Bruc, à Orléans; de Bruc, à Paris.

BRUCE. *Champagne, Paris.*

D'or au sautoir de gueules ; au chef de gueules chargé d'une croix d'or au canton dextre.

Cette famille est représentée par deux frères : le comte de Bruce, conseiller général, au château d'Hayzillemont, par Launay, département des Ardennes, et par le vicomte de Bruce.

BRUCHARD. *Limousin.*

D'azur à trois fasces d'or ; à la bande de gueules brochant sur le tout.

De noblesse d'épée, cette famille est encore représentée dans l'armée par de Bruchard, officier de la Légion d'honneur, officier supérieur de cuirassiers, et de Bruchard, commandeur de la Légion d'honneur, colonel de cuirassiers. De Bruchard, autre représentant, est directeur de la ferme-école à Chavaignac, département de la Haute-Vienne. Son fils est sous-directeur du même établissement. De Bruchard, à Limoges, et de Bruchard, chevalier de la Légion d'honneur, représentent également cette famille.

BRUET. *Guyenne.*

Écartelé : aux 1 et 4 de gueules au lion d'argent ; aux 2 et 3 d'argent à une croix de Malte de gueules.

C'est encore dans la contrée dont cette famille est originaire, qu'on retrouve l'unique représentant du nom, le comte de Bruet, maire à Tonneins, département de Lot-et-Garonne.

BRUEYS DE SAINT-ANDRÉ. *Languedoc.*

D'or au lion de gueules armé et lampassé de sable, à la cotice d'azur, bordée d'argent, brochant sur le tout, embrassant les deux pattes du lion.

Brueys de Saint-André, unique représentant du nom, réside à Strasbourg.

BRUGIÈRES. *Auvergne.*

Écartelé : aux 1 et 4 d'or à une plante de bruyère de sinople, soutenue d'une montagne du même ; au chef d'azur, chargé d'un soleil d'or qui est de Brugières ; aux 2 et 3 d'azur à la croix pattée d'argent.

Charles de Brugières, unique représentant du nom, réside à Saint-Benoit, département de l'Indre.

BRULLON. *Bretagne.*

D'argent au griffon de sable.

Cette famille est encore représentée dans la contrée dont elle est originaire, par de Brullon, au château de Vaux, par Suette, département de Maine-et-Loire.

BRUMAULD. *Poitou.*

D'argent au chevron d'azur accompagné de trois lapins de gueules.

Cette famille a six représentants : Alphée de Brumauld de Montgazon, ancien maire de Ruffec, notaire honoraire, à Ruffec, département de la Charente ; Auguste de Brumauld de Montgazon, officier de la Légion d'honneur, chef de légion de gendarmerie ; Alexandre de Brumauld de Montgazon, notaire, maire, de Voulême, membre du conseil d'arrondissement de Civray, département de la Vienne ; Amédée de Brumauld de

Montgazon, notaire à Ruffec ; le baron de Brumauld de Villeneuve, au château de Villeneuve, commune de Pourzac département de la Charente ; Henri de Brumauld des Allées, à Negret, près Saint-Claud, même département.

Les quatre premiers sont frères, fils de Pierre Brumauld de Montgazon, ancien capitaine de cavalerie et ancien maire de Ruffec, lequel était lui-même fils de Pierre de Brumauld de Montgazon, maire de Ruffec pendant trente ans, nommé sous Louis XV, en 1773, contrôleur du commissaire des guerres, etc.

BRUN. *France.*

D'azur au cœur d'or accompagné de trois croissants d'argent.

Cette famille, dont la noblesse remonte aux croisades, a deux représentants : de Brun, percepteur à Langeac, département de la Haute-Loire, et de Brun du Bois-Noir, à Langeac.

On retrouve encore deux représentants du nom en d'autres contrées : Brun des Baumes, au château de Champrond, par Étampes, et le baron de Brun de Roade, à Aix, département des Bouches-du-Rhône.

BRUN DU VILLERET. *France.*

D'azur à une tour d'argent surmontée de deux croissants de même et d'une étoile d'or.

Anoblie par Napoléon qui érigea en baronnie la terre du Villeret dont elle a ajouté le nom au sien, cette famille a six représentants : Alphonse Brun, baron du Villeret, conseiller général du département de la Lozère, à Malzieu ; son frère, Edmond Brun du Villeret, conseiller à la cour de Lyon ; son oncle, Charles Brun du Villeret, conseiller honoraire à la même cour de justice ; Brun du

Villeret, secrétaire général de préfecture, à Napoléon-Vendée ; Brun du Villeret, sous-préfet, à Clermont, département de l'Oise.

BRUNEAU. *France, Nivernais.*

FRANCE. D'or à une tête et col de bœuf de sable.

NIVERNAIS. D'azur à la fasce d'argent chargée de trois molettes de sable et accompagnée de trois cotices du second.

On trouve deux représentants distincts du nom : Bruneau de Miré, maire de Meslay, département de la Mayenne ; Bruneau de la Souchais, attaché à l'administration des lignes télégraphiques, à Oran.

BRUNEL. *Flandre française, Dauphiné.*

FLANDRE FRANÇAISE. D'argent au chevron de sable, accompagné de trois perroquets de gueules.

DAUPHINÉ. D'or au lion de sable, à la fasce de gueules, chargée de trois coquilles d'argent, brochant sur le tout. — Coupé : au 1 de gueules, au lion d'or armé, viléné et lampassé du champ ; au 2 d'argent à trois tourteaux d'azur rangés en fasce. — De gueules au lion coupé, les crins en bas d'or, le reste d'argent.

De ces différentes familles ou des diverses branches qui l'ont formée, il reste deux représentants : Brunel de Moze, maire de Saint-Agrève, département de l'Ardèche ; Brunel de Serbonnes, juge de paix à Sergines, département de l'Yonne.

BRUNERIE (DE LA). *Limousin.*

De sable à trois merlettes d'argent posées 2 et 1.

Établie dans le département de l'Oise, cette famille a deux représentants : Eugène de la Brunerie, délégué de l'instruction publique, à Compiègne; de la Brunerie, attaché à la préfecture, à Beauvais.

BRUNET. *Normandie, Guyenne, Provence, Ile-de-France, Bourgogne, Bretagne, Poitou, Ile-de-France.*

Normandie. D'azur à trois croissants d'argent adossés et mal ordonnés, accostés de deux étoiles d'or et surmontés d'un soleil de même. — Gironné d'argent et de sable, le premier giron chargé d'une molette d'azur. — D'or à la fasce d'azur chargée de trois coquilles du champ, accompagnée en chef d'une étoile du second et en pointe d'un cheval gai, galopant, de sable. — D'azur à une épée d'argent, garnie d'or, accostée de deux fleurs de lis et surmontée d'une couronne royale de même.

Guyenne. Parti : au 1 d'azur à l'agneau pascal d'argent, la banderolle et la croix d'or; au 2 d'argent, à l'aigle éployée de sable, becquée et membrée de gueules.

Provence. D'or au levrier rampant de gueules, colleté du champ; à la bordure componée de sable et d'argent de seize pièces.

Ile-de-France, Bourgogne. Écartelé : aux 1 et 4 d'or au levrier rampant de gueules, colleté du champ et à la bordure crénelée de sable; aux 2 et 3 d'argent à une tête de More tortillée d'argent.

Bretagne. D'azur à trois molettes d'argent; au chef cousu de sable chargé de deux têtes de loup arrachées, lampassées de gueules.

Poitou. D'azur à une tour d'argent, accompagnée en chef de deux étoiles d'argent et en pointe d'un croissant de même.

Ile-de-France. De gueules à deux chevrons aléses d'or, accompagnés de trois étoiles d'argent.

Bien qu'appartenant à différentes souches, nous avons dû réunir dans un seul groupe les huit représentants du nom : de Brunet, chevalier de la Légion d'honneur, membre de la chambre de commerce, à Reims ; de Brunet, à Manosque, département des Basses-Alpes ; de Brunet, au château d'Herbeviller, par Blamont, département de la Meurthe ; le baron Brunet-Denon, grand-officier de la Légion d'honneur, à Givry, département de Saône-et-Loire ; de Brunet de Guillier, chanoine honoraire, à Saint-Brieuc ; Brunet de la Grange, membre de la chambre d'agriculture, à Poitiers ; de Brunet de Presle, commandeur de la Légion d'honneur, membre de l'Institut, à Paris ; de Brunet de la Renoudière, attaché à l'administration des lignes télégraphiques, à Nantes ; de Brunet de Sérigny, notaire, à la Rochelle.

BRUNETEAU DE SAINTE-SUZANNE. *Champagne.*

D'azur au lion d'or, accompagné de deux piliers couronnés et d'une étoile d'or en chef.

Cette famille qui a donné un lieutenant général, grand-officier de la Légion d'honneur, chevalier de Saint-Louis, conseiller d'État et deux pairs de France, est représentée par Auguste-François, comte de Bruneteau de Sainte-Suzanne, au château d'Écury, par Jaalons, département de la Marne. Il a épousé Marie-Hortense, comtesse de Meeus, d'une famille de noblesse belge.

BRUNETIÈRE. *Bretagne.*

De sable à trois croissants d'argent.

Cette famille est représentée par de la Brunetière, au château de son nom, à Courtalain, département d'Eure-et-Loir.

BRUNIE (DE LA). *La Rochelle.*

D'argent à trois merlettes de gueules, posées 2 et 1.

De la Brunie, unique représentant du nom, est conseiller municipal à Rochechouart, département de la Haute-Vienne.

BRUNIER. *Vendôme.*

D'or à la croix patriarcale de gueules.

Cette famille a pour chef de nom et d'armes : Abel de Brunier, au château de la Montellière, à Lunay, par Montoire, département de Loir-et-Cher. Il a trois fils : Paul de Brunier, chevalier des ordres de la Légion d'honneur et de Pie IX, intendant militaire; Georges de Brunier, officier de cavalerie; Henri de Brunier. Il a un neveu, Édouard de Brunier, à Tours, et un frère puîné, Hippolyte de Brunier, ancien garde du corps. Ce dernier a deux fils : Ernest de Brunier, à Vendôme; Auguste de Brunier, ingénieur civil, à Rouen.

BRUNO. *France.*

D'argent au griffon de gueules, la queue passée entre les jambes, supportant de ses pattes de devant une fontaine jaillissante en forme de coupe, d'or, sommée d'une girouette de gueules.

Le général baron Bruno, commandeur de la Légion d'honneur, à Paris, est l'unique représentant de cette famille.

BRUNVILLE. *Normandie.*

D'argent à trois rateaux emmanchés de gueules; au chef d'azur, chargé d'un croissant d'or.

Félix de Brunville, unique représentant du nom, réside au château de Ragny, par Tilly-sur-Seule, département du Calvados.

BRUNY. *Provence.*

D'azur, au cerf élancé d'or; au chef de même. — Coupé :

au 1 d'azur au croissant contourné d'argent ; au 2 d'argent à la barre d'azur, chargée de trois étoiles du champ, accompagnée à dextre d'une branche d'olivier de sinople, et en pointe d'un coq contourné de sable, senestré d'une lance en pal de même, mouvante de la pointe de l'écu.

De Bruny, inspecteur des forêts, à Caudebec, est aujourd'hui l'unique représentant de sa famille.

BRUSLÉ DE BEAUBERS. *Bretagne.*

D'azur à l'épervier d'argent, grilleté d'or. — D'argent au phénix sur son immortalité, fixant un soleil ; le tout de gueules.

Cette famille bretonne n'a d'autre hoir mâle que Bruslé de Beaubers, propriétaire, à Paris.

BRUYAS. *Auvergne.*

D'azur à un chevron d'or accompagné en chef de deux palmes et en pointe d'un lion de même, armé et lampassé de gueules.

De Bruyas, unique représentant du nom, vit éloigné de toute fonction publique, dans son château de Simons, par Hérisson, département de l'Allier.

BRUYÈRE. *Artois, Picardie, Ile-de-France, Languedoc.*

ARTOIS. Écartelé : aux 1 et 4 palés d'argent et de sinople ; aux 2 et 3 d'or à trois molettes de gueules.

PICARDIE. D'azur au lion d'or, accompagné de trois mouchetures d'hermine.

ILE-DE-FRANCE. D'or à trois rameaux de bruyères de sinople.

LANGUEDOC. D'or au lion de sable, la queue fourchée.

Nous devons classer dans le même groupe les deux représentants du nom de Bruyère et de la Bruyère : de

Bruyère, avocat, à Remiremont, département des Vosges ; de la Bruyère, au château de Lalo, par Montélimart, département de la Drôme.

BRY D'ARCY. *Perche, Picardie.*

Seigneurs du Tartre, de la Clergerie, de la Coudeberdière, de la Bellandière, d'Arcy, etc.

Armes d'azur à trois trèfles d'or, deux et un.

Ancienne famille noble qui remonte par titres au milieu du douzième siècle et qui a successivement habité le Perche et la Picardie. Ses seuls représentants actuels sont Victor-Alphonse de Bry d'Arcy, conservateur des forêts, à Châlons-sur-Marne, et son fils, Marie-Gabriel de Bry d'Arcy.

BRUYS. *France.*

D'argent à la bande fascée d'azur et d'or.

Cette famille a trois représentants : Léon de Bruys ; de Bruys des Gardes, garde général ; de Bruys des Gardes, au château de Charly, département de Saône-et-Loire.

BUAT (DU). *Normandie, Normandie, Bretagne.*

NORMANDIE. D'azur à trois quintefeuilles d'or. — D'azur à trois bâtons fleurdelisés aux deux bouts d'or, deux passés en sautoir, le troisième brochant en pal.

NORMANDIE, BRETAGNE. D'argent à trois fasces de gueules.

Le comte du Buat, chef de nom et d'armes, a sa résidence d'été au château de Subrardière, par Cossé-le-Vivien, département de la Mayenne, et sa résidence d'hiver à Angers ; du Buat, à Château-Gontier ; du Buat, au château de Semondière, par Brecy, département de la Mayenne ; du Buat, au château de Sauceur, par Senonches, département d'Eure-et-Loir.

BUC. *Toulouse, Montauban.*

D'azur à un chef bandé d'or. — D'or à un pal de gueules accosté de deux arbres de sinople.

L'unique représentant du nom, de Buc, réside au château de Laborde, par Savignac, département de la Dordogne.

BUCHEPOT. *Berry, Bourbonnais.*

D'azur au pot d'argent, à la fasce de gueules brochant sur le pot; au chef cousu de gueules chargé de trois étoiles d'or. Cimier : une Mélusine.

Cri : *Buchepot.*

Originaire des confins du Berry et du Bourbonnais, la maison de Buchepot est en possession du titre de marquis depuis Jean de Buchepot, chevalier, marquis de Fougères, seigneur d'Ormoy-le-Dauvien, de Puy-Bouillard, Fougerolles et Fromenteau, maréchal des camps et armées du roi Louis XIV, gentilhomme ordinaire de sa chambre, chevalier de ses ordres.

Marie-Paul-Charles-Antoine, marquis de Buchepot, né le 9 mars 1829, chef de nom et d'armes de sa famille, à Orléans, a épousé, le 4 septembre 1850, Marie-Edwige-Berthe Mingre de Noras, dont il a quatre enfants.

BUCHER DE CHAUVIGNÉ. *Dauphiné.*

D'azur au soleil d'or, à la bordure de même.

L'unique représentant du nom, Bucher de Chauvigné, réside au château d'Écorses, par Château-Gontier, département de la Mayenne.

BUCHET. *Bourges, Bourgogne.*

BOURGES. D'argent à trois pals de gueules.

BOURGOGNE. D'azur à une fasce d'argent chargée de trois étoiles d'or, deux en chef, une en pointe.

Cette famille a deux représentants : de Buchet, à Besançon ; de Buchet des Forges, avocat, à Cosne, département de la Nièvre.

BUDAN DE RUSSÉ. *Bretagne.*

D'azur au chevron d'argent accompagné en chef d'une petite cruche d'or à dextre, d'une tour arrachée d'argent à senestre et en pointe d'un dauphin d'or s'égayant dans une mer de gueules.

De Budan de Russé, unique représentant du nom, réside à Tours.

BUFFIÈRES DE LAIR. *Auvergne.*

D'or au taureau furieux de gueules, surmonté d'un lambel à trois pendants d'azur.

L'unique représentant du nom, de Buffières de Lair, réside au Malzieu, département de la Lozère.

BUGEAUD. *Périgord.*

Parti : au 1 d'azur au chevron d'or accompagné en pointe d'une étoile d'argent ; au chef cousu de gueules, chargé de trois étoiles du troisième, qui est Bugeaud ; au 2 coupé : A d'or à l'épée de sable ; B de sable au soc de charrue d'or, posé en bande, qui est d'Isly.

La famille du duc d'Isly, originaire du Périgord, est d'ancienne noblesse ; le titre de duc d'Isly a été accordé au maréchal Bugeaud, gouverneur de l'Algérie, en récompense de sa glorieuse campagne contre le Maroc.

L'unique représentant du nom, de Bugeaud de la Bastide, chevalier de la Légion d'honneur, est conseiller général, maire de Coussac-Bonneval, département de la Haute-Vienne.

BUHARAYE (Blanchard de la). *Bretagne.*

D'azur à trois croissants d'argent.

Cette maison remonte au douzième siècle, d'après le témoignage de dom Lobinau, *Histoire de Bretagne*, page 144. Elle est représentée par Arthur Blanchard, comte de la Buharaye, qui a sa résidence d'été au château de la Buharaye, par Saint-Pierre du Plesguen, département d'Ille-et-Vilaine, et sa résidence d'hiver, à Rennes.

BUHOT DE KERSERS. *Bourgogne.*

D'azur à trois ancolies d'argent posées 2 et 1.

L'unique représentant du nom, Buhot de Kersers, réside au château de la Chaumelle, à Aix-d'Anguillon, département du Cher.

BUIGNY. *Picardie.*

D'or à la bande de gueules chargée de trois lionceaux d'argent et accompagnée de deux buis de sinople.

Divisée en deux branches, cette famille est représentée par de Buigny Cottrelle, à Amiens, et Buigny-Tillette, au château de Buigny, par Abbeville.

BUIRETTE DE VERRIÈRES. *Paris.*

D'azur à trois têtes de levrier d'argent accolées de gueules, boutées et annelées du second.

Cette famille a deux représentants à Paris, dont l'un est colonel en retraite.

BUIS. *Flandre française.*

D'azur à un griffon d'or surmonté d'une étoile de même.

L'unique représentant du nom, de Buis, réside dans son château de Rabodanges, par Putanges, département de l'Orne.

BUISSERET. *Hainaut, Ile-de-France.*

D'azur au chevron d'or accompagné de trois étoiles à cinq rais de même.

Nous avons donné dans un précédent ouvrage, *la Belgique héraldique*, une généalogie complète de cette grande et belle famille. Elle est représentée par trois frères. L'aîné, chef de nom et d'armes, Jules, comte de Buisseret-Blarenghien, ancien officier supérieur, habite Bruxelles. Il a deux fils : Louis-Maurice-Marie-Gaston de Buisseret-Steenberque, chevalier de l'ordre du Saint-Sépulcre et Joseph-Marie-Arthur, comte de Buisseret. Le frère cadet, Balthazar-Charles-Gustave, comte de Buisseret, habite Versailles l'hiver, et son château de Boisselas, département de Loir-et-Cher, pendant l'été. Il a deux fils : François-Marie-Emmanuel, comte de Buisseret et Jean-Baptiste-Marie-Ferdinand, comte de Buisseret. Le frère puiné, Alphonse, comte de Buisseret, habite Versailles. Il a deux fils : Raymond, comte de Buisseret et Albert, comte de Buisseret.

BUISSIÈRES. *Paris.*

De gueules à trois besants d'argent.

L'unique représentant du nom, de Buissières, réside à son château de Marcillat, département de l'Allier.

BUISSON. *Hainaut, Flandre française, Artois, Picardie, Bretagne, Rouergue, Normandie, Franche-Comté.*

Hainaut. D'azur semé de fleurs de lis d'or; au bâton de même, brochant sur le tout.

Flandre française. D'argent au lion de gueules.

Artois. D'argent à trois quintefeuilles de gueules. —. Écartelé : aux 1 et 4 d'argent au buisson de sinople; aux

2 et 3 d'azur au lion d'argent, accompagné en chef de trois étoiles d'or rangées en fasce.

Picardie. De sable au croissant d'argent.

Bretagne. D'argent à la fasce de gueules chargée de trois étoiles du champ.

Rouergue. D'or au buisson de sinople. — D'argent à l'éléphant de sable appuyé à un palmier de sinople. — D'or à trois arbres de sinople.

Normandie. D'argent au chevron de gueules, accompagné de trois trèfles de sinople.

Franche-Comté. D'azur à deux épées d'argent, garnies d'or, passées en sautoir, surmontées d'un croissant du second; au chef cousu de gueules, chargé de trois étoiles d'argent.

Nous réunissons sous un seul contexte les différents représentants nobles du nom : de Buisson, au château de Belflou, par Salles-sur-l'Hers, département de l'Aude; l'abbé de Buisson, chanoine, honoraire à Montauban; le marquis de Buisson d'Aussonne, au château de Monteils, par Caussade, département de Tarn-et-Garonne; de Buisson d'Aussonne, au château de Bouysset, par Molières, même département; de Buisson d'Armandy, au château des Cinq-Cantons, par Carpentras; du Buisson de la Boulaye, procureur au tribunal de Trévoux; du Buisson des Leszes, à Nantiat, département de la Haute-Vienne.

BUISSY. *Cambrésis.*

D'argent à la fasce de gueules, chargée de trois fermaux d'or.

L'unique représentant du nom, de Buissy, est maire à Woirel, par Oisemont, département de la Somme.

BULLET. *Bretagne.*

De sinople à un boulet d'or.

Dénommée Boullet dans les titres anciens, cette famille est représentée par de Bullet, chevalier de la Légion d'honneur, percepteur, à Péronne.

BULLIOUD. *Lyonnais.*

Tranché d'argent et d'azur, l'argent chargé de trois tourteaux d'azur, l'azur chargé de trois besants d'argent, rangés en fasce.

L'unique représentant du nom, de Bullioud, réside à Paris.

BUNOT DE CHOISY. *Ile-de-France.*

D'argent au lion issant de gueules, accompagné de trois étoiles de même. Couronne : de comté.

La terre de Choisy-sur-Sève, près de Nantes, qu'elle acquit par mariage en 1777, a donné sa désignation nobiliaire à cette famille. Elle a deux représentants : Alexis-Isidore de Bunot de Choisy, à Caen et Ernest-Louis-Camille de Bunot de Choisy.

BUOR. *Poitou.*

D'argent à trois coquilles de gueules ; au canton d'azur.

Cette famille titrée a pour chef de nom et d'armes le comte de Buor, à Versailles. Elle est encore représentée par de Buor de Cuissard, au château de Fontaine, par Doué, département de Maine-et-Loire.

BUQUET. *Lorraine.*

De gueules à trois tours d'argent posées 2 et 1.

Cette famille est représentée par le baron Buquet, commandeur de la Légion d'honneur, député de la Meurthe et maire de Nancy.

BURE. *Flandre.*

D'or à six annelets de gueules posés 3, 2, 1 et une cotice componnée d'argent.

Cette famille a quatre représentants : le comte de Bure, au château de Pouget, par Tulle ; Charles de Bure, officier de la Légion d'honneur ; Albert de Bure, à Moulins ; de Bure, au château de Lets, par Ardes, département du Puy-de-Dôme.

BUREAU. *Flandre française.*

D'argent à un chevron de sable accompagné de trois merlettes de même, les deux du chef affrontées.

L'unique représentant du nom, Henri de Bureau, réside au château de Coudray, par Néronde, département du Cher.

BUREAU. *Hainaut, Bretagne, Nivernais.*

HAINAUT. D'azur au chevron d'argent accompagné de trois ancres de même.

BRETAGNE. D'azur au chevron potencé et contrepotencé d'or, rempli d'argent, accompagné de trois pals aussi d'or.

On trouve encore trois autres représentants du nom de Bureau : Bureau du Colombier, avocat, à Paris ; Bureau de l'Ecotay, au château de Henan, par Pont-Aven, département du Finistère ; Bureau de Zaïs, juge de paix à Mortagne-sur-Sèvre, département de la Vendée.

BURET DE SAINTE-ANNE. *Normandie.*

D'argent à trois tourteaux de sable.

L'unique représentant du nom, de Buret de Sainte-Anne, réside à Paris.

BURG. *Toulouse, Montauban.*

De gueules à trois rameaux de bruyères posés 2 et 1 ;

au chef d'azur chargé d'un soleil d'or accosté de deux étoiles de même.

De Burg, juge de paix à Pléaux, département du Cantal, est l'unique représentant de cette famille.

BURGAT. *Bourgogne.*

D'azur, à deux fasces d'or accompagnées de trois étoiles de même, deux en chef et une en pointe.

Cette famille n'est plus représentée que par de Burgat, sans fonctions et sans titre, à Lyon.

BURGAUD DES MARETS. *Poitou.*

D'azur à une bande échiquetée d'or et de sinople de trois tires.

L'unique représentant du nom, de Burgaud des Marets, réside à Paris.

BURGAULT. *Paris.*

D'argent à un chevron de gueules accompagné en pointe d'un buisson de sinople sur une terrasse d'azur.

Cette famille a deux représentants : de Burgault, au château de la Germanière, par Sap, département de l'Orne; de Burgault, maire de Neuville-sur-Touques, par Gacé, même département.

BURGE. *Flandre française.*

D'argent à un chevron de sable, accompagné de trois mouchetures d'hermine posées deux en chef et une en pointe; au chef d'azur chargé d'une étoile d'argent accolée de gueules à un lion d'argent armé et lampassé d'or.

Cette famille a pour unique représentant le comte de Burge, à Paris.

BURGUES. *Languedoc, Provence.*

De gueules à un château triangulaire montrant deux

fasces, donjonnées de trois tours reliées par des courtines, le tout d'or, maçonné et ajouré de sable; la tour du milieu sommée d'une grue d'or avec sa vigilance au naturel.

Cette famille a deux représentants : le comte de Burgues de Missiessy, officier de la Légion d'honneur, capitaine de frégate, à Toulon; le vicomte de Burgues de Missiessy, chevalier de la Légion d'honneur, maître des requêtes, à Paris.

BURGUET (DU). *Versailles*.

D'azur au chevron d'or accompagné en pointe d'un papillon volant et montant d'argent, miraillé, marqueté ou ombré de sable; au chef de gueules, chargé de trois étoiles d'or.

Cette famille a deux représentants : du Burguet, au château de Durbet, par Ribérac, département de la Dordogne; du Burguet, chevalier de la Légion d'honneur, capitaine en retraite à Beauvais, commune de Chatain, par Charroux, département de la Vienne.

BURIGNOT DE VARENNES. *Bourg*.

D'azur au chevron d'or accompagné en chef de trois besants de même et en pointe d'un autre besant aussi d'or; à la trangle du second, abaissé sous les besants du chef.

L'unique représentant du nom, baron Burignot de Varennes, commandeur de la Légion d'honneur, ancien sénateur, réside à Paris.

BURIN. *Paris*.

D'azur à la bande d'argent accompagnée de deux soucis d'or.

Cette famille a deux représentants : Burin d'Aissard,

maire à Tauves, département du Puy-de-Dôme; Burin du Buisson, à Lyon.

BUSSIÈRE. *Limousin, Dauphiné, Poitou, Bretagne.*

Limousin. D'azur à trois fasces d'or, au pal d'argent brochant sur le tout.

Dauphiné. De gueules à la boucle d'or. — D'or à trois molettes de sable.

Poitou. D'azur à la bande d'argent, accompagnée en chef de deux vols de même et en pointe de deux molettes d'or.

Bretagne. D'argent à l'aigle de sable.

Cette famille a sept représentants: le comte de la Bussière, à Paris; le vicomte de Bussière, chevalier de la Légion d'honneur, à Reischoffen, département du Bas-Rhin; le baron de Bussière, officier de la Légion d'honneur, à Paris; le baron Edmond de Bussière, grand officier de la Légion d'honneur, à Paris; de Bussière, officier de la Légion d'honneur, conseiller d'État, à Paris; de Bussière, à Paris; de Bussière, au château de Métairie, par Pougues, département de la Nièvre.

BUSSON. *Bretagne.*

D'argent au lion de sable, armé, lampassé et couronné d'or.

Cette famille a deux représentants : de Busson, au château de Villejegu, par Oudon, département de la Loire-Inférieure; de Busson, à Bourges.

BUSSY. *France, Bourgogne, Champagne.*

France. D'azur à deux épées d'argent passées en sautoir.

Bourgogne. Écartelé d'argent et d'azur. — Écartelé aux 1 et 4 d'argent à dix billettes de gueules; aux 2 et 3 d'or au renard rampant de sable. — Écartelé, aux 1 et 4 d'argent à trois merlettes mal ordonnées de sable; aux 2 et 3 d'azur au pal d'argent chargé de trois mouches d'hermine de sable, l'une sur l'autre.

CHAMPAGNE. D'azur au chevron d'or, accompagné de trois étoiles de même. — D'azur à trois chevrons d'or, le premier en chef brisé.

Cette famille a quatre représentants : le comte de Bussy, au château de Bussy-lez-Poix, à Poix, département de la Somme; de Bussy, attaché à l'administration des chemins de fer, à Rennes; de Bussy, chevalier de la Légion d'honneur, ingénieur et directeur des constructions navales à Lorient; l'abbé de Bussy, vicaire de l'église Saint-Honoré, à Paris.

BUTLER. *France.*

De gueules à la fasce denchée d'argent, accompagnée de grelots d'or.

Cette famille a trois représentants : le comte de Butler, au château de Remaisnil, par Bernaville, département de la Somme; le vicomte de Butler, sous-préfet à Nogent-le-Rotrou; de Butler, chevalier de la Légion d'honneur, inspecteur des finances, à Constantine, Algérie.

BUTRON Y MUXICA. *Flandre française.*

Parti : de gueules à la croix d'argent chargée de loups passants et cantonnée de quatre nasses ou buitrons d'or regardant chaque angle, et de gueules à la bande d'or, à deux têtes de dragons de même mouvants des angles, accompagnées en chef d'un écusson d'argent à trois fasces d'azur, et en pointe d'un écusson de sinople à une tour donjonnée d'argent, sommée d'une couronne ducale d'or et accostée de deux lions affrontés de même.

Cette famille a deux représentants : le baron de Butron y Muxica de la Torre, maire de Saint-Vaast-lez-Bavai, conseiller général, au château de Ramets, près Bavai, département du Nord ; Victor de Butron y Muxica de la Torre, son frère, au château d'Aviso, à Aubies, même département.

BUZON. *Bourgogne.*

Parti d'argent et de gueules à trois roses posées en bande de l'un dans l'autre.

L'unique représentant du nom, de Buzon, réside à son château de Pouyastruc, département des Hautes-Pyrénées.

BYE. *France.*

D'azur à une étoile d'argent accompagné de trois croissants d'or.

L'unique représentant du nom, de Bye, est substitut du procureur au tribunal de Moulins.

C

CABANES. *Auvergne, Provinces Rhénanes.*

AUVERGNE. D'azur à trois têtes de lion d'or.

PROVINCES RHÉNANES. De gueules à une maisonnette d'argent posée sur un chariot de même.

L'unique représentant du nom, en France, de Cabanes, réside au château de Mesmont, par Wassigny, département des Ardennes.

CABANNES. *Gascogne.*

D'azur à une tour d'argent sommée d'un lion issant d'or.

Le baron de Cabannes de Cauna, unique représentant du nom, réside à son château de Cauna, par Saint-Jean-Sever, département des Landes.

CABARIEU (MILA DE). *Espagne, Languedoc.*

De sinople (*Alias* de gueules) au milan d'argent posé sur un rocher de trois coupeaux du même. Couronne : de comte.

Ces armes, enregistrées dans l'*Armorial général officiel de 1696*, général de Toulouse, Montauban, folio 236 et qui étaient anciennement portées par la famille de Mila, dont la souche est en Espagne, ont été conservées par une branche de cette famille fixée en France au seizième siècle et qui existe encore.

Cette branche a joint à son nom celui du fief de Cabarieu, acquis par un mariage en 1714. D'après l'*Histoire de Montauban* de Devals, 1855, ce fief, qui est situé auprès de cette ville, avait déjà donné son nom, dès 1213, à une famille noble du pays.

Le premier membre de la famille de Mila dont l'histoire ait gardé le souvenir et qui est l'auteur de toutes les branches représentées, Jofre ou Geoffroy de Mila, figure au nombre des chevaliers qui accompagnèrent Jacques Ier, roi d'Aragon, dans ses expéditions contre les Maures, de 1229 à 1238.

Ce premier témoignage d'illustration et de noblesse es prouvé par les attestations de divers auteurs, entre autres Mariana, *Histoire d'Espagne*, livre XII, chapitre XIX, et Febrer, *Trobas valencianas*. On lit dans ce dernier ouvrage, reproduit en partie dans la *Revue Nobiliaire de 1866* ; « Jofre de Mila porte sur son écu
« l'oiseau gris qui indique son nom (un milan). Il avait
« sa famille et son manoir en Languedoc, etc. »

Les descendants de Joffre de Mila se sont divisés en plusieurs branches, comme l'établissent Gaspard Escolano, dans sa *Décade de l'histoire de Valence*, et Francisco Diégo dans ses *Annales du royaume de Valence*.

La première qui a possédé la baronnie de Macalavez et le marquisat d'Albayda, dans le royaume de Valence, compte parmi ses membres un prince de l'Église, le cardinal Louis de Mila, créé en 1456. (Voir Aubéri, *Histoire des Cardinaux*.)

La seconde s'est établie à Naples et c'est à elle qu'appartient la seigneurie de Saint-Georges, érigée en marquisat en 1597.

Une autre branche s'est fixée à Tarragone et aux

environs de Barcelone et c'est de l'un de ses membres qu'est issue la branche française.

De cette dernière branche qui embrassa la religion protestante dès les premiers temps de la réforme s'est, en 1685, détaché un membre qui émigra en Prusse et y forma souche. Ce rameau était encore représenté en 1813, comme nous le dirons plus loin.

On trouve des données authentiques sur les causes de la venue en France de la branche des Mila, qui s'y est fixée, dans l'ouvrage de Scipione Ammirato, *Des familles nobles napolitaines*.

Pendant les guerres dont l'Italie méridionale a été le théâtre de 1495 à 1525, plusieurs chevaliers du nom de Mila, venus d'Espagne, étaient au service des rois de Naples, ce qu'attestent aussi Scipione Mazella, Carlo de Lellis, etc. L'un d'eux, Jean-Antoine de Mila, obligé de quitter l'Italie à la suite de l'expulsion du roi Frédéric, dépossédé par Louis XII et Ferdinand le Catholique, se réfugia en France et s'établit en Languedoc.

En 1574, Jean de Mila, petit-fils de Jean-Antoine de Mila, figure dans une montre ou revue de la compagnie de monseigneur Pastoret d'Alençon, gouverneur de Leucate, près de Narbonne. Il commandait, plus tard, le château de Montbeton, près de Montauban, avec le titre de capitaine et en vertu d'une commission délivrée au nom du roi de Navarre, au mois d'avril 1586, par Géraud de Lomagne, vicomte de Terride. Il avait un oncle, Guy de Mila, qui était ecclésiastique, mais il embrassa lui-même la religion protestante, que ses descendants ont continué de professer, non sans éprouver des persécutions qui forcèrent l'un d'eux à émigrer, en 1685, en Prusse, où sa postérité existait encore en 1813, à Berlin, dans la personne d'un conseiller de justice. (Voir l'*Histoire du protestantisme français*, par les frères Haag et le *Moniteur universel* de 1813, page 546.)

Jean de Mila s'était allié à la famille des seigneurs de Beau-Vila et c'est de lui qu'étaient issus Jean de Mila, seigneur de Rostel, et Bernard de Mila, conseiller au présidial de Montauban, dont les armoiries sont reproduites à l'*Armorial officiel* de 1696, aux registres des généralités de Béarn et de Toulouse.

Les descendants de Bernard de Mila qui était, par sa mère, petit-fils de Jean Lyandi, seigneur de Subreville, premier consul de Montauban en 1632, se sont successivement et directement alliés aux familles de Ratery de Cabarieu et du Breuil, 1714, de Bessey et Garrisson d'Estillac, 1744, et, par celles-ci, aux familles Péchels de la Boissonnade, Gironde de Bellegarde, de Preissac, de Buisson d'Aussonne, etc. Voir de Magny, *Nobiliaire universel;* Tisseron, *Annales historiques*, etc.

En 1789, la postérité de Bernard de Mila était représentée par Jean-Marc-Antoine, qui suit, I :

I. Messire Jean-Marc-Antoine Mila de Cabarieu, écuyer, mort à Montauban, le 1er mars 1832, officier d'infanterie et ancien capitaine exempt des gardes de la prévôté de l'hôtel, sous Louis XV, créé chevalier de l'ordre du Mérite militaire le 25 avril 1816, épousa à l'église de Saint-Jacques, à Montauban, le 1er avril 1777 Anne Rey, fille de Jacques Rey et de Marie Benassy, dont cinq enfants, quatre filles et un fils, Jean-Daniel-Bernard-Jacques, qui suit, II :

II. Jean-Daniel-Bernard-Jacques Mila de Cabarieu, né à Montauban, le 27 août 1781, mort au château de Cabarieu, près de Montauban, le 5 août 1866, épousa à Bruniquel, Tarn-et-Garonne, le 17 juillet 1817, Hélène

Sartre de Salis, fille de Marc-Antoine Sartre de Salis et d'Elisabeth Baïllic, dont cinq enfants, savoir :

A. Jean-Marc-Antoine-Almaïde-Henri, qui suit, III.

B. Anne-Antoinette-Clotilde, épousa, à Montauban, le 22 mars 1847, Ernest, baron Rey, fils du général baron Rey et de Jeanne Fargues.

C. Jeanne-Marthe-Hortense, épousa le même jour, 22 mars 1847, Antoine Cambon de la Valette, son cousin-germain, fils d'Alexis Cambon de la Valette, et de Marguerite Simone-Marthe-Mila de Cabarieu.

D. Jean-Daniel-Antoine-Frédéric Mila de Cabarieu, né à Montauban, le 31 octobre 1826.

E. Jean-Anne-Auguste Mila de Cabarieu, né au château de Cabarieu, le 17 mars 1837.

III. Jean-Marc-Antoine-Almaïde-Henri Mila de Cabarieu, chef de nom et d'armes de sa famille, né à Montauban, le 15 mai 1820, chevalier de la Légion d'honneur, le 22 janvier 1852, a rempli successivement depuis le 8 décembre 1849, les fonctions de sous-préfet d'Argelès, de Marennes et de Moissac, de secrétaire général de la préfecture du département de la Meurthe, et de sous-préfet de Brest, et a été nommé, le 20 avril 1868, préfet du département des Hautes-Pyrénées. Il a épousé à la Rochelle, le 27 avril 1852, Caroline Guyot du Repaire, fille de Charles-Henri Guyot, baron du Repaire, dont le père était lieutenant général, et d'Amélie de Clervaux, dont deux filles : Jeanne-Pauline-Marguerite-Renée, née à Marennes, le 22 octobre 1853 ; Jeanne-Amélie-Marguerite-Anne, née à la Rochelle, le 29 juillet 1855.

CABARRUS. *Espagne, France.*

De gueules au chevron d'or accompagné en chef de

deux étoiles d'argent et en pointe d'un médaillon représentant une foi avec la légende : *Fides publica ;* le médaillon surmonté d'une ancre du troisième.

Cette famille a deux représentants : de Cabarrus, consul à la Corogne, Espagne ; de Cabarrus, commandeur de la Légion d'honneur, consul général, à Guatemala.

CABOT. *Languedoc.*

D'azur à trois chabots d'or. — Écartelé : aux 1 et 4 d'azur à trois chabots d'or, qui est de Cabot ; aux 2 et 3 d'azur à une bande d'argent et une bordure dentelée d'or.

Cette famille a deux représentants : le marquis Charles de Cabot, sous-préfet à Murat ; le comte Camille de Cabot, au château de Saint-Pierre de Mezoargues, par Tarascon, département des Bouches-du-Rhône.

CABRE DE ROQUEVAIRE. *Provence.*

De gueules à la chèvre saillante d'argent, surmontée d'une fleur de lis d'or.

Cette famille remonte à Victor de Cabre, originaire d'Aubagne, dont le petit-fils, Balthazar, fut élu premier consul de Marseille en 1360, et dont la descendance, maintenue en 1667, a donné plusieurs autres consuls de Marseille. Elle est encore représentée en Provence, mais sans postérité masculine.

CABRIÈRE. *Languedoc, Rouergue.*

De gueules à une chèvre rampante d'or.

Cette famille a deux représentants : le marquis de Cabrière, à son château, par Marguerittes, département du Gard ; de Cabrière, professeur au séminaire, à Nîmes.

CACAULT. *Bretagne.*

Coupé : au 1 d'argent à la bande d'azur chargée de

trois étoiles du champ; au 2 d'azur au léopard d'argent surmonté d'une croix denchée d'or.

L'unique représentant du nom, baron de Cacault, est sous-préfet à Barcelonnette.

CACHELEU DE MAISONCELLES. *Picardie.*

De gueules à trois fasces d'or; au franc-quartier de sable chargé d'une bande d'argent surchargée de trois coquilles de pourpre.

Cette famille, de belle et pure noblesse, n'est plus représentée que par trois membres très-âgés et n'ayant pas d'enfant mâle; Frédéric de Cacheleu de Maisoncelles, ancien membre du conseil général du département du Calvados; Ferdinand de Cacheleu de Maisoncelles, son frère, chevalier de Malte; Amédée de Cacheleu de Maisoncelles, leur cousin-germain, ancien garde du corps du roi Louis XVIII.

CACQUERAY ou **CAQUERAY**. *Bretagne, Normandie, Bretagne, Normandie.*

Bretagne, Normandie. D'or à trois roses de gueules.

Bretagne. D'or à la fasce de gueules accompagnée de trois roses de même.

Normandie. D'azur au chevron d'or, accompagné de neuf annelets entrelacés de même, posés 3, 3 et 3.

Cette famille a huit représentants : le marquis Gaston de Cacqueray, chef de nom et d'armes, au château de Macé, par Pontorson, département de la Manche; Anatole de Cacqueray, conseiller général, à Angers; de Cacqueray, conseiller général, à Chemillé, département de Maine-et-Loire; de Cacqueray, au château de Vaux, par Vermond, département de l'Aisne; de Cacqueray de Marquemont, inspecteur des écoles primaires, à La Flèche, département de la Sarthe; de Cacqueray de Villiers, médecin, à Limezy, par Payilly, département de la Seine-Inférieure; de Cacqueray, maire à Marcilly, par Saint-André, département de l'Eure; de Cacqueray, avocat, à Saint-Brieuc.

CADARAN. *Bretagne.*

D'azur à trois chevrons d'or.

Cette famille a deux représentants : Alfred de Cadaran, à Laval; de Cadaran, au château de Caheil, par Dinan, département des Côtes-du-Nord.

CADEAU D'ACY. *Ile-de-France.*

D'azur à trois bandes ondées d'argent.

Cette famille a pour seul représentant de Cadeau d'Acy, maire d'Acy-en-Multien, par Betz, département de l'Oise.

CADET. *Bretagne.*

D'or au pin de sinople sommé d'un épervier de sable.

Cette famille a cinq représentants : Cadet de Beaupré, agent-voyer, à Lille; Alfred Cadet de Chambine, avocat, à Paris; Cadet de Fontenay, receveur principal des postes, à Montpellier; Alexis-Arthur Cadet de Vaux, juge d'instruction, à Paris; Cadet de Vaux, juge de paix, à Neung-sur-Beuvron, département de Loir-et-Cher.

CADILLAN. *Provence.*

De gueules au blaireau au naturel, accompagné en pointe d'un croissant d'argent; au chef cousu d'azur, chargé de deux croissants d'argent.

Cette famille est représentée par deux avocats : l'un à Paris, l'autre à Avignon.

CADORE (DE NOMPÈRE CHAMPAGNY DE). *Forez.*

D'azur à trois chevrons brisés de sable.

Cette famille compte cinq représentants : Louis-Alexis de Nompère Champagny, duc de Cadore, chef de nom et d'armes, au château de Saint-Vincent, par le Coteau, département de la Loire. Son fils, le marquis de Cadore, ministre plénipotentiaire à Munich, conseiller général de la Loire, à Munich et à Paris. Ses frères : les comtes Frantz, Napoléon et Paul de Champagny.

CADORET. *Bretagne.*

De gueules à deux croissants d'argent en chef et une étoile d'or en pointe.

Cette famille est représentée par de Cadoret, au château d'Herholland, par Guémené-Penfao, département de la Loire-Inférieure.

CAEN. *Caen.*

D'azur à une fleur de lis d'argent.

Le comte de Caen, unique représentant du nom, réside à Paris.

CAFFARELLI. *Italie, France.*

Parti : au 1 d'azur au lion d'or ; au 2 taillé d'or et de gueules de quatre traits ; au chef d'empire, qui est d'or à l'aigle de sable. L'écu sommé d'une couronne de comte surmontée d'un heaume d'argent, posé de face, grillé, liseré, orné d'or, fourré de gueules, accompagné de ses lambrequins, aux couleurs et émaux de l'écu. Cimier : un faisceau d'armes à l'antique. Supports : deux aigles de sable contournés, allumés, langués, onglés de gueules, couronnés d'or.

Devise : *Sola patriciis*.

D'origine romaine, cette famille est ancienne. Elle était déjà grande à l'époque où elle est mentionnée pour la première fois dans un *instrumento di concordia*, entre le pape Clément III et le sénat romain, en date du 28 mai 1190, auquel intervient comme témoin Stefano Caffarello, noble romain, également mentionné dans un *strumento dotal* de l'an 1225 et qualifié par l'*Histoire diplomatique des sénateurs de Vitale*, du nom et du titre de *Stefano di Caffarello*.

Conformément au diplôme délivré en 1739 (*pridie idus junii*) par les conservateurs du peuple romain à Pierre-Maximilien Caffarelli, aïeul du chef de nom et d'armes de la famille, sa généalogie est régulièrement établie depuis Giovanni Caffarelli, seigneur de Castro Gallese et chancelier du peuple romain, vivant en 1372.

Divisée en cinq branches, dont trois se sont successivement éteintes en Italie; la quatrième, qui y existait encore naguère et avait conservé son nom, quoique descendante de la commune origine par les femmes, vient de s'éteindre également. Un litige s'est élevé récemment sur la transmission du nom et des majorats entre les héritiers de deux sœurs de cette branche, Mmes Negrone et Curti Lepri, nées Caffarelli.

La cinquième branche, seule existante aujourd'hui, s'est propagée en France à dater du commencement du dix-septième siècle. Sa descendance masculine s'y est maintenue à l'exclusion de toutes les autres lignes.

La maison Caffarelli compte parmi ses membres deux cardinaux : Scipion, neveu de Paul V, dit cardinal Borghese, mort en 1633, et Prosper, mort en 1659; des évêques, des hommes de guerre de terre et de mer, des administrateurs, des jurisconsultes de renom.

Dans la branche française elle a un collaborateur de Riquet, ingénieur remarquable qui avait préparé la canalisation de l'Agout, et de vaillants officiers, et immédiatement avant la génération actuelle les six frères : Max Caffarelli du Falga, général de division du génie de l'armée d'Égypte, mort en 1799 devant Saint-Jean-d'Acre ; Philippe, officier au régiment d'Anjou, fusillé à Quiberon ; Charles, préfet sous l'empire ; Joseph, officier de marine, préfet maritime, conseiller d'État ; Jean, évêque de Saint-Brieuc ; Auguste, général de division, aide de camp de Napoléon Ier, grand'croix de la Légion d'honneur, pair de France, mort en 1849.

Le fils de ce dernier, Eugène, comte Caffarelli, chef de nom et d'armes de la famille, représente aujourd'hui la seule branche existante du nom. Officier de la Légion d'honneur, il a été successivement maître des requêtes au conseil d'État, préfet, conseiller général et député. Il a trois fils, dont l'aîné, Max, comte Caffarelli, officier de hussards, vient d'être décoré de la Légion d'honneur à l'âge de vingt-quatre ans.

CAFFIN DE MÉROUVILLE. *Poitou.*

De gueules à une cafetière d'argent.

L'unique représentant du nom, Caffin de Mérouville, officier de la Légion d'honneur, réside à Paris.

CAHUSAC. *Languedoc.*

D'azur, au chef cousu de gueules, chargé de trois lionceaux d'or.

L'abbé de Cahusac, curé de Gimond, département du Gers, est l'unique représentant de cette famille.

CAIGNART DE SAULCY. *Bretagne.*

De gueules au lion d'argent.

Élevé par son savoir à la dignité de sénateur, de Caignart de Saulcy, membre de l'Institut, est le dernier représentant de cette famille.

CAIGNOU. *Normandie.*

D'azur à trois bandes d'or.

L'unique représentant du nom, de Caignou, vit éloigné de toute fonction publique, à Paris.

CAILLARD D'AILLÈRES. *Orléanais.*

D'argent à l'aigle d'azur accompagnée en chef d'une aigle de même, à dextre, d'une étoile de gueules à senestre et en pointe de plusieurs flammes de même, mouvantes du bas de l'écu.

Cette famille est représentée par Gustave Caillard d'Aillères, conseiller général, maire d'Aillères, par la Fresnaye, département de Saône-et-Loire.

CAILLAUD DE FOUCAULT. *Bretagne.*

D'azur au chevron dentelé d'argent, accompagné en chef de trois étoiles et en pointe d'un croissant, le tout du second, le croissant ayant entre les cornes une caille d'or.

De cette famille, aux armes parlantes, il ne reste qu'un représentant : de Caillaud de Foucault, au château de Candes, par Chinon, département d'Indre-et-Loire.

CAILLET DU TERTRE. *Alsace.*

D'azur à un chevron d'or, accompagné de trois cailletaux de même.

Cette famille n'est plus représentée que par Caillet du Tertre, au château de Guichardière, par Vitré, département d'Ille-et-Vilaine.

CAILLY. *Ile-de-France.*

D'argent à deux fasces de gueules.

De Cailly, unique représentant du nom, réside à Paris.

CAIRON. *Guyenne. Gascogne, Normandie.*

Guyenne, Gascogne. D'azur au chevron d'argent, accompagné de trois billettes de même.

Normandie. De gueules à trois coquilles d'argent.

Cette famille a deux représentants : le marquis de Cairon, au château de Quevreville, par Boos, département de la Seine-Inférieure ; de Cairon, au château d'Amblie, par Creuilly, département du Calvados.

CAIX DE SAINT-AYMOUR. *Picardie, Quercy, Franche-Comté.*

Ecartelé : aux 1 et 4 d'or au chevron d'azur accompagné en pointe d'un lion de gueules, au chef de même chargé d'un croissant d'argent entre deux étoiles à cinq rais du même, qui est de Caix ; aux 2 et 3 contre-écartelé : a et d d'argent à trois bandes de sable ; b et c d'or à la bande d'azur, qui est de Saint-Amour, par corruption de Saint-Aymour. Sur le tout fascé de vair et de gueules, qui est de Berlaymont. (*Armorial général* de Rietstap.)

Cette famille, qui a pour chef de nom et d'armes Marie-Joseph-Victor de Caix de Saint-Aymour, à Paris et au château de Montsabert, département de Maine-et-Loire, a d'autres représentants à Paris, dans les départements de l'Oise, de la Somme, de l'Aisne et de Seine-et-Oise.

CALAGES. *Toulouse, Montauban.*

D'or à un chevron de gueules, accompagné en chef de deux croissants d'azur et en pointe d'un rocher de sable et un chef d'azur chargé de trois étoiles d'argent ; parti d'azur au lion d'argent armé, lampassé et couronné de gueules et un chef d'or.

L'unique représentant du nom, de Calages, réside au

château de Taurines, par Fanjeaux, département de l'Aude.

CALAMAU. *Provence.*

D'azur au chevron d'or, accompagné de trois roses de même.

Le baron de Calamau, unique représentant, réside au château de Gouttefrey, par Saint-Étienne-de-Geoirs, département de l'Isère.

CALEMARD DE LA FAYETTE. *Espagne, Auvergne.*

D'azur au chevron d'or, accompagné de trois croissants d'argent, celui de la pointe sommé d'une étoile de même.

Originaire d'Espagne du bourg de Calemarde, établie vers 1510 près de Viverois en Auvergne, où elle a donné son nom au village de Calemard, cette famille est représentée par Charles-Gabriel de Calemard de La Fayette, chevalier de Saint-Grégoire-le-Grand, lauréat de l'Institut, membre du conseil général de la Haute-Loire, au Puy, même département.

CALLAC. *Nivernais.*

De sable au léopard d'argent, accompagné de six coquilles de même.

Le comte de Callac, chevalier de la Légion d'honneur, préfet à Nevers, est l'unique représentant de cette famille.

CALMELS ou **CALMÈS.** *Languedoc, Gascogne.*

De gueules à trois troncs d'arbres arrachés d'argent posés 2 et 1 ; au chef d'azur chargé de trois étoiles d'or.

D'ancienne extraction noble, originaire vers la fin du douzième siècle de la terre de son nom, située dans l'Albigeois, cette famille a quatre représentants : le baron de Calmès, au château de Servies, par Lagrasse, département de l'Aude ; Jean-Benoit de Calmels-Puntis, par décret d'adjonction de nom, en date du 7 novembre 1761, chevalier de l'Ordre de Saint-Grégoire-le-Grand-membre du conseil général du Gers, qui a deux fils : Nicolas-Joseph-Louis-Emile de Calmels-Puntis, procureur de la République à Cahors ; Marie-Etienne de Calmels-Punctis, procureur de la République à Agen.

CALMONT. *Auvergne.*

D'argent au lion de sable.

De Calmont, unique représentant du nom, est chef de bureau au ministère des finances.

CALONNE. *Flandre française, Picardie.*

D'argent au lion léopardé de gueules mis en chef.

L'ancienneté de cette maison, ses titres éclatants, ses possessions seigneuriales, ses grandes alliances la placent au rang des plus illustres familles. Elle a cinq représentants aujourd'hui : le comte de Calonne, au château de Nyon, par Saint-Cernin-du-Plain, département de Saône-et-Loire ; Adalbert de Calonne, à Amiens ; Louis-François-Raoul, comte de Calonne d'Avesnes, à son château d'Airaines, département de la Somme ; Pierre-François-Xavier, vicomte de Calonne d'Avesnes, à Paris ; marquis de Calonne-Courtebonne, à Paris.

CALVIÈRE. *Languedoc.*

D'or à trois fasces de sable, chargées chacune de six besants d'argent ; au chef cousu de même, chargé d'un sanglier de sable, passant sur des flammes de gueules.

Très-ancienne également, cette famille est représentée par le marquis de Calvière, à Paris, et par le baron de Calvière, à son château, par Marsillargues, département de l'Hérault.

CALVIMONT. *Périgord.*

Ecartelé : aux 1 et 4 de sable au lion d'or ; aux 2 et 3 de gueules à la tour d'or.

L'unique représentant du nom, marquis de Calvimont, a sa résidence d'été au château de Podensac, département de la Gironde et sa résidence d'hiver à Paris.

CAMAIN. *Limousin.*

De gueules à une colonne d'or accostée de deux lions affrontés d'argent, rampant contre la colonne ; au chef cousu d'azur, chargé d'une croisette d'or, accostée d'une croisette de même.

L'unique représentant du nom, de Camain, vit retiré dans ses terres, au château de la Vergne, par Mareuil, département de la Dordogne.

CAMAREC. *Bretagne.*

De gueules à cinq besants d'or ; au chef d'hermine.

De Camarec, unique représentant, est contrôleur des contributions directes à Bourg-Saint-Andéol, département de l'Ardèche.

CAMBACÉRÈS. *France.*

D'or à un dextrochère au naturel, paré de gueules, rebrassé d'hermine, mouvant de senestre, tenant les tables de la loi de sable et accompagné de trois losanges du même ; au chef de grand dignitaire de l'empire, d'azur semé d'abeilles d'or.

Cette maison est représentée par les deux frères :

1º Marie-Jean-Pierre-Hubert, duc de Cambacérès, né

le 20 septembre 1798, pair de France, sénateur, grand maître des cérémonies de la maison de l'empereur, grand officier de la Légion d'honneur, épousa le 5 septembre 1816, Louise-Anne-Alexandrine Thibon, fille d'un sous-gouverneur de la banque ;

2° Etienne-Armand-Napoléon, comte de Cambacérès, épousa Adèle Napoléon-Davout, dont un fils : Louis-Joseph-Napoléon de Cambacérès, qui épousa : 1° la princesse Bathilde Bonaparte ; 2° Elise-Victorine-Marie-Anatole de Montesquiou-Fezensac.

Les deux frères sont neveux de l'archi-chancelier de l'empire sous Napoléon Ier et du cardinal-archevêque de Rouen, comte de Cambacérès.

CAMBEFORT. *Auvergne.*

De gueules au lévrier rampant d'argent, colleté d'or.

L'unique représentant du nom, de Cambefort, réside à Orléans.

CAMBIS-ALAIS. *Comtat-Venaissin.*

D'azur à l'arbre planté sur un mont de six coupeaux et accosté de deux lions affrontés, soutenant le fût, le tout d'or.

Originaires de Florence, les Cambis sont établis en France depuis la fin du treizième siècle, époque à laquelle remonte leur titre de marquis, attaché à leur terre d'Orsan et à leur antre fief de Lagnes, au Comtat Venaissin.

Toutes les branches éteintes, très nombreuses autrefois, sont représentées aujourd'hui par le marquis Pierre de Cambis-Alais-d'Orsan. La maison est également représentée par le comte Adolphe de Cambis-Alais, déjà âgé et sans postérité ; par le comte de Cambis-Alais, au château de Salindras, par Alais, département du Gard ; par le comte Pierre de Cambis, officier de cavalerie ; par le vicomte Charles de Cambis-Alais, commandeur de la Légion d'honneur, à Paris.

CAMBOLAS. *Toulouse. Montauban.*

D'azur a un croissant d'argent surmonté d'un besant d'or et un chef de gueules, chargé de trois étoiles d'or.

L'unique représentant du nom de Cambolas a sa résidence d'été au château de Jory, département de la Haute-Garonne, et sa résidence d'hiver à Toulouse.

CAMBON. *France.*

De gueules au lion d'argent ; au chef cousu d'azur, chagé de trois étoiles d'or.

L'unique représentant, de Cambon de Vidal, réside à Saint-Thibéry, département de l'Hérault.

CAMBOUR. *Limousin.*

D'azur à la fasce cousue de gueules, accompagnée en chef de deux épis d'or passés en sautoir, surmontée d'une belette passante d'argent, le tout entre deux étoiles de même, la fasce accompagnée en pointe d'une gerbe adextrée d'une grenade et senestrée d'un cor, le tout d'or,

Ancienne famille d'épée, uniquement représentée par le comte de Cambour, au château de Marchais, par Romagne, département de Maine-et-Loire.

CAMBOUT (du). *Bretagne.*

De gueules à trois fasces échiquetées d'argent et d'azur.

Cette famille a deux représentants : le marquis du Cambout de Coislin, au château de Buhel, par Blain, département de la Loire-Inférieure ; le comte du Cambout de Coislin, à Angers.

CAMBRAY (Lambert de). *Beauce, Orléanais.*

D'azur au chevron d'or accompagné en chef de deux

étoiles et en pointe d'un lion du même. Supports : un cerf et un cygne. Couronne : de baron.

Cette famille, originaire du pays de Liége, remonte à Jean Lambert, écuyer, seigneur d'Espy, chevalier liégeois entré au service du roi en 1350.

Elle est représentée par Charles-Anatole, baron Lambert de Cambray, qui épousa : 1° Jeanne-Denise Lesage d'Hauteroche-d'Hust ; 2° Clémence-Marie-Augusta de Maillé de Latour-Landry. Il a du premier lit un fils et une fille, et du deuxième lit une fille.

CAMBRY. *France.*

D'azur à trois chevrons d'or.

L'unique représentant du nom de Cambry réside à Paris.

CAMOIN DE VENCE. *Provence.*

D'azur à un chameau d'or passant sur une terrasse de sinople surmontée d'une étoile à six rais aussi d'or, posée au milieu du chef.

Ancienne famille de robe, encore représentée dans la magistrature par de Camoin de Vence, avocat général à Poitiers.

CAMP (DU). *France.*

D'or à cinq cotices de gueules en barre.

De belle noblesse, cette famille est représentée par Eugène du Camp, vérificateur des domaines à Angers, et par Max du Camp, auteur littéraire à Paris.

CAMPAGNE. *Quercy, Périgord.*

De gueules à trois fers à cheval d'or; au croissant d'argent en chef.

Cette famille, très ancienne, est originaire du Quercy, où elle a, dit-on, pris son nom du château de la Borie, qu'elle possédait. La branche aînée a donné son nom au domaine où sa résidence est fixée depuis l'an 1460.

Elle a pour chef de nom et d'armes le marquis de Campagne, au château de Campagne, par le Bugue, département de la Dordogne. Elle est encore représentée par le comte de Campagne, frère du chef de la famille, qui réside en Poitou. D'autres branches se perpétuent en Périgord et en Agenais.

CAMPELS. *Toulouse, Montauban.*

D'or à un chêne de sinople ; au chef d'azur chargé de trois étoiles d'argent.

Cette famille a deux représentants : de Campels, au château de Pontcharamet, par Rieumes, département de la Haute-Garonne ; de Campels, au château de Tostat, par Rabastens, département des Hautes-Pyrénées.

CAMPOU. *Provence.*

De gueules à la grue d'argent, à la vigilance d'or ; au chef cousu d'azur, chargé de trois étoiles d'or.

C'est encore en Provence que l'on retrouve le dernier représentant du nom, Raymond de Campou, à Marseille.

CAMPREDON. *Toulouse, Montauban.*

Écartelé par un trait de sable : au 1 d'or à un monde d'azur cintré et croisé de même ; au 2 d'or à une bande d'azur chargée de trois besants d'argent ; au 3 d'or à un ours passant de sable ; au 4 d'or à trois fasces de sable embrassées par trois chevrons de même.

Famille de robe encore représentée dans la magistrature par de Campredon, juge au tribunal civil, à Nîmes.

CAMPRONO. *Normandie, Bretagne.*

D'argent à la quintefeuille de gueules.

L'unique représentant du nom, de Camprond, réside au château de Rodéan, par Fougères, département d'Ille-et-Vilaine.

CAMUSAT DE VAUGOURDON. *Champagne.*

D'or au chevron d'argent, accompagné de trois têtes de loup de même.

L'unique représentant du nom, de Camusat de Vaugourdon, réside à sa campagne, à Lirey, par Bouilly, département de l'Aube.

CAMUSET. *Bourgogne.*

D'azur à une fasce d'or accompagnée en chef d'un arbre d'argent sur lequel est posé un oiseau du même, accosté de deux croissants aussi d'argent et en pointe d'un croissant de même.

De Camuset, unique représentant du nom, réside au château de Colombier, par Belleville, département du Rhône.

CANAT DE CHIZY. *Bourgogne.*

D'azur semé de croissants d'argent.

Cette famille est représentée dans la branche aînée par Marcel Canat de Chizy, à Châlon-sur-Saône, et par Paul Canat de Chizy, à Lyon.

CANCLAUX. *Ile-de-France.*

D'argent à trois merlettes de sable ; au chef bandé d'or et d'azur.

Le comte Jules de Canclaux, unique représentant du nom, réside à Paris.

CANDAU. *Béarn.*

D'or à la croix ancrée d'azur.

Le marquis de Candau de Fays, unique représentant,

réside au château de son nom, par Orthez, département des Basses-Pyrénées.

CANDIE DE SAINT-SIMON. *Toulouse.*

De gueules semé de fleurs de lis d'or; à la bande d'azur brochant sur le tout.

Cette famille a deux représentants : de Candie de Saint-Simon, chevalier de la Légion d'honneur, à Toulouse ; autre de Candie de Saint-Simon, à Toulouse.

CANNY. *Normandie,*

D'or à dix losanges de gueules, accolées et aboutées, posées 3, 3, 3, 1.

L'unique représentant du nom, de Canny, réside au château de Thourry, à Saint-Pourçain-sur-Bèbre, département de l'Allier.

CANOLLES. *Guyenne.*

D'azur au lion léopardé d'argent ; au chef cousu de gueules chargé d'une tour entre deux croissants adossés, accompagnés chacun de quatre croisettes posées en croix, le tout d'argent.

Cette famille n'a qu'un représentant : le marquis de Canolles, à Saint-Caprais, département de la Gironde.

CANTEL DE LA MAUDUITE. *Normandie.*

D'argent au sautoir de gueules cantonné de quatre mouchetures d'hermine.

Originaire d'Arques au pays de Caux, datant des croisades, ayant même un de ses membres tué à la bataille d'Hastings, cette famille est représentée par Auguste, vicomte de Cantel de la Mauduite, officier supérieur en retraite, chevalier de Saint-Louis, de la Légion d'honneur et de Saint-Ferdinand, au Quesnoy, département du Pas-de-Calais.

CANTILLON·DE LA COUTURE. *Ile-de-France.*

D'azur au lion d'or accosté de deux flèches de même, empennées d'argent, les pennes en bas.

Famille de robe encore représentée dans la magistrature par Cantillon de la Couture, conseiller à la cour de Limoges, et par Cantillon de la Couture, juge à Bordeaux.

CAPDEVILLE *Guyenne.*

Écartelé : au 1 d'or au lion de gueules ; aux 2 et 3 d'azur à la bande d'or, accompagnée de deux étoiles de même ; au 4 d'or au cœur de même, traversé de trois flèches de même, ensanglantées du second, posées deux en sautoir et la troisième en pal.

Cette famille, dont la généalogie a été publiée dans un armorial local, a cinq représentants du nom de Capdeville propremant dit : un avoué à Lourdes ; le supérieur du petit séminaire d'Aire ; un chirurgien de marine ; un avocat à Aix, département des Bouches-du-Rhône ; un attaché a l'administration des lignes télégraphiques, à Marseille.

CAPDEPONT DE CAMPTORT. *Béard.*

Coupé : au 1 d'azur au chevron d'or, chargé de trois coquilles du champ, accompagné de trois fers de lance du second émail, qui est de Bigu ; au 2 de gueules au chevron d'argent, accompagné de trois besants du même, celui de la pointe soutenu d'une main ouverte aussi d'argent ; au chef d'argent chargé de trois étoiles de gueules, qui est de Camptort.

Cette belle famille représente aujourd'hui la grande maison des Bigu de Chéry, dont elle recueille par transmission et alliance l'héritage féodal.

De Bigu de Chéry, anciennement de Bigue, originaire

de Champagne, établi dans le Boulonnais vers le quatorzième siècle, remonte, par titres authentiques, à Lancelot de Bigu, chevalier, seigneur de la Vinarre, rappelé dans les lettres du roi Charles VII, en date du 26 août 1425, accordées à Pierre de Bigu, son fils, disant que « ledit Lancelot de Bigu, chevalier, servit bien loyalement en plusieurs voyages où il accompagna le roi Charles VI, et où il se distingua par plusieurs beaux faits d'armes. »

Ces lettres ajoutent qu' « issu de noble race et lignée, Pierre de Bigu a noblement et loyalement servi le roi dans la guerre contre les Anglais, à l'exemple de ses prédécesseurs. »

Jean de Bigu, vicomte de Chéry, seigneur d'Orcenay, Crevant, La Tour-Gazot, du Gay, etc., lieutenant-colonel au régiment de Cambrésis-infanterie, dédoublement de Flandre, chevalier de l'ordre royal et militaire de Saint-Louis, servit avec éclat dans l'expédition de Saint-Domingue et du golfe du Mexique, de 1775 à 1782. Il émigra et entra dans l'armée des Princes, puis dans le corps du duc de Laval-Montmorency, cocarde blanche, à la solde de l'Angleterre, revint en Europe et débarqua à Saint-Jean-de-Luz, bloqué par les Anglais, dans la nuit du 5 mars 1814, chargé par le duc de Blacas d'une mission importante de l'illustre famille des Bourbons, pour le duc d'Angoulême, qui avait lui-même débarqué à Saint-Jean-de-Luz. Il sut par son courage, sa fermeté, l'autorité qu'inspirait sa personne, sauver deux fois de la destruction et du pillage dont les menaçait une soldatesque ennemie, les communes d'Hastingues, dans le département des Landes, de Clamart et de Fontenay-aux-Roses, près Paris.

Descendant au treizième degré de Lancelot de Bigu,

précité, Jean de Bigu, vicomte de Chéry, épousa à Bayonne, le 17 octocre 1737, Rose de la Lande de Luc, dont il eut deux filles : Agnès Victoire, qui épousa M. du Vigau et prit le nom de sa mère; Françoise-Caroline qui, de son mariage contracté le 6 juillet 1824 avec Henri-Pierre de Capdepon, seigneur de Camptort, receveur particulier à Oloron, département des Basses-Pyrénées, décédé, a eu cinq enfants : Joseph-Henri-Edmond, mort sans alliance, le 19 juin 1850; Agnès-Victoire-Léonie, née le 20 avril 1838; Pierre-Henri-Arthur, qui suit; Hyacinthe-Henri-Gustave, officier de dragons, né le 20 janvier 1831; Pierre-Henri-Alfred, né le 25 mars 1837, qui épousa le 23 septembre 1863 Berthe-Marie-Nicolle de Casaunau, dont trois enfante : Henri-Pierre; Françoise-Marie-Caroline; Henriette-Nicole-Alice,

Pierre-Henri-Arthur de Capdepon de Camptort, né le 3 septembre 1827, chef de nom et d'armes, représentant et héritier féodal en nom et armes des Bigu de Chéry, a épousé le 25 avril 1858 Anne-Marie-Cécile de Casaunau, dont trois enfants : Pierre-Henri-Marie-Fernand; Marie-Thérèse-Françoise-Caroline-Elisabeth: Marie-Henriette-Nicole-Élisabeth.

CAPEL. *Toulouse.*

D'azur à une ancre d'or accompagnée en chef de trois branches de laurier de même, mouvantes de son anneau.

C'est encore à Toulouse que résident les trois représentants de la famille : Edmond, Victor et Xavier de Capel.

CAPLANE. *Landes.*

D'argent au pin de sinople accosté de deux lions grimpants de gueules; au chef d'azur chargé d'un croissant d'argent posé entre deux étoiles d'or.

Le baron de Caplane, unique représentant du nom, est adjoint au maire à Pimbo, dont il ajoute le nom au sien.

CAPRIOL DE PÉCHASSANT. *France.*

Parti : au 1 d'azur à une chaine d'or en pal ; au 2 d'argent à une mouche d'or en pal.

Le colonel d'infanterie Capriol de Péchassant, commandeur de la Légion d'honneur, est l'unique représentant de cette famille.

CARADEUC. *Bretagne.*

D'argent à la fasce de gueules, chargée d'une molette d'or et accompagnée de trois croissants du second.

Ancienne famille encore représentée en Bretagne par de Caradeuc, à Rennes, et de Caradeuc de la Chalotais, au château de la Motte, par Vitré, département d'Ille-et-Vilaine.

CARAFA. *Italie.*

De gueules à trois fasces d'argent.

Les deux représentants du nom sont : de Caraffa, procureur de la République à Calvi, Corse, et Caraffa de Colobrano, officier de la Légion d'honneur, membre de l'Institut, à Paris.

CARBON. *Hainaut, Artois, Cambrésis.*

Hainaut. De gueules à la fasce d'or, chargée de trois étoiles de sable et accompagnée de trois fleurs de lis du second.

Artois. D'azur à la bande d'or chargée d'une molette de gueules.

Cahbrésis. D'or, à trois tours au naturel.

Ces trois familles, de même souche, n'ont plus qu'un unique représentant : de Carbon, receveur des hospices à Clermont-Ferrand.

CARBONEL. *Languedoc.*

D'azur à trois chevrons d'or; au chef cousu de gueules, chargé de trois caoissants d'argent, entre deux étoiles du second.

Dispersée aujourd'hui, cette famille a trois représentants : de Carbonel, officier de la Légion d'honneur, officier supérieur d'infanterie; de Carbonel, chevalier de la Légion d'honneur, à Toulouse ; de Carbonel, au château de Saint-Bernard, à Baignes-Sainte-Radegonde, département de la Charente.

CARBONNEL. *Normandie, Auvergne, Picardie, Artois.*

Normandie. Coupé de gueules sur azur, à trois besants d'argent, chargés chacun d'une mouche d'hermine de sable.

Auvergne. De gueules à trois panaches d'or.

Picardie, Artois (armes anciennes). D'azur à trois coquilles, d'or. — D'argent à trois coquilles de gueules. — (Armes modernes). D'azur au chevron d'or, accompagné de trois coquilles de même.

Il existe plusieurs familles du nom de Carbonnel.

A la première appartiennent le marquis de Carbonnel de Canisy, au château de Luzerne d'Outre-Mer, par la Haye-Pesnel, département de la Manche, et le comte de Carbonel de Canisy, au château de Palluelle, par Saint-James, même département.

La seconde est représentée par de Carbonnel, chevalier de la Légion d'honneur, à Hyères.

La troisième a pour représentants le comte et le vicomte de Carbonnel d'Hierville.

CARBONNIER. *Artois, Cambrésis, Flandre française.*

Artois. D'argent à quatre chevrons de sable.

Cambrésis. D'argent à trois tourteaux de sable ; au bâton de gueules péri en bande, brochant sur le tout.

Flandre française. De sable au sautoir d'or cantonné en chef d'une étoile et en pointe d'un croissant, aussi d'or.

De ces différentes familles il ne reste plus qu'un seul représentant : de Carbonnier, au château de Champs, par Leurey, département de l'Eure.

CARBONNIER DE MARZAC. *Agenais, Périgord.*

De gueules à la croix patriarcale d'argent accompagnée en chef de deux croissants de même, et en pointe de deux étoiles à six rais d'or. Couronne : de marquis.

La famille de Carbonnier est fort ancienne. Ses armes et ses titres prouvent que plusieurs de ses membres prirent part aux croisades. Les Carbonnier combattirent toujours avec et pour le roi. (Lettres royales autographes).

Originaire du Poitou, la maison de Carbonnier vit, en l'an 1200, une de ses branches s'établir en Agenais et en Périgord, où elle compte de grandes seigneuries, plusieurs châteaux et des fiefs importants.

C'est en Périgord qu'un seigneur de Roffignac, marquis de Marzac, se voyant sans enfants et ne voulant point que son nom s'éteignit avec lui, adopta son parent, un des fils de la famille de Carbonnier. Il le substitua à son nom, à ses armes, à ses titres, à ses biens. C'est depuis cette époque que les Carbonnier sont en possession du nom et du titre de marquis de Marzac, ajouté à leur nom patronymique, et qu'ils portent dans leurs armes les deux étoiles d'or en pointe, qui sont de Marzac.

Leur nom figure dans tous les rôles des bans et arrière-bans de la sénéchaussée du Périgord. L'abbé Andierne, dans son remarquable ouvrage [1], s'exprime ainsi : « Le Périgord a possédé dans tous les temps beaucoup d'excellente noblesse. Plus de soixante familles florissaient dans cette province sous le règne de saint Louis. Les plus connues sont celles-ci.... de Carbonnier. »

La Roque et Barthélemy, dans leur *Catalogue des gentilshommes en 1789, sénéchaussée de Périgueux; Procès-verbal de l'assemblée générale des trois ordres de la sénéchaussée de Périgueux, concernant les bailliages secondaires de Bergerac et de Sarlat, du 16 mars 1789*, font plusieurs citations des membres de cette famille, marquis de Carbonnier, baron de Carbonnier, marquis de Marzac. Deux des leurs, le comte de Tursac et le chevalier de Carbonnier, furent pages de la reine, à Versailles.

Dans le passé, les alliances de cette famille ont été contractées avec les Gontaud-Saint-Geniez, les Chaunac de Lanzac, les Gironde, les Alfieri, les Châlons, les La Baume-Forçat, les Fumel, etc.

O'Gilvy, *Nobiliaire de Guyenne et Gascogne*, tome Ier, page 38, parlant du mariage de Marie-Thérèse de Fumel avec Pierre-François de Carbonnier, fils de Philibert et de Lucrèce de la Baume-Forçat, le qualifie des titres de seigneur de la Mothe et d'Authe.

Alain de Carbonnier, qui épousa Marguerite de Gontaut-Saint-Géniez, en eut un fils, Charles de Carbonnier,

---

1. *Ban et arrière-ban de la sénéchaussée de Périgord*, par l'abbé Andierne, 1557

chevalier, baron de la Capelle-Biron, chevalier des ordres du roi, qui épousa autre Marie de Fumel.

Le marquis de Carbonnier de Marzac, aïeul du chef actuel de la famille, épousa la petite-fille du célèbre amiral Jean-Bart. Le grand-oncle du chef fut colonel du régiment de la reine, puis général à l'armée de Condé, grand'croix de l'ordre royal et militaire de Saint-Louis.

Dans le présent, Guy de Carbonnier de Marzac a épousé Élisa de Beaumont, de l'illustre famille de ce nom; Marguerite de Marzac, fille unique du marquis Paul de Marzac, aîné de la famille, décédé, et de Mathilde de Pons de Rennepont, d'une très-noble et très-antique race, a épousé le comte Henri de Fleurieu, descendant du ministre de la marine sous Louis XVI; Madeleine de Carbonnier de Marzac, fille du chef actuel, a épousé Henri du Périer de Larsan, descendant des anciens ducs de Bretagne.

La famille a cinq représentants : Louis de Carbonnier, marquis de Marzac, chevalier de la Légion d'honneur, membre de l'Assemblée nationale, chef de nom et d'armes, au château de Puymartin, par Sarlat, département de la Dordogne; son fils, Marc de Carbonnier de Marzac, à Castillonnès, Lot-et-Garonne ; son frère, Guy de Carbonnier, comte de Marzac, à Saint-Cyprien, même département, qui a un fils, Fernand de Carbonnier de Marzac, officier d'infanterie; son neveu, Yvon de Carbonnier, à Sainte-Livrade, même département.

CARBONNIÈRE. *Périgord.*

D'argent à trois bandes d'azur, accompagnées de huit charbons de sable ardents de gueules, posés entre les bandes 1, 3, 3, 1.

Cette famille, divisée en trois branches, a pour chef, de nom et d'armes, le marquis Adolphe de Carbonnière, à Paris. La seconde branche est représentée par le comte Gustave de Carbonnière, cousin du chef, et la troisième par trois frères, cousins des précédents : Christophe, Emmanuel et Hugues de Carbonnière.

CARDAILLAC. *Quercy, Auvergne.*

QUERCY. D'or à l'épée de gueules garnie d'or, accostée de deux grenades de guerre de sable, allumées de gueules; à la bande d'azur brochante sur le tout, chargée de trois étoiles d'argent, et à la champagne de gueules.

AUVERGNE. De gueules au lion d'argent armé, lampassé, couronné d'or, surmonté d'un lambel de même et accompagné de treize besants du second, rangés en orle. — De gueules au lion d'argent armé, lampassé, couronné d'or; à treize besants d'argent rangés en orle.

Cette belle famille a quatre représentants : le marquis de Cardaillac, au château de Latraine, par Souillac, département du Lot; le comte Etienne de Cardaillac, chevalier de la Légion d'honneur, à Paris; le vicomte de Cardaillac, à Paris; de Cardaillac, architecte, conservateur des marbres du gouvernement, à Paris.

CARDEILHAC. *France.*

D'azur à une tige de trois chardons d'or, feuillés de sinople.

Cette famille a deux représentants : de Cardeilhac, médecin, et de Cardeilhac, avocat, à Paris.

CARDEVAL D'HAVRICOURT. *Flandre française.*

D'hermine au chef de sable.

Le marquis Alphonse de Cardeval d'Havricourt, officier de la Légion d'honneur, chambellan sous l'empire et député du Nord, réside à Paris. Il a un fils, Aimery de Cardeval d'Havricourt.

CARDON. *France, Lyonnais.*

FRANCE. De gueules au chevron d'argent, accompagné de trois chardons d'or. — D'azur à la fasce d'or, accompagnée de six quintefeuilles d'argent. — Ecartelé d'argent et de gueules.

LYONNAIS. D'or à trois chevrons de sinople, fleuris de gueules. — D'azur à trois chardons d'or posés 2 et 1.

Les quatre représentants du nom sont disséminés en France, savoir : Anatole Cardon de Carsignies, au château de Ligny, à Haubourdin, département du Nord ; Cardon de la Place, commandeur de la Légion d'honneur, à Angerville, département de l'Eure ; Cardon de Montigny, à Paris ; le baron Cardon de Sandrans, chevalier de la Légion d'honneur, à Paris.

CARDONNE. *Ile-de-France.*

Écartelé : aux 1 et 4 d'azur à la tour d'argent ; aux 2 et 3 d'argent au levrier rampant de gueules, accompagné de trois tourteaux de même ; au lambel de cinq pendants du second en chef.

L'unique représentant du nom, de Cardonne, réside à Versailles.

CARDONNEL. *Languedoc.*

D'or à trois chardonnets d'azur, tigés et feuillés de sinople, posés 2 et 1.

Jean Cardonnel, descendant de Pierre Cardonnel, lieutenant et vicomte de Pont-Authou et de Pont-Audemer, demeurant à Gardonnenques, fit enregistrer ses armes à *l'Armorial général officiel* en vertu de l'édit du roi du 20 novembre 1696, registre de la généralité de Montpellier, signé d'Hozier, juge d'armes de France.

Cette famille est très-ancienne. Elle le prouve par des titres qui existent en original dans les archives de son chef. En 1498, Pierre Cardonnel, lieutenant de la vicomté de Pont-Authou et de Pont-Aude-mer, rendit en vertu de sa charge une sentence arbitrale. Un autre titre authentique de l'an 1568, de Philippe de Lévis, maréchal de la Foy, seigneur et baron de Mirepoix, maréchal de Carcassonne et de Béziers, concerne également un représentant du nom de Cardonnel.

La descendance de Jean Cardonnel s'est divisée en deux branches. L'une établie à Albi, l'autre à Villefranche de Rouergue. La branche d'Albi a donné un capitoul à la ville de Toulouse et s'est éteinte vers 1840.

La branche fixée à Villefranche de Rouergue a donné un procureur du roi à Villefranche avant 1789, inscrit avec son cousin précité au nombre des illustres au Capitole de Toulouse. Il avait un frère cadet, lieutenant criminel à Villefranche de Rouergue, et cette branche est représentée par des descendants en ligne directe et masculine.

CARGUET. *Bretagne.*

D'argent à trois fleurs de lis de gueules.

Cette famille a trois représentants : de Carguet, au château de Kerribot, par Guingamp, département des Côtes-du-Nord ; de Karguet à la Merlatière et de Carguet, au château de la Noue, par les Essarts, département de la Vendée.

CARHEIL. *Bretagne.*

D'argent à deux corneilles essorées ou volantes de sable, membrées et becquées d'or, et une molette d'éperon de sable en pointe.

Les Carheil, seigneurs dudit lieu, ont habité le château de Carheil, à Plessé, département de la Loire-Inférieure, depuis Macé de Carheil, qui vivait en 1430, jusqu'à Michel de Carheil, dont la fille unique, Marie, épousa, en 1619, Jérôme du Cambon, seigneur de Becai. La branche aînée passa alors à Julien de Carheil, seigneur de la Guichardaye, dont la descendance est représentée aujourd'hui par Victor de Carheil, au château de la Guichardière, commune de Carantoir, département du Morbihan, et au château de Catenay, à Sucé, par Nantes.

CARIEUL (Le Mercier du). *Artois.*

D'argent, à une bande alésée de gueules accompagnée en chef de deux étoiles et en pointe d'une étoile de même, Supports : deux aigles. Couronne : de marquis.

Cette famille n'a qu'un seul représentant du nom : Le Mercier, marquis du Carieul, chevalier de Saint-Louis, de la Légion d'honneur et de Saint-Ferdinand d'Espagne. Il a sa résidence d'été à son château de Pin, arrondissement de Marnay, département de la Haute-Saône, et sa résidence d'hiver à Besançon.

CARION DE NISAS. *Languedoc, Anjou.*

Parti d'un trait, coupé de deux autres, qui fait six quartiers : au 1 d'azur à la croix d'or; au 2 de gueules à l'épée d'argent; au 3 d'azur à trois tours d'argent ouvertes, ajourées, maçonnées de sable; au 4 d'azur à la bande d'or senestrée d'un lion de même; au 5 d'azur à la comète d'or; au 6 d'azur à la tour d'argent ouverte, ajourée et maçonnée de sable; au chef cousu de gueules, chargé de trois casques de profil d'argent. Sur le tout, de carion, qui est à la tour d'argent, donjonnée de trois tourelles de même, ouvertes, ajourées et maçonnées de sable.

L'unique représentant du nom, Carion de Nisas, réside à Paulin, par Alban, département du Tarn.

CARLES. *Dauphiné.*

Ecartelé d'argent et de sable.

Cette famille a deux représentants : le comte de Carles, au château de Moncy, par Castillon, département de la Gironde ; de Carles, à Bordeaux.

CARLIER DE KYVON. *Cambrésis, Artois, Flandre française.*

Cambrésis. D'azur à trois cuirasses d'argent. — D'azur à trois chevrons alésés d'argent. — D'or semé de billettes d'azur ; au lion de même brochant sur le tout.

Artois. D'or au lion de sable.

Frandre française. D'azur au chevron d'or accompagné de trois maillets d'argent.

L'unique représentant du nom est attaché à l'administration des lignes télégraphiques.

CARMANTRAND DE LA ROUSSILLE. *Auvergne.*

De gueules à la fasce d'or accompagnée de trois besants de même.

Cette famille a trois représentants : de Carmantrand de la Roussille, procureur au tribunal, à Brioude ; de Carmantrand de la Roussille, substitut, à Yssengeaux, département de la Haute-Loire ; de Carmantrand de la Roussille, notaire, à Thiers, département du Puy-de-Dôme.

CARME DE LA BRUGUIÈRE. *Provence.*

D'azur à la tour sommée, d'une colombe de même, tenant en son bec un rameau d'olivier de sinople.

L'unique représentant du nom, Carme de la Bruguière, est membre du conseil général à Uzès, département du Gard.

CARMEJANE-PIERREDON. *Comtat Venaissin, Provence.*

Écartelé : au 1, palé d'argent et d'azur de six pièces, au chef d'or (qui est de Vesc); au 2, de gueules à l'épée haute d'argent posée en pal (qui est des barons militaires); au 3, de gueules au lion d'argent tenant une grenade de sable allumée d'argent (qui est de l'artillerie); au 4, d'or à la bande d'azur chargée de trois étoiles d'argent (qui est d'Antoine de Pierredon) : sur le tout : d'or au chevron de gueules accompagné de trois flammes de même, au chef d'azur chargé de trois étoiles d'argent (qui est de Carmejane ancien).

Devise : *Deus, Patres, Patria.* Et encore : *Pas une ne m'arreste* (qui est de Vesc). — Dicton : *Fier et Discret.* — Cri : *Nostre-Dame Pierredon.* Casque et couronne : de baron, avec toque de velours noir retroussée de contre-vair, ornée d'un porte-aigrette d'argent surmonté de trois plumes, accompagnée de deux lambrequins d'argent. — Supports : deux lions.

Barons, chevaliers, écuyers, seigneurs du Claux-de-Ménerbes, la Gaultière, Pilache, Bausset, Paulet, Saint-Montan, Pierredon, Villargèle, La Calade, Saint-Joseph-de-la-Barthelasse, Lagremuse, l'Estagnol, Vesc, Béconne, etc.

La maison de Carmejane, anciennement originaire de la province de Guyenne et Gascogne, vint, à la suite des guerres civiles qui désolèrent cette province, et à la fin du quinzième siècle, s'établir à Ménerbes, au comté Venaissin, sous le gouvernement paternel des papes. Ces guerres successives, qui dévastèrent la Guyenne et la

Gascogne et détruisirent, avec les anciens titres des familles, les archives des villes et des notaires, au point que ces archives ne remontent plus au delà du dix-septième siècle pour la ville de Fumel, où habitait la famille de Carmejane, ne permettent pas d'établir sa filiation suivie avant le temps où elle vint se fixer au comté Venaissin. Mais ses nombreux titres l'établissent, depuis cette époque, d'une manière complète et non interrompue.

Elle a formé trois branches principales : 1° la branche de *Saint-Montan*, établie à Avignon au commencement du dix-septième siècle, et qui s'est éteinte en l'année 1745; 2° la branche de *Pierredon*, qui continua à habiter Menerbes et Avignon, fut substituée à la première et est aujourd'hui la branche aînée; 3° la branche de *Villargèle*, détachée de la précédente depuis l'année 1817 et fixée à Carpentras.

Outre les positions honorables qu'elle a occupées, depuis trois siècles, au consulat d'Avignon, dans le clergé, dans les ordres religieux et dans la robe, cette maison a donné aux armées nombre d'officiers distingués, un maréchal de camp, un officier et un chevalier de la Légion d'honneur, un chevalier de la Couronne de fer et quatre chevaliers de Saint-Louis, formant entre eux une suite non interrompue d'un siècle et demi de cette illustre chevalerie.

Elle a contracté ses alliances directes dans les maisons nobles : de Blado, des Laurents (Laurentii), de Fourneyron, de Belli de Roaix, de Laurens de Valence, de Bouchard, de Mérindol de Vaux, de Folard, de Savournin, de Malachier, de Serpillon du Roure, d'Antoine de Pierredon, Trono de Bouchony, Imbert de Ferre, de Revel de Vesc, de Blacas-Carros, d'Anselme-Venasque.

Et par là elle en a contracté en ascendances dans les maisons : de Nantes de Pierredon, de Pontevès, de Capizuchi-Bologne, de Grimaldi, de Lyonne, de Sassenage, d'Alleman d'Uriage, de Leusse, de la Baume-Pluvinel, d'Urre, des Isnards, de Stuard ou d'Astuard, de Brassier de Jocas, de Seguins, de Cambis, de Fogasse, de Berton-Crillon, de Seytres-Caumont, de la Baume-Suze, de Suffren-Saint-Tropez, de Goësbriand, de Chatillon, de Castellane, de Forbin-Janson, d'Agoult, de Simiane, d'Albon-Saint-Forgeux, de Lacroix-Chevrières, de Montaynard, de Grolée-Meuillon, de Lévis-Ventadour, de Saluces, des Baux, de Foresta, de Demandolx, de Blacas-d'Aups, de Massip de Bouillargnes, de Chaternet, de Vachères, d'Inguimbert, etc... qui tiennent le premier rang en Dauphiné, au Comtat Venaissin et en Provence.

I. N... Calméjane ou Carméjane est connu à Ménerbes, ainsi que le rapporte Artefeuil en son *Histoire héroïque et universelle de la noblesse de Provence*, à la fin du quinzième siècle et au commencement du seizième, lors de la reconstruction de l'église paroissiale de cette ville, où il habitait. Il obtint, avec son fils, la concession du privilége de faire construire à ses frais, dans cette église, une chapelle sous le titre du Saint-Sépulcre, privilége qui ne fut accordé, comme il conste, qu'à des familles nobles : d'un côté de l'église étaient les chapelles des maisons de Barailler, de Grignan, de Constance, et de l'autre celles des curés, des magistrats et celle ci-dessus nommée dans laquelle est le tombeau où il fut inhumé et où reposent les chefs de la famille, de génération en génération, jusqu'à la fin du siècle dernier. Ses descendants ont augmenté les fondations pieuses de cette chapelle et l'ont mise sous l'invocation de saint Charles. Il possédait, en outre, un corps de plus de cent directes dans Menerbes, dont il reçut l'aveu et le dénombrement de ses emphythéotes. Il eut pour fils Jehan, qui suit, II.

II. Jehan, 1er du nom, de Carmejane, sieur du Claux-de Menerbes, fut reçu citoyen d'Avignon, quoiqu'il eût longtemps habité Menerbes, où il possédait des domaines et les directes mentionnées ci-dessus, dont il reçut l'aveu, dénombrement et reconnaissance de ses emphytéotes, aux années 1514, 1515 et 1521. On le voit par un vieux titre en parchemin, donnant investiture de possession à deux habitants de Menerbes, Michel Tempier et Jean Robert, le 22 octobre 1523, pardevant maître Barthélemy Inguimberty, notaire de Menerbes, comme mandataire du prieuré de Saint-Étienne qui était l'église paroissiale. Il s'allia, en 1515, avec demoiselle Andrinette de Blado [1], d'une ancienne famille éteinte du lieu de Mazan, au diocèse de Carpentras. Il fit son testament à Menerbes, le 8 août 1551, devant maître Guillaume Laurency, notaire d'Avignon : on y voit qu'il était originaire de Fumel, au diocèse d'Agen, comme son père, *Oriundus loci de Fumel Agenensis diœcesis*, et qu'il avait contribué à la construction et fondation de la chapelle et du tombeau de famille où il voulut être inhumé. Ses enfants, qu'il nomme dans son testament, furent :

A. Jehan, qui suit, III.

B. Anne de Carmejane, déjà mariée, le 8 août 1551, avec Antoine d'Autran [2], secrétaire de N. S. P. le Pape à la cour temporelle de Saint-Pierre d'Avignon. Cette alliance est rappelée dans l'*Essai sur la noblesse du comté Venaissin*, par Rivettes, article Autran.

1. Blado. — D'azur à la gerbe de blé d'or.
2. Autran. — D'or à trois fasces de sable.

III. Jehan, IIe du nom, de Carmejane, sieur du Claux-de-Menerbes, et des domaines et directes légués par son père, épousa à Menerbes, par contrat du 3 avril 1552, devant maître Pelegrin Tonduti, notaire d'Avignon, demoiselle Eustache Laurentii (ou des Laurents)[1], fille de Guillaume et de Peirone de Colin[2]. Elle testa le 1er mars 1597, devant maître Barthélemy Ferre, notaire de Menerbes, voulant être inhumée dans le tombeau de famille où avait déjà été inhumé son mari, et mourut à Menerbes, le 15 août 1605. Elle nomme dans son testament ses enfants, savoir :

A. Jehan III de Carmejane, secrétaire de N. S. P. le Pape à la cour temporelle de Saint-Pierre d'Avignon, était mort lors du testament de sa mère et avait laissé une fille, Marguerite de Carmejane, qui fut mariée à sire Jacques Savin, d'où Isabeau de Savin, mariée à Jean de Montgoguiou.

B. Gilles, qui suit, IV.

C. François de Carmejane, qualifié *Messire*, ecclésiastique. L'an 1613, devant maître Richard, notaire d'Avignon, il reçut de son frère Gilles le reste de ses droits paternels et maternels.

D. Jacques de Carmejane. L'an 1609, devant le même notaire, il reçut aussi de Gilles le reste de ses droits.

E. Elzéar de Carmejane, qualifié *Dominus*, *Seigneur*, *Monsieur*. Sa mère lui légua dans son testament la jouissance de sa maison de Menerbes, et il reçut également, l'an 1609, le payement du reste de ses droits paternels et maternels. Il épousa, à Menerbes, demoiselle

---

1. Laurentii ou des Laurents. — D'or à deux palmes de sinople adossées et posées en pal.
2. Colin. — D'or à la bande de gueules chargée de trois haches d'armes d'argent.

Claude Carbonel[1], dont il eut sept enfants, savoir :

a. Catherine de Carmejane, née à Menerbes, le 24 août 1603, morte à Avignon, le 12 mars 1644.

b. Jeanne de Carmejane, née à Menerbes, le 27 novembre 1605.

c. Lambert de Carmejane, né à Menerbes, le 7 août 1608.

d. Isabeau de Carmejane, née à Menerbes, le 23 juin 1610, morte à Menerbes, le 20 janvier 1686, épousa sieur Étienne Baudouin.

e. Andrinette de Carmejane, née à Menerbes, le 7 janvier 1613, morte à Menerbes, le 16 septembre 1683, veuve de sieur Pierre Pitot, dont postérité.

f. Marguerite de Carmejane, confirmée à Menerbes, le 19 février 1625, morte à Avignon, le 6 octobre 1648.

g. Honoré de Carmejane, né à Menerbes, le 5 mars 1618.

F. Jean-Anthoine de Carmejane, mort à Avignon, le 4 décembre 1641, et inhumé en l'église paroissiale de Saint-Symphorien, avait épousé, à Avignon, demoiselle Magdeleine de Leyrolle, dont il eut six enfants, savoir :

a. Claude de Carmejane, né à Avignon, le 1er août 1620, vivant encore en 1669, marié à Avignon, le 26 juillet 1646, à demoiselle Catherine Galabin, morte à Avignon, le 3 juillet 1698, dont il eut dix enfants, savoir :

1. Gabriel de Carmejane, mort enfant à Avignon, le 18 septembre 1649.

2. Jean de Carmejane, né à Avignon, le 9 juillet 1651.

3. Martin de Carmejane, né à Avignon, le 27 août 1654.

---

1. **Carbonel.** — De gueules à trois tours carrées d'argent, maçonnées de sable.

4. Pierre de Carmejane, né à Avignon, le 15 février 1656, mort à Avignon, le 22 octobre 1665.

5. Jean-Élias de Carmejane, né à Avignon, le 26 décembre 1658, mort à Avignon, le 2 juillet 1663.

6. Louise de Carmejane, née à Avignon, le 8 septembre 1661, morte à Avignon, le 28 octobre de la même année.

7. Nicolas de Carmejane, mort à Avignon, le 14 octobre 1677, et inhumé, comme ses frères, au tombeau de sa famille, en l'église paroissiale de Saint-Genest.

8. Esprit de Carmejane, né à Avignon, le 3 octobre 1666.

9. Catherine de Carmejane, mariée à Avignon, le 26 décembre 1694, à sieur Pierre Volan.

10. Claire de Carmejane, mariée à Avignon, le 15 mai 1695, à sieur Joseph Volan, dont postérité.

b. François de Carmejane, né à Avignon, le 9 juillet 1622, mort à Avignon, le 27 septembre 1653.

c. Gilles de Carmejane, né à Avignon, le 15 février 1625.

d. Hélène de Carmejane, épousa, à Avignon, le 6 janvier 1647, sieur Laurent Condamin, dont postérité.

e. Magdeleine de Carmejane, morte à Avignon, le 22 février 1679, épousa sieur N. Sourdon.

f. Françoise de Carmejane, marraine de son neveu Jean-Antoine Condamin, à Avignon, le 6 juillet 1649.

G. Marguerite de Carmejane, morte avant le 1ᵉʳ mars 1597; elle avait épousé sire Jasquet Vinay, dont plusieurs enfants.

H. Andrinette de Carmejane, mariée à sire Jehan Malachier, connu à Menerbes pendant les guerres religieuses du dix-huitième siècle, où il se distingua parmi les catholiques.

I. Léonette de Carmejane, mariée à sire Honorat Monier, d'Oppède.

IV. Gilles, Ier du nom, de Carmejane, qualifié *Egregius vir Dominus, illustre seigneur, Monsieur*, sieur du Claux-de-Menerbes, la Gaultière, etc., fut héritier universel de sa mère; citoyen d'Avignon, il fut trois fois consul de cette ville du rang des citramontains, de 1598 à 1611. Il augmenta, par acte du 26 mai 1609, devant maître Benoît Michaëlis, notaire de Menerbes, la dotation de la chapelle fondée par ses aïeux où « sont gisants et ensevelis ses aïeul, bisaïeul, père, mère et autres siens parents » qu'il nomme, pour faire prier Dieu pour leur âme. Il épousa, à Avignon : 1° Sibile de Fourneyron, morte le 4 novembre 1607, fille d'Esprit et de Jeanne de Sade [1]; et 2° Marguerite de Beau (ou Belli) [2], fille de Jean, des seigneurs de Roaïx (dont la maison s'est éteinte dans celles de Suarès d'Aulan, de Javon-Baroncelli, de Raffélis-Soissans, et de Vesc), et de Antoinette de Crozet [3], par contrat du 9 février 1608, devant maître Simon Silvestre, notaire d'Avignon; elle mourut le 5 octobre 1648. Il fit son testament, le 30 octobre 1629, devant maître Jean Richard, notaire d'Avignon, voulant être inhumé en la chapelle Saint-Ambroise, devant Notre-Dame de Champfleuri, en l'église collégiale de Notre-Dame la Principale d'Avignon, où était le tombeau de sa famille, et mourut le 22 septembre 1637.

Il eut du premier lit huit enfants, savoir :

---

1. Sade. — De gueules à l'étoile à huit rais d'or, chargée d'une aigle éployée de sable becquée, onglée et diadémée de gueules.
2. Belli ou Beau. — D'azur à sept barbeaux d'or, quatre en chef adossés et trois en pointe posés en pal.
3. Crozet. — D'azur à la bande d'or accostée de deux molettes de même, au chef d'argent chargé d'une croix tréflée d'azur.

A. Eustache de Carmejane, née à Avignon, le 7 octobre 1590.

B. Hélène de Carmejane, née à Avignon, le 3 février 1593.

C. Françoise de Carmejane, morte à Avignon, le 14 février 1643, mariée à sire Jehan Morgier, citoyen d'Avignon, fils de Jehan et de dame Claude de Linsolas, par contrat du 6 décembre 1616, devant maître Michel Linsolas, notaire d'Avignon, d'où une fille, Diane de Morgier.

D. Gilles, qui suit et a fait la branche de Saint-Montan.

E. N. de Carmejane, mort enfant à Avignon, en 1605.

F. Catherine de Carmejane, morte aussi à Avignon, en 1605.

G. Blanche de Carmejane, né à Avignon, le 15 janvier 1605.

H. François de Carmejane, né à Avignon, du 13 au 24 janvier 1607, mort enfant à Avignon.

Il eut du second lit dix enfants, savoir :

I. Jean de Carmejane, né à Avignon, le 11 février 1609.

J. François de Carmejane (autre), né à Avignon en 1610, mort à Avignon, le 7 février de la même année.

K. Jean-Paul de Carmejane, né à Avignon, le 3 février 1611.

L. Melchior de Carmejane, né à Avignon, le 11 mars 1612, mort à Cannes en revenant de Rome, le 17 février 1637.

M. Argentine de Carmejane, née à Avignon, le 11 février 1613, mariée, le 28 février 1637, par contrat devant maître Esprit Appays, notaire d'Avignon, à sieur

Jean Boulier, *alias* Bazin, citoyen d'Avignon, d'où une fille, Marguerite de Bazin. Elle mourut le 19 mars 1683, et son mari le 9 mars 1659.

N. Benoît de Carmejane, né à Avignon, le 4 mars 1615, mort à Avignon, le 7 novembre 1636.

O. Simon, qui a continué la postérité et fait la branche de Pierredon.

P. Françoise de Carmejane (autre), née à Avignon, le 1er avril 1620.

Q. Clémence de Carmejane, née à Avignon, le 9 janvier 1622, morte à Avignon la même année.

R. Agricol de Carmejane, né à Avignon, le 25 février 1624, mort à Avignon la même année.

BRANCHE DE SAINT-MONTAN, A AVIGNON, ÉTEINTE

V. Gilles, IIe du nom, de Carmejane, qualifié *Dominus, Seigneur, Monsieur,* sieur de Saint-Montan, citoyen d'Avignon, né vers 1603, épousa, le 31 janvier 1624, par contrat passé le 12 février suivant, devant maître François de Landes, notaire d'Avignon, demoiselle Isabeau de Laurens de Valence, fille de sieur Nicolas et de dame Marguerite de Borelly. Il testa le 30 janvier 1648 et le 27 août 1653, devant maître Esprit Appays, notaire d'Avignon, élisant sa sépulture dans le tombeau de ses prédécesseurs, en l'église de Notre-Dame la Principale, et mourut quinquagénaire, à Avignon, le 29 août 1653. Sa veuve testa le 9 juillet 1677, devant maître Étienne-Joseph Favier, notaire d'Avignon.

Ils eurent huit enfants, savoir :

A. Marguerite de Carmejane, née à Avignon, le 12 novembre 1624, morte à Avignon, le 10 avril 1633.

B. Isabeau de Carmejane, née à Avignon, le 3 août 1626, morte à Avignon, le 22 mars 1627.

C. Henri de Carmejane, né à Avignon, le 1er janvier 1628, mort à Avignon, le 2 octobre 1636.

D. Gilles, qui suit.

E. Anne de Carmejane, née à Avignon, le 1er septembre 1632, morte à Avignon, le 13 août 1650.

F. Françoise de Carmejane, née à Avignon, le 27 novembre 1634, morte à Avignon, le 3 mars 1635.

G. Isabeau de Carmejane (autre), née à Avignon, le 22 avril 1640, morte à Avignon, le 28 décembre 1660.

H. Jean-François de Carmejane, escuyer d'Avignon, qualifié *noble,* né à Avignon, le 2 avril 1645, épousa, par contrat du 10 mars 1683, devant maître Étienne-Joseph Favier, notaire d'Avignon, demoiselle Catherine de Mérindol de Vaux, veuve de sieur Michel Fléchier (belle-sœur de l'illustre orateur chrétien, Esprit Fléchier, évêque de Nîmes), et fille de noble Achille de Mérindol de Vaux [1] (d'une ancienne maison du Dauphiné) et de dame Catherine de Vernet. Il testa le 13 septembre 1721, devant maître Honoré-Joseph Vinay, notaire d'Avignon, et mourut sans postérité à Avignon, le 26 novembre 1724.

VI. Gilles, IIIe du nom, de Carmejane, sieur de Saint-Montan, citoyen d'Avignon, qualifié en ses actes *noble et illustre personne,* naquit à Avignon, le 24 mai 1630. Il fut reçu docteur ès droits, en la célèbre université d'Avignon, le 9 novembre 1649, et fut élu assesseur au consulat de cette ville aux années 1676, 1692, 1698 et 1705. Il épousa, par contrat passé devant maître Esprit Appays, notaire d'Avignon, le 31 août 1658, demoiselle

---

1. Mérindol de Vaux. — D'azur à l'arondelle (hirondelle) d'argent posée en bande.

Jeanne de Bouchard, fille de noble et égrège personne Henry de Bouchard, docteur ès droits, et de dame Anne de Folard [1]. Il fit son testament olographe le 9 septembre 1705, enregistré par maître Claude Vinay, notaire d'Avignon, le 26 avril 1709, et mourut le 23 mars 1709. Sa veuve testa le 21 février 1709, devant le même notaire, et mourut le 14 septembre 1710.

Ils eurent quatorze enfants, savoir :

A. Jeanne-Élisabeth de Carmejane, née à Avignon, le 25 octobre 1658, religieuse professe au monastère de Sainte-Praxède d'Avignon.

B. Anne de Carmejane, née à Avignon, le 8 janvier 1662, morte à Avignon, le 1er septembre 1665.

C. Marie-Argentine de Carmejane, née à Avignon, le 24 février 1653, religieuse professe et prieure au monastère de l'Annonciade d'Avignon, en 1681. (En religion Marie-Rose).

D. Louis qui suit, VII.

F. Jean-Baptiste de Carmejane, né à Avignon, le 19 janvier 1665, mort à Avignon, le 10 mars 1668.

F. Marie-Anne de Carmejane, née à Avignon, le 18 juillet 1667, mariée à sieur Joseph Vivet [2], de Morières.

G. Jean-Baptiste de Carmejane (autre), né à Avignon, le 10 février 1670, mort à Avignon, le 28 avril 1677.

H. François de Carmejane, né à Avignon, le 1er février 1671, mort avant le testament de son père du 9 septembre 1705.

I. Jacques de Carmejane, qualifié *messire*, prêtre et chanoine de l'église collégiale de Saint-Geniès d'Avi-

---

1. Folard. — D'azur à la fasce d'or.
2. Vivet; — D'azur au sautoir cantonné de quatre croix potencées de même.

gnon, nommé recteur de la chapellenie de Saint-Pierre, dans l'église paroissiale de Mazan, au diocèse de Carpentras, le 29 novembre 1734. Né à Avignon, le 14 février 1672, il mourut à Avignon, le 4 mars 1744.

J. Jeanne de Carmejane, mariée le 22 août 1704 à noble Jacques de Rotta, docteur ès droits d'Avignon. Elle testa le 26 mars 1738, devant maitre Etienne-Jean Coulombet, notaire d'Avignon, et mourut à Avignon, le 21 mai 1743.

K. Jeanne-Rose de Carmejane, née à Avignon, le 15 juin 1676, morte à Avignon, le 23 mai 1752, et inhumée en l'église paroissiale de Saint-Agricol, au tombeau de la famille de Crozet, mariée à noble Joachim-Camille de Crozet [1], docteur ès droits d'Avignon, auditeur de Rotte.

L. Catherine de Carmejane, née à Avignon, le 26 novembre 1677.

M. François-Marie de Carmejane, né à Avignon, le 26 septembre 1680, mort à Avignon le jour suivant.

N. Marie-Agathe de Carmejane, née à Avignon, le 5 février 1682, morte à Avignon, le 19 août 1683.

VII. Louis, chevalier de Carmejane, sieur de Saint-Montan, qualifié *noble, messire*, né à Avignon, le 6 janvier 1664, fut reçu docteur ès droits, le 28 mai 1685; mais après l'étude et la pratique des lois, il voulut embrasser la carrière des armes, mû par l'exemple de Henri de Carmejane, aide-major du régiment de la Croix-Blanche, au service du roi de Piémont, et de Joseph de Carmejane, mort à Pignerol au service du roi de France, ses cousins paternels, et encore du célèbre chevalier de Folard, son cousin maternel. Il reçut, le

---

1. Crozet. — D'azur à la bande d'or accostée de deux molettes de même ; au chef d'argent chargée d'une croix tréflée d'azur.

3 novembre 1708, le brevet de lieutenant dans le régiment de cavalerie de Lille-Duvigier, devenu plus tard de Saint-Aignan. Il fut nommé chevalier de l'ordre royal et militaire de Saint-Louis en 1719, et pensionnaire du roi le 19 avril 1735. Il mourut sans alliance le 12 octobre 1735, et fut enseveli au tombeau de ses ancêtres, en l'église de Notre-Dame la Principale, après avoir fait son testament, le 10 octobre 1745, devant maître Estienne-Jean Coulombet, notaire d'Avignon, par lequel il laisse tous ses biens à son cousin François-Augustin de Carmejane, capitaine dans le régiment de la Roche-Aymon.

BRANCHE DE PIERREDON, A MENERBES ET AVIGNON

V. Simon de Carmejane, sieur du Claux-de-Menerbes, la Gaultière, Piédache, qualifié en ses actes *noble et égrége personne*, naquit à Avignon, le 29 octobre 1616, sixième fils de Gilles I et de Marguerite de Belli, et fut légataire des biens de Menerbes. Il fut reçu docteur ès droits (*in utroque jure*), le 26 octobre 1638, position alors fort considérée, comme l'atteste l'histoire de la ville et de l'université d'Avignon, et mourut à Menerbes, le 29 décembre 1694; il avait épousé, par contrat passé devant maître Félix d'Elbène, notaire d'Avignon, le 22 novembre 1642, demoiselle Françoise de Folard [1], morte à Menerbes, le 6 octobre 1694, fille de noble Nicolas et de dame Marguerite de Targuet (et tante du chevalier de Folard, mestre de camp d'infanterie, célèbre par sa nouvelle tactique et ses ouvrages militaires, surnommé le *Végèce français*).

1 Folard. — D'azur à la fasce d'or.

Ils eurent quatorze enfants, savoir :

A. Simon-François de Carmejane, qui suit, VI.

B. Gilles de Carmejane, né à Avignon, le 11 décembre 1644, mort à Avignon, le 29 juin 1645.

C. Jeanne de Carmejane, née à Avignon, le 14 janvier 1646, morte à Avignon, le 8 janvier 1671.

D. Jean-Joseph de Carmejane, né à Avignon, le 16 janvier 1648, mort à Avignon, le 26, même mois.

E. Anne de Carmejane, née à Avignon, le 4 janvier 1649, morte à Avignon, le 13 août 1650.

F. Henri de Carmejane, aide-major, par brevet du 21 janvier 1678, au régiment de la Croix-Blanche des gardes du roi de Sardaigne, où il fit ses preuves de noblesse suivant l'usage de ce corps. Né à Avignon, le 5 décembre 1649, il disposa de ses biens par acte du 19 décembre 1686, passé devant maître Joseph Michaëlis, notaire de Menerbes, en faveur de son frère François, et mourut à Menerbes, le 25 décembre 1686.

G. Marie de Carmejane, née à Avignon, le 20 novembre 1640, morte à Avignon, le 16 janvier 1654.

H. Argentine de Carmejane, née à Avignon, le 13 avril 1652, morte à Avignon, le 17 janvier 1654.

I. Angéline de Carmejane, née jumelle d'Argentine, morte à Avignon, le 10 janvier 1657.

J. Gabriel-Joseph-Marie de Carmejane, né à Avignon, le 22 mars 1653, mort en garnison à Pignerol, au service du roi de France, le 3 février 1672.

K. Antoine de Carmejane, né à Avignon, le 19 février 1654, mort à Menerbes, le 25 mars 1654.

L. Isabeau de Carmejane, née à Avignon, le 14 mars 1655, morte à Avignon, le 5 décembre 1656.

M. Nicolas de Carmejane, né à Avignon, le 2 mars 1656, mort à Avignon, le 26 mars 1673.

N. Arnoux-Ignace de Carmejane, né à Avignon, le 22 septembre 1657, mort âgé de deux mois environ à Menerbes.

VI. Simon-François de Carmejane, escuyer de Menerbes, qualifié *noble, messire*, né à Avignon, le 19 septembre 1643, fut député avec Alexandre-Justin d'Astier, baron de Monfaucon, major au régiment de Toulouse-infanterie, pour empêcher un détachement de volontaires du Dauphiné de forcer le dépôt du grenier à sel de Bonnieux, petite ville du comté Venaissin enclavée dans la Provence, ainsi qu'il est cité dans l'*Essai sur la noblesse du comté Venaissin*. Il épousa, le 23 janvier 1690, par contrat passé devant maître Joseph Blanqui notaire de Bonnieux, demoiselle Christine de Savournin [1], née le 17 février 1657, fille de Virgille de Savournin, escuyer de Lauris (chef de cette ancienne famille de Provence), et de Marie de Blanc [2], laquelle était petite fille de Jean d'Autran et de Victoire des Isnards, ce qui a renouvelé l'ancienne alliance des Autran, ci-dessus mentionnée, et a commencé l'alliance des Isnards plus directement reprise au dixième degré. Il fit son testament, le 18 novembre 1694, devant maître Joseph Michaëlis, notaire de Menerbes, et mourut en cette ville le 6 décembre 1694. Sa veuve mourut le 26 janvier 1742.

Ils eurent deux enfants, savoir :

A. François-Augustin, qui suit, VII.

B. Joseph-Louis de Carmejane, mort jeune.

VII. François-Augustin, 1er du nom, de Carmejane,

---

1. Savourniu. — Parti de deux : au 1, d'azur à trois cœurs appointés d'or ; au 2, d'azur au tronc, écoté d'or, accompagné d'une étoile d'or en chef et d'un croissant de même en pointe.

2. Blanc. — D'argent à l'arbre arraché de sinople, surmonté d'une colombe tenant au bec une branche d'olivier.

escuyer de Menerbes, sieur de Bausset, etc., qualifié en ses actes *noble, messire*, né à Menerbes, le 6 septembre 1691. Il fit une transaction le 18 mai 1718, par-devant maître Jean-Michel Tempier, notaire de Menerbes, avec son cousin Jean-Baptiste Legouge de Saint-Etienne (dont la maison s'éteint dans celle de Sade d'Eyguières), pour les droits leur revenant de leur tante Anne de Savournin. Il épousa, le 18 août 1716, par contrat passé devant ledit notaire à Menerbes, demoiselle Anne-Thérèse de Malachier[1], née à Menerbes, le 25 septembre 1688, fille de sieur Jean-Antoine et de dame Marguerite d'Avon[2]. Elle testa le 9 septembre 1763, par-devant maître Barthélemi Granier, notaire de Menerbes, y mourut le 14 décembre 1768, et fut inhumée dans la chapelle Saint-Charles. François-Augustin fit son testament nuncupatif le 23 février 1765, déposé le jour suivant chez le même notaire. Il mourut, étant veuf, à Menerbes, le 27 juillet 1771, et fut enseveli au tombeau de ses ancêtres, en la chapelle de Saint-Charles. Ils eurent six enfants, savoir :

A. Charles-Joseph de Carmejane, né à Menerbes, le 15 avril 1718, mort à Avignon, le 17 avril 1735.

B. Jean-Antoine de Carmejane, qualifié *noble et illustre seigneur, messire*, né à Menerbes le 10 juin 1719, épousa à Courthézon, par contrat passé devant maître François-Joseph Morel, notaire de cette ville, le 20 avril 1759, demoiselle Jeanne-Marie de Serpillon, fille de messire Henry de Serpillon du Roure et de dame Marie-

---

1. Malachier. — D'argent au chevron d'azur, accompagné de trois étoiles du même, au chef d'azur chargé de trois étoiles d'argent.

2. Avon. — D'azur au chevron d'argent accompagné de trois étoiles de même, deux en chef et une pointe, écartelé de Pontevez, qui est de gueules au pont d'or.

Honorée de Philip¹. Il mourut, *ab intestat*, à l'Isle qu'il habitait, le 19 juillet 1763, laissant trois fils :

1º N. de Carmejane, mort enfant à l'Isle, le 7 mars 1760 ;

2º François-Augustin-Luc de Carmejane, né à l'Isle, le 18 octobre 1761, mort jeune ;

3º Paul-Simon-Augustin de Carmejane, né à l'Isle, le 9 janvier 1763, mort jeune.

Sa veuve épousa en secondes noces, vers 1770, noble Pierre-Constantin de Roussière, capitaine au régiment de Quercy, commissaire des guerres, chargé des affaires du roi à Avignon, chevalier de l'ordre royal et militaire de Saint-Louis.

C. Charles-François de Carmejane, né à Menerbes, le 12 juillet 1721, mort à Menerbes, le 6 décembre 1723.

D. François-Augustin, qui suit, VIII.

E. Catherine-Thérèse de Carmejane, né à Menerbes, le 16 décembre 1726, morte à Menerbes, le 21 septembre 1730.

F. Marguerite de Carmejane, née à Menerbes, le 28 mars 1728, fit son testament mystique et solennel par les mains de maître Carbonel, notaire de Menerbes, le 9 juin 1802, et mourut dans cette ville, le 6 septembre 1804.

VIII. François-Augustin, IIe du nom, chevalier de Carmejane, seigneur de Pierredon, Saint-Montan, Bausset, etc., qualifié en ses actes *noble et illustre seigneur, messire*, capitaine au régiment de Hainaut-infanterie, chevalier de l'ordre royal et militaire de Saint-Louis, naquit à Menerbes, le 3 juin 1724. Il embrassa jeune la carrière des armes, sous le patronage de son grand-oncle le célèbre chevalier de Folard. Il servit dans le régiment

---

1. Philip. — D'azur au chevron d'or, accompagné en chef de deux étoiles d'argent et en pointe d'un pélican d'argent dans son aire de sable.

d'infanterie de Stainville, devenu successivement de la Roche-Aymon et de Hainaut ; fit avec ce régiment les campagnes d'Italie de 1744 et 1746, de Provence et Dauphiné en 1747 et d'Allemagne en 1757. C'est au mois de novembre de la même année, à la défense de Harbourg, dans le Hanovre, où son régiment fit une défense admirable contre l'armée hanovrienne violant sa capitulation, qu'il mérita par sa conduite distinguée la croix de Saint-Louis, à treize ans de service. Il se retira en 1763, avec une pension du roi de quatre cents livres. Il épousa au château de Taillas, paroisse d'Entrevennes en Provence, le 16 avril 1771, demoiselle Marie-Madeleine d'Antoine de Pierredon, née audit château, le 28 janvier 1752, fille de noble messire Jean-Joseph-Jacques d'Antoine[1], seigneur de Taillas et de Pierredon, et de dame Marie-Suzanne de Nantes[2] (sœur, encore, de Alexandre-d'Antoine de Blioux, capitaine de frégate, chevalier de Saint-Louis, belle-sœur de l'amiral de Villeneuve et petite fille, par sa mère, de Joseph de Nantes, seigneur de Pierredon et de Maillanne, chevalier, conseiller du roi, président trésorier général au bureau des finances de la généralité de Provence). Il fit son testament le 10 octobre 1785, devant maître Granier, notaire de Menerbes, voulant que la terre et seigneurie de Pierredon, qu'il tenait en dot de son beau-père, depuis le 29 avril 1778, fut la part de son fils aîné Charles-Joseph, et partageant entre ses autres enfants ses biens de Menerbes et ceux qu'il tenait de l'héritage de messire Louis de Carmejane, chevalier de Saint-Louis, son cousin. Il

---

1. D'Antoine de Pierredon. — D'or à la bande d'azur, chargée de trois étoiles d'argent.

2 Nante . — De gueules au navire d'or voguant sur une mer d'argent.

mourut à Menerbes, le 28 décembre 1787, et y fut inhumé au tombeau et en la chapelle de ses aïeux. Sa veuve mourut à Mesteyme, commune de Viens (Vaucluse), le 13 avril 1820, et y fut enterrée au cimetière.

Ils eurent neuf enfants, savoir :

A. Charles-Joseph de Carmejane, qui suit, IX.

B. Marie-Julie de Carmejane, née au château de Taillas, le 26 octobre 1773, morte à Menerbes, le 17 octobre 1744.

C. François-Marie, chevalier de Carmejane, né à Menerbes le 8 septembre 1775, nommé le 7 février 1792, capitaine de la compagnie Avignonaise du régiment de la garde Pontificale à Rome, puis capitaine de grenadiers dans le même régiment, devenu le 7e d'infanterie de ligne Italien dans l'armée française, et mort glorieusement, le 3 janvier 1809, des suites d'une blessure, à la prise de la citadelle de Roses, en Catalogne.

D. Jean-Baptiste de Carmejane, sieur de Saint-Montan, puis de Villargèle, né à Menerbes, le 12 février 1777, servit quelques années dans le 7e régiment d'artillerie à pied où son frère aîné était alors capitaine, et se retira ensuite dans sa terre de Villargèle commune de Noves (Bouches-du-Rhône). Il épousa à Carpentras, le 4 juin 1817, demoiselle Marie-Rose Imbert[1], née en cette ville, le 31 mars 1798, fille de Ange-Alexis-Bernard et de dame Rose-Madeleine de Ferre[2], d'une ancienne famille d'Italie, établie en Provence au quinzième siècle. Il est mort à Carpentras, le 30 mars 1841, ayant eu de son mariage deux enfants :

a. Charles-Alexis-Edouard de Carmejane-Villargèle, juge au tribunal de Carpentras, né en cette ville, le 14 mai 1818, marié, à Marseille, le 19 septembre 1844,

---

1. Imbert. — D'argent à l'aigle éployée de sable.
2. Ferr.. — De gueules à trois anneaux d'or.

à demoiselle Virginie-Suzanne-Augusta (Philomène) Thomas[1], née en cette ville, le 5 juillet 1825, fille de Joseph et de dame Suzanne-Sophie Agnel[2], d'où :

1º Marie-Rose-Sophie-Augusta de Carmejane, née à Marseille le 18 juillet 1845, mariée à Carpentras, le 14 avril 1863, à Clément Adolphe-Lucien Petiton de Chailou Saint-Mard[3], docteur en droit, avocat général près la cour impériale de Montpellier, d'où deux fils.

2º Joseph-Jean-Baptiste-Maurice de Carmejane-Villargèle, né à Marseille, le 5 avril 1847.

3º Marie-Stéphanie-Blanche de Carmejane, née à Carpentras, le 16 mai 1851, morte à Carpentras, le 2 septembre 1856.

b. Charles-Bernard de Carmejane, né à Carpentras, le 26 septembre 1819, mort à Carpentras, le 3 mars 1823.

E. Augustin, chevalier de Carmejane, capitaine d'artillerie, chevalier de l'ordre royal et militaire de Saint-Louis, né à Menerbes, le 28 août 1778, et mort à Avignon, le 27 décembre 1866, après avoir fait son testament le 5 décembre précédent. Il était sans alliance.

F. Étienne de Carmejane, né à Menerbes, le 3 avril 1780, voué pendant sa vie au soin des biens de la famille, mort à Saint-Remy de Provence, le 24 juin 1863, sans alliance. Il avait fait son testament olographe le 17 août 1859.

---

1. Thomas. — D'argent à l'ancre en pal renversée de sable.
2. Agnel. — D'azur à l'agu au passant d'argent, surmonté d'une étoile d'or en chef.
3. Petiton de Chailou Saint-Mard. — Écartelé : au 1 et 4, d'argent à la croix potencée d'or, cantonnée de quatre croisettes du même (qui est de Jérusalem) ; aux 2 et 3 de sinople à l'écusson de gueules portant une feuille de chêne d'argent (qui est de Chailou Saint-Mard) ; sur le tout, un écu de gueules au lion léopardé d'or, surmonté d'un croissant d'argent (qui est de Petiton).

G. Gabriel-Joseph-Bruno de Carmejane, sieur de Bausset, maire de Menerbes, né en cette ville, le 6 octobre 1781, mort à Menerbes, le 25 mars 1828, sans alliance.

H. Marie-Thérèse de Carmejane, née à Menerbes, le 17 mars 1784, épousa, à Menerbes, le 9 juillet 1806, Louis Devoulx d'Hautefort [1], mort à Apt, le 21 février 1865, à l'âge de cent deux ans. Elle habite en cette ville, veuve et sans postérité.

I. Marie-Marguerite de Carmejane, née à Menerbes, le 14 octobre 1786, mariée en cette ville, le 12 janvier 1814, à Fidèle de Cavalier [2], maire de Cavaillon, dont elle a eu une fille, morte jeune. Elle est décédée veuve à Apt, le 17 avril 1865, après testament du 11 avril précédent devant maître Camille Rousset, notaire à Apt.

IX. Charles-Joseph, baron de Carmejane de Pierredon, maréchal de camp d'artillerie, chevalier de l'ordre royal et militaire de Saint-Louis, officier de la Légion d'honneur, chevalier de la couronne de fer, né à Menerbes, le 6 juillet 1772. Il fit ses preuves de noblesse par-devant d'Hozier de Serigny, grand juge d'armes de France, en 1781, et fut admis, le 1er septembre 1787, comme cadet-gentilhomme sous-lieutenant à l'école militaire de Paris. Il fut nommé, le 1er septembre 1789, lieutenant au régiment de Lafère-artillerie (où servait alors le lieutenant Napoléon Bonaparte); capitaine le 18 mai 1792, chef de bataillon le 12 août 1801, colonel le 10 juillet 1806, et enfin maréchal de camp d'artillerie en retraite le 1er décembre 1819.

---

1. Devoulx-d'Hautefort. — D'or à trois fasces de sable.
2: Cavalier. — D'azur au levrier passant d'argent, à la bordure dentelée du même, au chef de gueules chargé d'une aigle éployée et couronnée d'or.

Il fit les campagnes de 1792 à 1794 à l'armée du Nord et de la Moselle, de 1795 à 1796 à l'armée du Rhin et de la Moselle, de 1797 à 1799 à l'armée du Danube, de 1800 à 1801 à l'armée d'Italie, de 1803 à 1805 à l'armée des côtes de l'Océan, de 1808 à 1810, à l'armée d'Italie, de 1811 à 1813, sur les côtes de la Ligurie et de 1814 à l'armée d'Italie. Il assista à la bataille de Valmy, 20 septembre 1792, aux combats de Limbach, de Deux-Ponts, de Mertensée et de Pellingen, où il eut un cheval tué sous lui, à l'affaire de Kaiserslautern, au siége de Mayence, aux combats d'Oggersheim, de Kehl, de Rastadt, où il fut légèrement blessé, et de Gambsheim, en Allemagne ; aux combats de Gravière, de Suze et d'Avigliano, en Italie ; aux affaires de Boulogne, sur les côtes de l'Océan ; à l'affaire de l'Isonzo, aux combats de Sacile et à la prise du fort de Malborghetto, en Italie ; au combat de Csnack, à la bataille de Raab et à la bataille de Wagram, 5 et 6 juillet 1809, où il était colonel chef d'état-major d'artillerie ; enfin aux combats de Gênes, dont il dirigea vaillamment la défense au mois d'avril 1814.

Il épousa, à Avignon, le 19 juin 1821, après contrat passé le jour précédent devant maître Pons, notaire, demoiselle Camille-Marie-Thérèse-Stéphanie (Fanny) Trono de Bouchony[1], née à Avignon, le 19 août 1788, fille de noble messire Ignace-François-Joseph Trono de Bouchony, chevalier, ancien capitaine au régiment de Bourgogne-infanterie, major de l'infanterie Pontificale Avignonnaise, gouverneur d'Oppède et de Mornas (de

---

1. Trono de Bouchony. — Écartelé : au 1 et 4, bandé d'or et de gueules de six pièces, au chef d'or chargé de trois fleurs de lis de gueules (qui est de Trono) ; aux 2 et 3, d'argent à l'arbre de sinople, au chef d'azur chargé de trois étoiles d'argent (qui est de Bouchony).

l'antique famille vénitienne qui a donné le doge Nicolas
Trono à la république de Venise, en 1471), et de dame
Angélique-Pauline d'Anselme [1].

Il est mort à Avignon, le 14 décembre 1830, sans testament; sa veuve y est morte aussi sans testament, le
2 janvier 1860. Ils sont inhumés dans le nouveau tombeau de famille érigé par Henri, leur fils aîné, dans la
chapelle de Notre-Dame de Pierredon.

Ils ont eu six enfants, savoir :

A. Alexis-Henri-Marie Paul, qui suit, X.

B. Antoinétte-Marie-Thérèse de Carmejane, née à Avignon, le 12 janvier 1824, mariée en cette ville, le 26 janvier 1848, à Auguste-Marie-Félicien Martin de Boudard [2], chevalier de l'ordre Pontifical de Saint-Sylvestre, d'où trois fils et quatre filles.

C. Christine-Marie-Stéphanie de Carmejane, née à Avignon, le 16 avril 1825, morte à Avignon, le 29 octobre de la même année.

D. Albin-Charles-Marie de Carmejane, sieur de Lagremuse, né à Avignon, le 17 mai 1826; marié : 1° à Digne, le 21 novembre 1860, à demoiselle Marie-Claudine-Jeanne (Jemny) de Blacas-Carros [3], née à Digne, le 8 juin 1838, fille de Hippolyte-Bonaventure-Joseph, baron de Blacas-Carros, et de dame Laurence-Marie-Thérèse de Foresta [4] (anciennes et illustres maisons de Provence); et 2° à Aix, le 27 juillet 1837, à dame Marie-Henriette-Fortunée d'Anselme-Venasque [5], veuve de

---

1. D'Anselme. — D'azur fretté d'argent de huit pièces.
2. Martin de Boudard. — D'argent à deux jumeaux de carnation accouplés, posés sur un tertre de sinople.
3. Blacas-Carros. — D'argent à la comète à seize rais de gueules.
4. Foresta. — Palé d'or et de gueules, à la bande de gueules brochant sur le tout.
5. D'Anselme Venasque. — D'azur fretté d'argent de huit pièces.

Joseph-Étienne-Sosthènes-Ferdinand de Behrard du Roure, née à Aix, le 30 mai 1831, fille de Victor-François-Henri d'Anselme-Venasque, ancien conseiller à la cour royale d'Aix, et de dame Marie-Françoise-Gabrielle-Charlotte-Joséphine de Massip de Bouillargues [1] (anciennes maisons du comtat Venaissin); il a de son premier mariage une fille :

Marie-Thérèse Joséphine de Carmejane-Blacas, née à Digne, le 16 avril 1862.

E. Augustin-Marie-Charles-Joseph de Carmejane, religieux profès de la compagnie de Jésus et recteur de la maison de l'Ermitage à Lons-le-Saunier, né à Avignon, le 22 décembre 1827, ordonné prêtre à Aix, le 29 mai 1858.

F. Marie-Pauline-Thérèse de Carmejane, religieuse professe au monastère des Carmélites d'Avignon, puis prieure au monastère des Carmélites de Nice, née à Avignon, le 14 mai 1829.

X. Alexis-Henri-Marie-Paul, baron de Carmejane-Pierredon, chef d'escadron d'artillerie, chevalier de la Légion d'honneur, né à Avignon, le 11 juin 1822. Suivant les traces de son père et de ses aïeux, il a embrassé la carrière militaire. Élève à l'école royale polytechnique le 26 octobre 1842, sous-lieutenant élève à l'école d'application de l'artillerie et du génie le 9 février 1845, lieutenant d'artillerie le 17 janvier 1847, capitaine le 14 février 1854, il est actuellement chef d'escadron au 20ᵉ régiment d'artillerie à cheval depuis le 29 février 1868.

Il a épousé, à Avignon, le 1ᵉʳ décembre 1855, après contrat de mariage passé le jour précédent devant maître Giéra, notaire, demoiselle Marie-Joséphine de Revel de Vesc [2], née à Lyon, le 9 mars 1833, fille de Gabriel-

---

1. Massip de Bouillargues. — D'azur a trois bandes d'argent.
2 Revel de Vesc. — Ecartelé : aux 1 et 4, d'or au demi-vol de

Marie-Isidore-Joachim, comte de Revel de Vesc, et de dame Marie-Louise-Eugénie des Isnards-Suze[1] (anciennes et illustres maisons du Dauphiné et du comtat Venaissin, qui ont donné, entr'autres, Hugues de Revel, dix-neuvième grand-maître de l'ordre de Saint-Jean de Jérusalem, en 1260; Étienne de Vesc, duc de Nole, comte d'Ascoli, baron de Châteaurenard, etc..., chambellan et ministre favori du roi Charles VIII; Josserand des Isnards, célèbre au martyrologe de l'ordre de Saint-Jean-de-Jérusalem, en 1531; enfin le fameux comte de Suze, François de la Baume, chef des armées catholiques du Dauphiné et de la Provence pendant les guerres religieuses du seizième siècle, et glorieux adversaire du baron des Adrets).

Ils ont deux enfants, savoir :

A. Henri II, Augustin-Marie-François-Régis de Carmejane-Pierredon de Vesc, né à Avignon, le 5 décembre 1856.

B. Charles-Marie-Jules-Stéphane de Carmejane-Pierredon de Vesc, né au château de l'Estagnol, commune de Suze-la-Rousse (Drôme), le 19 novembre 1857.

Ils sont substitués, par transmission héréditaire, aux nom et armes de la maison de Vesc. Leurs trente-deux quartiers ou quatrisaïeux et quatrisaïeules sont prouvés par la collection complète de quarante-sept titres légaux de l'état-civil (actes de naissance et de mariage), ainsi qu'on le voit au tableau qui les constatent.

---

sable cantonné d'une étoile d'azur en chef (qui est de Revel); aux 2 et 3, palé d'argent et d'azur de six pièces, au chef d'or (qui est de Vesc).

1. Des Isnards-Suze. — Écartelé : aux 1 et 4, d'or au sautoir de gueules cantonné de 4 molettes d'éperon d'azur (qui est des Isnards); aux 2 et 3, d'or à trois chevrons de sable, au chef d'azur chargé d'un lion naissant d'argent couronné d'or, armé et lampassé de gueules (qui est de La Baume-Suze).

Voyez : Artefeuil, *Histoire héroïque et universelle de la noblesse de Provence*, 1776-1786, tome III ; Mistarlet ou Rivettes, *Essai sur la noblesse du comté Venaissin*, 1782, tome I ; Saint-Allais, *Nobiliaire universel*, tome XII, *Catalogue des Gentilshommes des écoles militaires*, 1817 ; D'Hozier, *Indicateur nobiliaire*, 1818 ; Barjavel, *Dictionnaire historique du département de Vaucluse*, 1841, tome I ; Courtet, *Dictionnaire des communes du département de Vaucluse*, article Menerbes, 1858 ; Gourdon de Genouillac et le marquis de Piolenc, *Nobiliaire du département des Bouches-du-Rhône*, 1863 ; Bonnesserre de Saint-Denis, *Revue nobiliaire*, 1863 ; Borel d'Hauterive, *Annuaire de la noblesse*, 1865-1866 ; Bachelin-Deflorenne, *État présent de la noblesse*, 1866-1868-1869 ; Glaeser, *Archives de la Légion d'honneur*, 1866 ; Tisseron, *Annales historiques et nobiliaires*, tome I, 1867 ; Rivoire de Labatie, *Armorial du Dauphiné*, article de Vesc, 1867 ; De Magny, *Nobiliaire universel*, tome X, 1867 ; D'Hozier, *Armorial de la noblesse de France*, 2e édition, supplément, 1868 ; Le *Chartrier français*, tome II, 1868 [1] ; *Preuves des écoles*

---

1. En citant le *Chartrier Français*, nous devons faire nos réserves. Ses collaborateurs anonymes ont cru pouvoir publier, après coup (page 33, tome II), une note sur la *Généalogie de la maison de Carmejane-Pierredon* (pages 1 à 29), note contenant une erreur qu'il importe de rectifier. Le *Chartrier Français* reconnaît, il est vrai, dans cette note, comme il l'a fait dans le cours de la généalogie, l'ancienne noblesse de position ou d'usage de la maison de Carmejane, et même sous une critique qui ne fait qu'ajouter à l'authenticité de cette noblesse.

Mais c'est par erreur qu'il parle d'un anoblissement réel et authentique qu'aurait ensuite acquis cette maison, par le fait que Simon de Carmejane fut reçu docteur ès droits en l'université d'Avignon, l'an 1638. La noblesse acquise à Simon par le doctorat n'était que *personnelle*. Les statuts de l'université d'Avignon sont positifs à cet égard : « Le doctorat, dit M. Achard, savant archiviste du département de Vaucluse, dans son *Annuaire de l'année* 1854,

royales militaires, au cabinet d'Hozier, 1781 ; *Titres de Carmejane*, aux Archives de l'Empire, 1686-1774 ; *Archives du sceau et des titres*, au Ministère de la Justice, reg. P. M. 2, fol. 233 ; *Archives particulières de la famille*, au château de Pierredon, etc...

(Voir à la fin du volume le tableau des trente-deux quartiers de Henri II et Charles de Carmejane-Pierredon de Vesc.)

CARMOY. *Bretagne.*

Écartelé : aux 1 et 4 d'azur à la tour d'argent, maçonnée de sable, sommée de trois tourillons et portée sur une demi-roue de même ; aux 2 et 3 d'or au lion d'azur ; sur le tout d'or au bœuf de sable, accorné de gueules, qui est de Pleugre.

Devise : *Doué Araok.*

Comtes palatins sous l'empereur Charles-Quint, nobles du Saint-Empire romain par lettres du 3 avril 1526, avec transmissibilité par les femmes à défaut de des-

conférait la noblesse personnelle ; mais lorsque le père et le fils avaient successivement acquis ce grade, leurs descendants étaient considérés comme nobles. » D'où il résulte que Simon de Carmejane, chef de la branche de Menerbes et Pierredon, ayant été le seul de sa branche pourvu du grade de docteur ès droits, a bien pu ajouter à la noblesse d'usage qu'il tenait de ses aïeux (ainsi que le dit le *Chartrier Français* lui-même, page 6), le relief de la noblesse personnelle acquise par son grade de docteur, mais qu'il n'a pu transmettre cette noblesse à ses descendants. Donc, la noblesse de la maison de Carmejane, depuis Simon, noblesse prouvée par tous ses titres, attestée par le vice-légat d'Avignon, et certifiée par d'Hozier de Sérigny, n'est et ne peut être, si ce n'est avec un relief de plus, que celle dont cette maison jouissait antérieurement, savoir cette noblesse d'usage, anciennement possédée, et dont elle est plus fière que de toute autre. Gagnée sur le temps et l'opinion des concitoyens, par la vie noble de générations successives, la noblesse d'usage est, d'ailleurs, la seule que puissent revendiquer pour leur origine la plupart des anciennes maisons nobles du Comtat-Venaissin et de France, qui s'estiment heureuses de ne pouvoir fournir les preuves d'un anoblissement primitif.

cendance mâle, ceux du nom sont représentés aujourd'hui par le comte de Carmoy, à la Chapelle-de-Bragny, département de Saône-et-Loire.

CARNÉ. *Bretagne.*

D'or à deux fasces de gueules.

Cette famille a cinq représentants : le comte de Carné, chevalier de la Légion d'honneur, conseiller général, au château de Marallach, par Plougastel, département du Finistère ; de Carné, maire à Sévignac, département des Côtes-du-Nord ; le comte de Carné-Marcieu, chevalier de la Légion d'honneur, membre de l'Institut, à Paris ; Jacques-Henri de Carné de Carnavalet et Léon de Carné de Trécesson, attachés à l'administration des lignes télégraphiques.

CARON (LE). *Picardie, Artois, Ile-de-France, Touraine.*

PICARDIE. D'argent au chevron de gueules accompagné en pointe d'un trèfle de sinople. — D'azur au chevron d'argent, accompagné de six clefs mises en sautoir, quatre en chef, deux en pointe, celles-ci surmontées d'une tête de mort de même.

ARTOIS. Écartelé : aux 1 et 4 d'argent à deux fasces de sable ; aux 2 et 3 de gueules à trois coquilles d'argent.

ILE-DE-FRANCE, TOURAINE. D'azur à trois besants d'or ; au chef dentelé de même.

On trouve en France cinq représentants du nom : Le Caron de Toqueuse, au château de Marieux, à Acheux, département de la Somme ; Le Caron de Fleury, au château de Plessis-Sautenay, par Herboult, département de Maine-et-Loire ; Le Caron de Fromentel, juge à Boulogne-sur-Mer ; Le Caron de Fromentel, chevalier de la

Légion d'honneur, à Saint-Omer; Le Caron de Troussure, au château de Troussure, département de l'Oise.

CARONDELET. *Franche-Comté, Bourgogne, Belgique.*

D'azur à la bande d'or accompagnée de six besants du même posés en orle.

Établie dans les Pays-Bas à la fin du quinzième siècle, cette maison a tenu un rang distingué dans la noblesse de ce pays et de celui qui fut son berceau. Connue dès l'an 1295, elle est encore représentée par deux branches en Espagne et en France. Le baron de Carondelet, chef de nom et d'armes de cette famille illustre, réside à Paris; un autre représentant du nom de Carondelet, général de division, commandeur de la Légion d'honneur, commande la 17e division militaire.

CARPENTIER DE JUVIGNY. *Picardie.*

D'azur au chevron d'or accompagné en chef de deux étoiles de même et d'un croissant d'argent en pointe.

Cette famille descend au sixième degré de Louis Carpentier, écuyer, conseiller, secrétaire du roi, maison, couronne de France et de ses finances. L'aîné de la famille portait avant 1789, le nom de Carpentier de Juvigny, du chef de son fief héréditaire, tandis que les cadets étaient désignés sous le nom d'un autre fief, Carpentier des Tournelles de Lizy.

Les deux représentants de la famille sont Hippolyte de Carpentier de Juvigny, ancien inspecteur des contributions directes, à Paris et Félix de Carpentier de Juvigny, capitaine de dragons, conseiller d'arrondissement, maire de Juvigny, département de l'Aisne.

CARPENTIER. *Pays-Bas.*

Coupé d'azur et de sinople, au caducée d'or ailé d'argent, l'écu sommé d'un heaume d'argent, grillé et liseré d'or.

Anoblie par lettres de Marie-Thérèse en date du 8 juillet 1747, enregistrées à Bruxelles, le 12 février 1749, alliée aux Dierix de Tenham, de Patyn et le Boucq, cette famille, qui servit avec distinction la maison d'Autriche dans la guerre de la succession d'Espagne, et la France de 1805 à 1814, est représentée par Ernest-Hubert-Engelbert de Carpentier, à Valenciennes.

CARPENTIER. *Artois.*

Coupé d'azur et de sinople au caducée d'argent brochant sur le tout, les serpents d'or.

Les deux représentants du nom sont Le Carpentier de Saint-Amand, chevalier de la légion d'honneur, à Paris et Le Carpentier d'Epineville, maire de Ticheville, par Vimoutiers, département de l'Orne.

CARRA DE VAUX. *Beaujolais.*

D'azur au chevron accompagné de trois losanges passées 2 et 1 et en pointe d'un croissant, le tout d'argent.

Connue par l'*Armorial de France*, du Lyonnais et du Beaujolais, cette famille a pour chef de nom et d'armes, le baron Carra de Vaux, au château de Rieux, département de la Marne.

CARRÉ. *Orléanais, Poitou.*

ORLÉANAIS. D'or au palmier de sinople accosté de deux colonnes de même et surmonté d'un cœur enflammé de gueules.

POITOU. D'azur à deux étoiles d'or en chef et une rose de même en pointe.

Cette famille a cinq représentants : Carré d'Asnière,

au château d'Appeville, département de l'Eure; Carré de Busserolles, chevalier de la Légion d'honneur à Poitiers; Carré de Busserolles, à Tours; Carré de la Crosnière et Carré de Mailly, à Paris.

CARRELET. *France.* De gueules à trois épées d'argent, montées d'or, deux en sautoir, une en pal, croisées à la naissance de la lune, surmontées en chef d'une étoile d'or; au franc-quartier de comte sénateur, qui est d'azur au miroir d'or enlacé d'un serpent d'argent.

De noblesse d'empire, cette famille a trois représentants : Gilbert-Alexandre, comte de Carrelet, grand officier de la Légion d'honneur, à Saint-Pourçain, département de l'Allier; Carrelet de Loisy, chevalier de la Légion d'honneur, à Coucher, département de Saône-et-Loire; Carrelet de Loisy, à Arceau, par Mirebeau, département de la Côte-d'Or.

CARRÈRE SAINT-ANDRÉ. *Béarn.*

D'azur au pal abaissé, sommé d'un croissant et accosté de deux lions affrontés, le tout d'argent, celui à dextre surmonté d'un chevron d'or.

De Carrère Saint-André, unique représentant du nom, réside à Maspie-la-Conquère-Julliac, département des Basses-Pyrénées.

CARREY. *Maine, Normandie.*

D'azur à la bande d'or, accompagnée de deux molettes de même; au chef du second, chargée de trois carreaux de gueules.

Cette famille a deux représentants : de Carrey, chevalier de la Légion d'honneur, à Paris; de Carrey, au château d'Asnières, par Cormeilles, département de l'Eure.

CARRIÉ DE BELLEUSE. *France.*

Écartelé : au 1 d'or à deux étoiles d'azur en chef et un croissant de même, en pointe; aux 2 et 3 de gueules au casque d'argent, accompagné de deux branches de laurier de même; au 4 d'or au lion léopardé de sable.

Carrié de Belleuse, unique représentant du nom, réside à Paris.

CARRIÈRE. *Languedoc.*

De gueules au levrier percé d'une flèche, la tête contournée, la patte dextre levée, le tout d'argent, colleté et bouclé d'or, passant sur une terrasse de sinople; au chef cousu d'azur, chargé d'un croissant du second et accosté de deux étoiles de même.

Cette famille a quatre représentants : le vicomte Albert de Carrière, à Paris; de Carrière, chevalier de la Légion d'honneur, sous-préfet à Vigan, département du Gard; Carrière de Bouleran, à Cournonsec, département de la Gironde; Carrière de Montmorel, juge à Foix, département de l'Ariége.

CARRON. *France.*

D'azur à trois billettes ou carreaux d'argent posés 2 et 1.

Cette famille a deux représentants : de Carron, conseiller à la cour de Pau; de Carron de Molinais, juge de paix, à Redon, département d'Ille-et-Vilaine.

CARTIER-COURONNEAU. *Blois.*

D'azur à trois pommes de pin d'or posées 2 et 1.

Cette belle famille, dont le nom s'est écrit indifféremment Cartier, Chartier et Quartier, est originaire de Blois, et figure déjà dans une charte importante du 7 juin 1196. Elle a donné Jacques Cartier, de Saint-

Malo, le célèbre navigateur, dont les représentants actuels descendent en ligne directe; Guillaume Chartier, évêque de Paris; René Chartier, né à Vendôme en 1572, médecin des dames de France et médecin ordinaire du roi, auteur d'un ouvrage remarquable en treize volumes in-folio; Jean et Philippe, fils de René, aussi médecins ordinaires du roi, et nombre d'autres illustrations.

Un seigneur de Cartier, du Hindret, fut évêque de Dol et de Saint-Malo. (Voir Réformations et montres, de 1478 et 1513.)

L'histoire de cette famille a été écrite dans plusieurs ouvrages renommés. O'Gilvy, dans son *Nobiliaire de Guienne*, a dressé sa généalogie en 1857, à l'aide de documents complétés depuis cette époque. (Voir aussi Haag, *La France protestante*, art. *Chartier (Guillaume)* t. III, 6ᵉ part., p. 349.)

Jean-Louis de Cartier-Couronneau, chef de nom et d'armes, né le 7 fructidor an X (3 septembre 1802), épousa, le 16 juillet 1833, Françoise-Inès Durège de Beaulieu, dont il a deux fils : Jacques-Charles-Edmond de Cartier-Couronneau ; Isaac-Louis-Jean-Marie-Anatole de Cartier-Couronneau, qui a épousé, en 1867, Anne-Bathilde-Antoinette Masmontet de Fonpeyrine.

Résidence : château de Sainte-Foy-la-Grande, département de la Gironde.

CARUEL DE SAINT-MARTIN. *Normandie.*

Ecartelé aux 1 et 4 d'argent à trois merlettes de sable ; à la bordure de gueules, qui est de Caruel ; aux 2 et 3 d'argent à une aigle de sable, qui est de Saint-Martin.

L'unique représentant du nom, baron Caruel de Saint-Martin, chevalier de la Légion d'honneur, est conseiller général, député de Seine-et-Oise, à Versailles.

CARVILLE. *Normandie.*

De gueules à trois quintefeuilles d'ôr.

De Carville, unique représentant du nom, réside au château de Bois-Yron, par Villedieu, département de la Manche.

CASA-BIANCA. *Corse.*

Écartelé : au 1 de comte sénateur ; au 2 de gueules à la tour d'argent crénelée de cinq pièces, sommée à senestre d'une guérite d'argent et à dextre d'un cyprès d'or ; au 3 de gueules au pin d'or sommé d'une colombe d'argent ; au 4 d'azur un badelaire d'argent, poigné et virolé d'or.

Cette belle famille qui a donné à la France tant d'hommes distingués a pour chef, de nom et d'armes, le comte de Casa-Bianca, grand-officier de la Légion d'honneur, à Paris ; le vicomte de Casa-Bianca, maître des requêtes au Conseil d'État ; de Casa-Bianca, avocat à Bastia et de Casa-Bianca, chevalier de la Légion d'honneur, conseiller général, à Vescovato, département de la Corse.

CASAMAJOU DE CHARISTE. *Languedoc.*

D'azur à une tour d'argent accostée de deux tourteaux de gueules au chef cousu de même, chargé de trois étoiles d'or.

L'unique représentant du nom, de Casamajou de Chariste, est conseiller à la cour de Pau.

CASANOVA. *Italie.*

D'azur à une maison d'argent maçonnée de sable.

Originaire de l'Italie et l'une des plus grandes de la contrée, cette famille est représentée en France par Gustave Casanova d'Aruciana, maire à Popriano, département de la Corse.

CASANOVE. *Languedoc.*

D'azur au dextrochère d'or, naissant d'une tour de même, tenant une clef d'argent soutenue des pattes de devant d'un lion d'or.

L'unique représentant du nom, de Casanove, réside à Alger.

CASSAGNE. *France.*

Coupé : au 1 de sinople à la pyramide d'argent ; au 2 d'or au chevron de sable accompagné en pointe d'un chêne de sinople terrassé de même.

Le colonel, baron de Cassagne, officier de la Légion d'honneur, est le dernier hoir mâle de cette famille.

CASSAGNES. *Auvergne, Rouergue, France.*

Auvergne. D'azur au lion d'or, à la cotice de gueules brochant sur le tout.

Rouergue, France. De gueules au chevron d'argent, accompagné en pointe d'une tour de même ; au chef cousu de gueules, chargé de trois étoiles du champ.

L'unique représentant du nom, de Cassagnes, réside au château de Libran, par Béziers, département de l'Hérault.

CASSAIGNE DE MARY. *France.*

Parti d'hermine et de sable ; à la bande de gueules brochant sur le tout.

Cette famille est également réduite à un unique représentant : de Cassaigne de Mary, vivant dans la retraite à Paris.

CASSAN D'ORRIAC. *Languedoc.*

De sable à deux lévriers affrontés d'or, soutenu d'un bastion de même, maçonné de sable.

Le chef de nom et d'armes est entré dans les ordres :

un autre représentant du même nom réside au château de son nom, par Rodez, département de l'Aveyron.

CASSANT. *Ile-de-France.*

Bandé d'or et de sinople ; les bandes de sinople chargées chacune d'une fourmi de sable ; au chef d'or chargé d'une aigle éployée de sable.

L'unique représentant du nom, de Cassant, réside au château de Mozères, par Barran, département du Gers.

CASTEL. *Normandie, Bretagne.*

NORMANDIE, D'or au château de sable, — De gueules au chevron d'argent accompagné de trois roses d'or.

BRETAGNE. D'azur au château d'argent.

De même souche et de même origine, quoique formant des familles distinctes aujourd'hui, ceux du nom de Castel sont représentés par le marquis de Castel, à Paris; de Castel, commissaire de la Marine; de Castel, au château de son nom, par Malestroit, département du Morbihan.

CASTELBAJAC. *Languedoc.*

D'azur à la croix d'argent, accompagné en chef de trois fleurs de lis d'or posées 2 et 1.

Puissante et illustre dans les temps féodaux, la maison de Castelbajac, par ses hauts faits, ses grandes alliances et ses mérites s'est constamment maintenue au rang où s'étaient élevés ses aïeux. Le nom et les armes de Bernard de Castelbajac qui prit part à la croisade de Philippe-Auguste, se trouvent dans la salle des Croisades, à Versailles. Le premier baron de Castelbajac dont on retrouve la trace dans l'histoire du pays date du onzième siècle.

La généalogie de cette grande maison se prouve par titres authentiques aussi nombreux qu'éclatants. Elle se trouve dans les principaux ouvrages anciens, qui font autorité, notamment dans Lachenaye-Desbois.

Les représentants du nom, fort nombreux, se rattachent à deux branches, les seules existantes aujourd'hui. La branche aînée est représentée par le chef de nom et d'armes de toute la famille, le marquis de Castelbajac, commandeur de la Légion d'honneur, commandeur de l'ordre de Léopold, fils du marquis de Castelbajac, en son vivant sénateur, général de division, ambassadeur de France en Russie. Sa résidence d'été est au château de Lombez, département du Gers, et la résidence d'hiver à Paris. La branche cadette est représentée par le marquis Gaston de Castelbajac, dont la résidence officielle est le château de Barbazan, département des Hautes-Pyrénées. Le comte de Castelbajac, au château de Chis, par Tarbes, est le cousin-germain du chef de la famille.

CASTELLAN. *France, Provence.*

FRANCE. Coupé : au 1 d'or, au casque grillé, taré de front, de sable, panaché de gueules; au 2 d'azur à deux tours carrées réunies par un mur crénelé; le tout d'argent, ouvert et maçonné de sable, soutenu d'argent.

PROVENCE. De gueules au château de deux tours d'or maçonnées de sable.

Les deux branches de cette même maison sont représentées par de Castellan, à Rennes, et par Berger de Castellan, officier de la Légion d'honneur, général de brigade.

CASTELLANE. *Provence.*

De gueules au château d'or, sommé de trois tours de

même, celle du milieu plus élevée que les deux autres.

Ancienne famille. Chef de nom et d'armes, Boniface-Jules, marquis de Castellane, chevalier de la Légion d'honneur, ancien préfet, à Riez, département des Basses-Alpes. Autres représentants : Boniface-Hippolyte, marquis de Castellane, au château de Sillans, par Cotignac, département du Var. Il a deux fils : Boniface, Léonard ; quatre filles : Agnès, Aymarre, Marie, Élisabeth. Le comte de Castellane, chevalier de la Légion d'honneur, consul à Ancône, Italie. Le comte de Castellane, au château d'Eygalade, par Marseille, décédé, a laissé deux filles mariées.

CASTELLI. *Provence*.

Écartelé : aux 1 et 4 d'or à l'aigle de sable ; aux 2 et 3 d'azur à la tour d'argent, donjonnée de trois tourelles de même.

Cette famille a quatre représentants : de Castelli, président du Tribunal civil, à Brioude, département de la Haute-Loire ; de Castelli, chevalier de la Légion d'honneur, président du Tribunal civil, à Calvi, Corse ; de Castelli, directeur de la poste, à Nice ; de Castelli, juge à l'Ile-Rousse, Corse.

CASTELLINI. *Pays Basques*.

D'azur au château de trois tours d'or, ouvertes et ajourées du champ. — De gueules au château d'argent ; au chef d'or chargé d'une aigle éployée de sable.

L'unique représentant du nom, de Castellini, chevalier de la Légion d'honneur, est directeur de l'enregistrement, à Tarbes.

CASTELMUR. *Alsace*.

De gueules à la tour d'argent.

Le dernier représentant du nom, de Castelmur, est

fonctionnaire public, à Guemar, département du Haut-Rhin.

CASTELNAU. *France.*

Fascé de gueules et d'or au chef d'argent chargé de cinq mouchetures d'hermine de sable. — D'azur au château ouvert d'argent, crénelé et maçonné de sable, sommé de trois donjons girouettés de sable. — Écartelé : aux 1 et 4 des armes précédentes; aux 2 et 3 d'or à deux loups passants de sable l'un sur l'autre; sur le tout d'or à trois chevrons de sable.

Il existe plusieurs représentants du nom : le marquis de Castelnau; le comte de Castelnau, officier de la Légion d'honneur, général de brigade, à Paris; le comte de Castelnau, officier de la Légion d'honneur, consul général de France, à Melbourne, Australie; de Castelnau, avocat, à Saint-Affrique, département de l'Aveyron; de Castelnau, docteur en médecine, à Paris; de Castelnau, à Versailles.

CASTELPERS. *Languedoc.*

D'argent à un château de sable, donjonné de trois tours de même.

Le marquis Édouard de Castelpers, chef de nom et d'armes de cette ancienne famille, réside à Toulouse; le vicomte de Castelpers, réside au château de Sère, par Masseube, département du Gers; de Castelpers, sans titre, vit dans ses terres, au château de Rauzan, par Margaux, département de la Gironde.

CASTERAS-SEIGNAN. *Languedoc.*

Écartelé : aux 1 et 4 de gueules à une tour d'argent maçonnée de sable; aux 2 et 3 d'or à trois tours massues d'argent.

L'unique représentant du nom, de Casteras-Seignan, chevalier de la Légion d'honneur, est sous-préfet, à Ribérac, département de la Dordogne.

CASTILLON-MAUVESIN-MOUCHAN. *Guienne.*

De gueules au château d'argent sommé de trois tours donjonnées et crénelées de même. Heaume : d'argent, grillé et liseré d'or, fourré de gueules, sommé d'une couronne de comte. Cimier : un lion issant d'or. Tenants : une nymphe et une sirène.

Devise : *Deo regibus que simper est olim.*

Cri : *Dieu le veult.*

Ces armes sont représentées dans la grande salle des Croisades, au musée de Versailles, preuve d'ancienne et glorieuse noblesse.

L'histoire et la généalogie de cette belle famille ont été données par le chevalier de Courcelles dans son *Histoire généalogique et héraldique des pairs de France,* etc., et par Lainé, suite de l'ouvrage de Saint-Allais.

Parmi les principaux représentants de la maison, on cite : Albert, comte de Castillon, chevalier de la Légion d'honneur, sous-commissaire de la marine en retraite, à Rochefort; Joseph-Nérée, vicomte de Castillon, et son fils, François-Alban de Castillon, au château de Parron, près Mezin, département de Lot-et-Garonne; Raymond, baron de Castillon, au château de Valmont, par Lambesc, département des Bouches-du-Rhône.

CASTILLON SAINT-VICTOR. *Languedoc.*

D'or au château donjonné de trois tourelles de gueules, surmontées de trois têtes de Mores, les yeux bandés d'argent.

La maison de Castillon Saint-Victor a pris ses deux noms de deux terres situées près d'Alais, département du Gard. Elle y est connue depuis le douzième siècle, Pierre de Castillon s'étant croisé en 1190.

Elle se divise en deux branches. La première a pour chef de nom et d'armes Émilien de Castillon, marquis de Saint-Victor, à Paris. Il a deux frères : Joseph de Castillon, comte de Saint-Victor, au château de la Grève, par Authon-du-Perche, département d'Eure-et-Loir, et Alexis de Castillon, vicomte de Saint-Victor, à Paris.

La branche cadette a quatre représentants : Hippolyte de Castillon, comte de Saint-Victor, au château de Castelnau-Picombeau, par le Pousseret, département de la Haute-Garonne; Gaston de Castillon, comte de Saint-Victor, et Félix de Castillon, comte de Saint-Victor, trois frères. Cette branche est encore représentée par Eugène de Castillon-Saint-Victor, chancelier de consulat, à Corfou.

CATÉLAN DE ROQUEFÈVRE. *Languedoc.*

D'argent au levrier rampant de sable, accolé d'or; au chef de gueules chargé de trois molettes d'éperon d'or.

L'unique représentant du nom de Catélan de Roquefèvre, réside au château de Roquefèvre, par Mas-Cabardès, département de l'Aude.

CATHELINEAU. *Anjou, Bretagne.*

D'azur semé de fleurs de lis d'or; au drapeau d'argent chargé d'une croix alésée de gueules, fiché dans un cœur de même.

La descendance du célèbre chef vendéen est représentée par de Cathelineau, au château de Kergoaler, par Scaer, département du Finistère.

CATHERINET DE RANCEY. *France.*

Parti d'azur et d'argent, l'azur chargé de trois merlettes d'or, et l'argent de trois molettes d'éperons de sable.

L'unique représentant du nom, de Catherinet de Rancey, réside à Paris.

CAUBET. *Languedoc.*

D'or au levrier passant de gueules; au chef d'azur chargé d'un croissant d'or accosté de deux étoiles de même.

Les deux représentants du nom sont : François-Victor-Louis Oscar, baron de Caubet de Bardies-Montfa, et son fils, Guillaume-Louis, à Oust, département de l'Ariége.

CAUDERON DE COQUEREAUMONT. *Cambrésis, Picardie.*

CAMBRÉSIS. D'or à un chaudron de sable. — Burelé d'hermine et d'azur de douze pièces.

PICARDIE. De sable à trois chaudrons d'or.

Cette famille, dont il est parlé dans la célèbre *Histoire de Cambrai et du Cambrésis,* est représentée par de Caudron de Coquereaumont, au château de Saint-Georges-sur-Fontaine, département de la Seine-Inférieure.

CAUDRY. *Artois, Flandre française.*

ARTOIS. D'argent à trois feuilles de vivier de sable.

FLANDRE FRANÇAISE. D'or au lion de sable accompagné de trois lionceaux de même.

L'unique représentant du nom, de Caudry, vit retiré dans son château de la Mare, par Flins-sur-Seine, département de Seine-et-Oise.

CAULAINCOURT. *France.*

De sable coupé d'or, l'or chargé d'un sauvage de gueules, appuyé sur une massue de sable et tenant sur le poing dextre un coq de même. — De gueules semé d'étoiles d'argent, au chef de duc de l'empire. — De sable au chef d'or.

Cette famille, connue dans l'histoire contemporaine, a plusieurs représentants; Adrien de Caulaincourt, duc de Vicence, grand-officier de la Légion d'honneur, ancien sénateur, à Paris; le marquis de Caulaincourt, commandeur de la Légion d'honneur, au château de Mesnil-au-Grain, par Villers-Bocage, département du Calvados; de Caulaincourt, au château de Giel, par Putanges, département de l'Orne.

CAULET DE TAYAC. *Ile-de-France.*

De gueules au lion d'or, à la fasce de sable brochant sur le tout et chargée d'une étoile d'argent.

Cette famille n'est plus représentée que par de Caulet de Tayac, à Paris.

CAUMELS. *Languedoc.*

De gueules à trois chicots en pal d'or; au chef d'argent chargé de trois croissants d'azur.

L'unique représentant du nom, de Caumels, réside au château de Villefranche, par Fronton, département de la Haute-Garonne.

CAUMIA. *Béarn.*

Écartelé : aux 1 et 4 d'azur à la tour d'argent, maçonnée, ouverte et ajourée de sable; aux 2 et 3 d'argent à trois flammes de gueules rangées en fasce.

Cette famille n'est plus représentée que par le comte de Caumia de Bailleux, à Cassaber, département des Landes.

CAUMONT. *Comtat Venaissin, Normandie, Agenois.*

COMTAT VENAISSIN. CAUMONT-SEYTRES. D'or au lion

de gueules, à la bande de sable, chargée de trois coquilles d'argent.

Normandie. D'argent à trois fasces de gueules, la première surmontée de trois tourteaux de même. — D'azur à trois annelets d'or ; au chef d'argent, chargé de trois mouchetures d'hermine de sable. — Écartelé : aux 1 et 4 d'argent à six merlettes de sable ; aux 2 et 3 d'argent à six quintefeuilles de gueules.

Agenois. Tiercé en bande d'or, de gueules et d'azur à trois léopards d'or l'un sur l'autre, armés, lampassés et couronnés de gueules.

Le nom de Caumont, en latin *Calomonte* ou *Calvomonte*, est celui d'un assez grand nombre de localités, comme tous les mots qui ont une signification applicable à une situation géographique. Il a la même origine que ceux de Calvimon et de Chaumont.

A cette multiplicité de fiefs correspond naturellement un nombre à peu près équivalent de familles. On en trouve en effet, en Guyenne, en Languedoc, en Rouergue, en Armagnac, en Normandie et dans d'autres provinces du nord de la France.

Nous trouvons d'abord dans le Comtat Venaissin les marquis et ducs de Caumont, de la maison de Seytres. Ils avaient emprunté leur surnom à un fief, appelé en latin *Castrum de Cavo Monte* ou de *Cavis Montibus*, parce que, dit-on, il était situé sur les montagnes des Cavares, peuple de la Gaule narbonaise.

La maison de Seytres-Caumont était encore représentée de nos jours par Amable-Victor-Joseph-François de Seytres, né en 1764, créé duc de Caumont par le pape Pie VI, le 28 avril 1789, mort sans postérité en 1841 et par son frère Charles-Joseph-Marie de Seytres, duc de Caumont en 1841, né en 1766, mort le 24 septembre 1847, ne laissant que des filles de son mariage avec Alix de Tournon Simiane.

Il y a eu en Normandie trois familles du nom, formant cinq branches différentes, maintenues dans leur noblesse lors de la recherche de 1666.

La famille des Caumont, écuyers, seigneurs de Raisemont, élection de Neufchâtel, généralité de Rouen et celle des Caumont, seigneurs de Granville et de Bout du-Bois, branche de la précédente.

La famille des Caumont, de l'élection de Montivilliers.

Celle des Caumont, écuyers, seigneurs de la Paindrie, élection de Coutances et un rameau détaché de celle-ci, auquel appartenait Arcisse de Caumont, archéologue, membre de l'Institut, mort le 17 avril 1873.

La maison des Caumont, ducs de Lauzun et de la Force, remonte à Calo Ier, lequel, dit le P. Anselme, donna son nom à une terre appelée en latin *Calomons*, c'est-à-dire Mont de Calo. Calo II, présumé son petit-fils, accompagna Godefroy de Bouillon en Palestine. Son nom et ses armes figurent au Musée de Versailles.

La Chesnaye-Desbois ne commence qu'à Begon de Caumont, vivant en 1211, la généalogie de cette famille.

Nompar de Caumont, frère puîné de Begon eut en apanage la terre de Lauzun et forma la branche cadette, dont le dernier rejeton fut Antonin-Nompar de Caumont, favori de Louis XIV, lieutenant général, créé duc de Lauzun en mai 1692; il avait épousé secrètement mademoiselle de Montpensier, fille de Gaston d'Orléans et nièce de Louis XIII. Veuf le 5 mai 1693, il se remaria le 21 mai 1695 avec Geneviève-Marie de Durfort, fille de Gui-Aldonce duc de Lorges, et il mourut le 19 novembre 1723, à l'âge de 90 ans, sans laisser de postérité.

La branche aînée de la maison ducale de Caumont a formé plusieurs rameaux.

La première a donné deux maréchaux de France : 1° Jacques Nompar de Caumont, créé duc de la Force en 1637, mort le 10 mai 1652, et 2° Armand, son fils, duc de la Force, mort le 16 décembre 1675. On compte aussi parmi ses rejetons : trois maréchaux de camp, un lieutenant général et plusieurs officiers supérieurs. Cette première branche ducale de la Force, s'est éteinte le 14 juillet 1755 avec Jacques Nompar de Caumont, qui, se voyant sans postérité, reconnut pour son parent le chevalier Bertrand de Caumont, seigneur de Beauvilla, garde du corps du roi Louis XV, et l'autorisa à prendre le titre de marquis de la Force.

Bertrand eut deux fils : Louis-Joseph Nompar de Caumont la Force, l'aîné, créé duc à brevet en 1787, était né le 22 avril 1768 et avait hérité de la grandesse du comte d'Ossun, son beau-père. Il est mort sans postérité en 1838, et avait été nommé pair de France, comme ancien duc à brevet en 1814.

Son frère, Philippe-Bertrand Nompar de Caumont, né en 1770, prit à la mort de son frère le titre de duc de la Force et fut appelé à la pairie en 1819. Il mourut le 28 mars 1834 et il eut deux fils, dont l'aîné Edmond, mort avant lui en 1832, ne laissa qu'un fils aussi, Edmond, mort en 1856 sans postérité. Il était maire de Créteil et avait épousé une Anglaise, miss Smyth, veuve Kraven. Le second fils, Auguste Nompar de Caumont, prit à son tour, en 1856, le titre de duc de la Force de sa propre autorité; né en 1803, nommé sénateur en 1856, il vit encore et a épousé Antonine de Vischer de Celles, dont il a un fils et une fille mariée au comte de Raigecourt en 1856.

CAUNELAYE (DE LA). *Bretagne*.

D'azur au lion morné d'argent.

C'est encore en Bretagne qu'on rencontre le dernier représentant de cette belle famille : de la Caunelaye, au château de Crévy, par Malestroit, département du Morbihan.

CAUPENNE D'ASPREMONT. *Guyenne, Gascogne*.

D'azur à six plumes d'autruche d'argent, les pieds croisés 2 et 2 et posés en chevron renversé.

Cette famille a six représentants : le comte de Caupenne d'Aspremont, vicomte d'Echaux ; le vicomte de Caupenne d'Aspremont d'Orthe ; le baron Maurice de Caupenne d'Aspremont ; Melchior de Caupenne d'Aspremont ; Auguste de Caupenne d'Aspremont, chevalier de la Légion d'honneur, officier de marine ; de Caupenne d'Aspremont, à Port-Sainte-Marie, département de Lot-et-Garonne.

CAUSÉ (DU). *Guyenne*.

De sable au lion d'argent armé et lampassé de gueules, à la bande d'or chargée de trois molettes de sable, brochant sur le tout.

Cette famille a quatre représentants : le marquis du Causé de Nazelles, au château de Guignecourt, département de l'Aisne ; le comte Erard du Causé de Nazelles, qui a eu un fils, et Franck du Causé de Nazelles.

CAUVIGNY *Normandie*.

D'argent au chevron de sable, accompagné de trois merlettes de même ; au chef de sable chargé de trois coquilles d'argent.

L'unique représentant du nom, de Cauvigny, réside

au château de Varaville, par Troarn, département du Calvados.

CAVAIGNAC. *France.*

Coupé : au 1 de sable à un fort en ruines d'or ; au 2 de gueules à trois molettes rangées d'or et une mer d'argent en pal.

L'unique représentant du nom, baron de Cavaignac, est vice-président de la chambre consultative d'agriculture, à Montmorillon, département de la Vienne.

CAVELIER. *France.*

D'azur à trois croissants d'or posés 2 et 1.

Cette famille a cinq représentants : le comte de Cavelier de Montgeon, au château d'Ambleville, par Mantes, département de Seine-et-Oise ; Cavelier de Cuverville, ancien député des Côtes-du-Nord ; Cavelier de Mocomble, juge à Neufchâtel, département de la Seine-Inférieure ; Cavelier de Mocomble, au château de Charlys, département de l'Aisne ; Cavelier de Mocomble, chef de station des lignes télégraphiques, à Elbeuf.

CAVROIS. *Artois.*

Coupé : au premier parti *a*, d'or et de gueules, l'or à trois étoiles à cinq rais d'azur, posés 2 et 1 ; *b*, de gueules à l'épée haute en pal d'argent ; au deuxième d'azur, au croissant d'argent.

La branche aînée de cette famille d'Artois, à laquelle appartenait le général baron Cavrois, a pour seul représentant son neveu, Louis-Jules-Elisée Cavrois, docteur en droit, ancien auditeur au conseil d'Etat.

CAYLUS. *Languedoc.*

D'azur à deux lions affrontés d'or, supportant ensemble une flamme de même. — D'or au lion de gueules, accompagné de seize billettes de même rangées en orle.

Cette famille n'est plus représentée que par le baron de Caylus, à Paris.

CAZANOVE. *Picardie.*

D'azur à trois furets d'argent, posés 2 et 1, et surmontés chacun d'une étoile à cinq rais d'or.

Cette famille, dont le nom patronymique est de Bigault, et qui s'est divisée en plusieurs branches : d'Avocourt, de Cazanove, de Fouchères, de Francpré, de Groutrut, de Maison-Neuve, de Préfontaine, etc., est représentée par Charles de Cazanove, à Avize, département de la Marne.

CAZENAVE. *Gascogne, Béarn.*

GASCOGNE. D'argent à deux chevrons d'azur.

BÉARN. D'azur à une maison d'or; au chef d'argent chargé de deux canards de sable.

Cette famille est représentée par de Cazenave, au château de son nom, par Garlin, département des Basses-Pyrénées.

CAZENEUVE. *Languedoc.*

De gueules à la maison d'or, ajourée et maçonnée de sable; au chef cousu d'azur, chargé d'un croissant d'argent, accosté d'un soleil d'or et d'une étoile de même.

Cette famille a quatre représentants : Jean-Denis de Cazeneuve, inspecteur des lignes télégraphiques, à Montauban; Chevalier de Cazeneuve, son fils, à Bordeaux; de Cazeneuve et autre de Cazeneuve, à Lyon.

CAZES. *Guyenne.*

D'argent à trois têtes de corbeaux de sable.

Célèbre aussi dans l'histoire de la monarchie française, cette maison a pour chef de nom et d'armes, le duc de Cazes, commandeur de la Légion d'honneur, à Guitres, département de la Gironde. Elle est encore représentée par le vicomte de Cazes, à Paris; et par le baron Louis de Cazes, au château de Saint-Hippolyte, par Monestier, département du Tarn.

CELLE (DE LA). *Bretagne. Bourbonnais.*

BRETAGNE. De sable au croissant d'or, accompagné de trois quintefeuilles de même.

BOURBONNAIS. D'argent à l'aigle de sable, becquée et membrée d'or, le vol abaissé.

Cette famille a cinq représentants : le comte de la Celle, au château de Lalande, par Toucy, département de l'Yonne; le vicomte de la Celle, au château de Bourgdhem, par Bonnat, département de la Creuse; Eugène de la Celle, sous-ingénieur de marine, à Tarbes; de la Celle, au château de Bouillet, par Montet-aux-Moines, département de l'Allier; le marquis Casimir de la Celle de Châteauclos, au château d'Ajain, département de la Creuse.

CELLIER. *Languedoc, Bretagne.*

LANGUEDOC. D'or à l'aigle de sable, le vol abaissé; au chef d'azur chargé de trois étoiles d'argent.

BRETAGNE. De gueules à la fasce de vair, accompagnée de trois quintefeuilles d'argent.

L'unique représentant du nom, de Cellier, réside au château de Gerbaudière, par Longny, département de l'Orne.

CÉRIS. *Poitou.*

D'azur à la croix alésée d'argent.

Cette famille n'a plus qu'un unique représentant, de Céris, dont la résidence d'été est au château de la Fougeassière, département de la Vienne, et le domicile d'hiver à Poitiers.

CERTAINES. *Nivernais.*

D'azur au cerf passant d'or.

Famille ancienne du Nivernais où est située la terre du nom possédée en 1296 par Bertrand de Certaines. Cette terre fut vendue nationalement en 1794, par suite de l'émigration du marquis Pierre-Constant de Certaines, officier de l'armée de Condé. Cette famille, qui habite actuellement le fief patrimonial de Villemolin, département de la Nièvre, est représentée par le marquis Robert-Edmond de Certaines, chevalier de la Légion d'honneur, et par son fils le marquis Antoine-Marie-François-Joseph de Certaines, membre du conseil général de la Nièvre, et engagé volontaire dans la campagne de 1870 contre la Prusse.

CERTE (DE LA). *Lyonnais.*

D'azur à un cerf passant d'or, accompagné en pointe de trois livres ouverts d'argent tracés de gueules, posés 2 et 1.

De la Certe, unique représentant du nom, réside au château de Surimault, par Niort.

CES CAUPENE. *France.*

Ecartelé : aux 1 et 4 de gueules à deux chiens courants l'un sur l'autre d'argent; au 2 d'argent à la fasce ondée de gueules; au 3 d'azur au chevron d'or.

Cette famille est représentée par Raymond-Joseph de Ces Caupene, au château de Caupene, près Mugron, département des Landes; il a un fils : Louis-Raymond-

Alfred de Ces Caupene, chevalier de la Légion d'honneur, membre du conseil général de Constantine, Algérie.

CESBRON DE GUÉRINIÈRE. *Touraine.*

D'or à une croix pattée de sable, cantonnée de trois trèfles de sinople. — De gueules à une rencontre d'or. — D'argent à deux loups de gueules passants l'un sur l'autre.

L'unique représentant du nom, Cesbron de la Guérinière, étranger à toute fonction publique, consacre son existence à de bonnes œuvres dans la localité qu'il habite, Saint-Florent, département de Maine-et-Loire.

CHABAN. *Lorraine.*

D'azur à l'aigle volante à dextre, vis-à-vis le soleil; le tout d'or.

Cette famille n'est plus représentée que par le comte de Chabans, conseiller de préfecture, à Tours.

CHABANNES. *Angoumois.*

De gueules au lion d'hermine, lampassé, armé et couronné d'or.

Cette maison, qui descend des comtes d'Angoulême de la première race, parents de Charles le Chauve, remonte au dixième siècle. Elle a contracté, dès les temps les plus reculés, des alliances avec plusieurs maisons souveraines d'Europe, et cinq alliances directes avec la maison de France; ce qui lui valut pendant quatre cents ans le titre de cousin du roi. Elle a fourni des grands officiers de la couronne, trois grands maîtres de France, un maréchal de France, le célèbre *la Palice;* plusieurs gouverneurs de province, des lieutenants généraux, etc. Elle s'est divisée en plusieurs branches, dont deux sont encore représentées par sept membres de la famille :

Jacques-Charles-Frédéric, marquis de Chabannes-la-Palice, chef de nom et d'armes, au château de la Palice, département de l'Allier; le vicomte de Chabannes-Curton-la-Palice, grand-officier de la Légion d'honneur, vice-amiral, à Paris; Albert de Chabannes-Curton-la-Palice, lieutenant de vaisseau, chevalier de la Légion d'honneur, son fils; le marquis de Chabannes, au château d'Angoulois, par Château-Chinon, département de la Nièvre, au château de Fargues, par Avignon, et au château de la Batie, à Saint-Trivier, département de l'Ain; le comte de Chabannes, au château d'Eschamps, par Saulieu, département de la Côte-d'Or.

CHABANS. *Périgord.*

De gueules au lion d'argent, armé, lampassé, couronné d'or, accompagné de douze besants du même, mis en orle.

Le seul représentant du nom de Chabans réside à la Chapelle-Foucher, par Brantôme, département de la Dordogne.

CHABAUD-LATOUR. *Ile-de-France.*

D'argent à la fasce de gueules, chargée d'une étoile de la Légion d'honneur, accompagnée en chef d'une tour de sable à trois créneaux, maçonnée et ouverte d'or, et en pointe d'un chabot d'azur, soutenu d'une champagne de sable.

Le chef de nom et d'armes, baron de Chabaud-Latour, grand-officier de la Légion d'honneur, est général de division; un autre représentant du nom réside au château de Thouvenoy, par Sancerre, département du Cher.

CHABERT. *Vivarais, Dauphiné, Guadeloupe.*

D'azur à la bande d'argent, chargée de trois rocs

d'échiquier de sable et accompagnée de taus (ou potence) de même semés en orle.

Cette famille, fixée depuis plus de cinq siècles dans le Dauphiné, s'est transportée à la Guadeloupe, où elle est encore représentée par André-Sébastien Chabert de la Charrière, sans alliance.

Chabert d'Hières, également sans alliance, réside au château d'Hières, par Saint-Marcellin, département de l'Isère.

Chabert, proprement dit, a deux représentants : l'un à Lyon, l'autre conseiller général à Boën, département de la Loire ; le marquis de Chabert, capitaine de vaisseau en retraite, chef de nom et d'armes, réside à Nantes et au château de Kermahé, par Alloir, département du Morbihan.

CHABIEL DE MORIÈRE. *Poitou.*

D'azur à trois pommes de pin d'or posées 2 et 1. La queue de la pomme de pin tournée vers l'écu. Supports : deux lions.

Devise : *Cunctis Serviendum.*

Cette famille originaire d'Espagne, établie en Poitou depuis 1614, est représentée par Edme-Bonaventure, baron de Chabiel de Morière, ancien officier de cavalerie, au château de Verger, près Chatellerault, département de la Vienne.

CHABOT, *Poitou.*

D'or à trois chabots de gueules posés 2 et 1, nageant en amont avec la devise : *Concussus sergo.*

Les Rohan-Chabot écartèlent leurs armes de Rohan et de Chabot.

Cette grande maison, d'origine chevaleresque, remonte par preuves à Guillaume Chabot qui signa, en 1011, la charte de fondation de l'abbaye de la Trinité de Vendôme, avec Guillaume, duc d'Aquitaine, et Foulques d'Anjou.

Elle a pour représentants actuels : le duc de Rohan-Chabot, chef de nom et d'armes de la branche des Chabot entée sur les Rohan, à Paris, son fils aîné, ses autres enfants et son frère.

Le comte de Jornac, également de la branche de Rohan-Chabot, demeurant en Angleterre.

Enfin pour la branche de Chabot restée en Poitou, le comte de Chabot, au château du Parc-Soubise, par les Quatre-Chemins, département de la Vendée et ses frères, également établis en Poitou.

Ce sont les seules branches de la maison de Chabot dont la filiation directe est authentiquement établie, mais il y aussi des probabilités que les Chabot du Perche, descendraient de Guillaume Chabot; toutefois ils n'ont pu établir sur preuve une filiation authentique et suivie.

CHABOUD. *Dauphiné.*

D'azur semé d'étoiles d'or; au sautoir d'argent brochant sur le tout.

Cette famille est représentée par de Chaboud, au château de la Tour-du-Pin, département de l'Aisne.

CHABRAND. *Provence.*

D'azur à un chevreuil rampant d'or.

Cette famille est représentée par de Chabrand, à Moussanne, département des Bouches-du-Rhône.

CHABRE. *Auvergne, Bretagne.*

Écartelé : aux 1 et 4 d'azur au chevron d'or accompagné de trois têtes de chèvre coupées de même ; aux 2 et 3 d'azur à la croix alésée d'argent, à la bordure de vair.

Cette famille est représentée au château d'Argentières, par Montluçon, département de l'Allier.

CHABRIER. *Guyenne.*

D'argent à la croix de gueules bordée de sable et chargée de trois roses du champ sur le montant et de deux lions passants d'or sur la traverse.

Cette famille, inscrite dans les nobiliaires sous le nom de Chabrier de la Borde, est représentée par de Chabrier, commandeur de la Légion d'honneur, ancien sénateur, à Paris.

ÇHABRIÈRES. *Dauphiné.*

D'azur à deux fasces ondées d'argent.

Maurice de Chabrières, à Lyon. est le seul représentant de cette noble famille.

CHABRILLAN (Guignes de Moreton). *Dauphiné.*

D'azur à une tour crénelée de cinq pièces sommée de trois donjons chacun crénelé de trois pièces, le tout d'argent maçonné de sable ; à la patte d'ours d'or, mouvant du quartier senestre de la pointe et touchant la porte de la tour.

Cette famille qui a donné un chevalier croisé en 1191, tire son nom de la terre de Chabrillan, érigée en marquisat en 1674. Elle a pour chef, de nom et d'armes, Alfred-Philibert-Victor Guignes de Moreton, marquis de Chabrillan qui a deux fils : l'un, comte de Chabrillan, épousa Mlle de la Tour-du-Pin Montauban ; l'autre, comte Paul de Chabrillan, qui épousa Mlle d'Agoult.

La seconde branche, formée d'arrière-neveux du chef de la famille est composée du comte Fortuné de

Chabrillan, qui épousa Mlle de Croy-Dulmen et le comte Robert de Chabrillan, capitaine de cavalerie.

CHABROL. *Auvergne.*

Écartelé : aux 1 et 4 d'azur au chevron d'or accompagné de trois molettes du même ; aux 2 et 3 d'azur au pal d'or chargé d'un lion de gueules et accosté de six besants de même.

Chabrol est une ancienne et noble famille d'Auvergne. On trouve un Chabrol à la septième croisade. Il y fut témoin au testament de Hélin de Bourdeville ; mais la famille n'a point de titres remontant à cette époque. Ses biens furent confisqués après la révocation de l'Édit de Nantes et ils lui furent rendus sous le règne de Louis XV. Elle a contracté de grandes alliances et produit des hommes éminents.

Chabrol a formé quatre branches, réduites à trois branches aujourd'hui.

Chabrol-Tournoël, branche aînée, représentée par le comte de Chabrol-Tournoël, au château de Joserand, par Comberonde, Puy-de-Dôme ; la branche de Chabrol-Crouzol, représentée par le comte de ce nom, au château de Littray, Calvados ; la branche de Chabrol-Chaméane, représentée par le comte de Chabrol-Chaméane, au château de Saint-Patrice, par Langenis, Indre-et-Loire ; et le vicomte de Chabrol-Chaméane, au château de Vernay, par Challuy, Isère.

CHABRON DE SOLILHAC. *Auvergne.*

D'azur au chevron d'or surmonté de trois pattes de griffon du même.

Cette famille a pour chef de nom et d'armes Joseph de Chabron de Solilhac, officier de cavalerie, qui épousa Gabrielle de Varenes, dont un fils et une fille. Elle est également représentée par le général de division de Chabron, commandeur de la Légion d'honneur, conseiller général, à Monistral, département de la Haute-Loire, député du même département.

CHAFFAUT (AMANDRIC DE). *Basses-Alpes.*

D'azur à la colombe d'argent volant en bande, tenant dans son bec un rameau d'olivier de sinople. Couronne : de comte.

Cette famille noble tire son nom moderne du village de Le Chaffaut, jadis, terre et seigneurie, située dans les Basses-Alpes, à quelques kilomètres de Digne, auxquelles étaient attachés les droits féodaux les plus complets, qu'elle acquit vers le milieu du quinzième siècle de la ville de Digne, et qui, depuis cette époque, est restée en partie en sa possession.

Suivant l'usage, elle adopta et joignit à son nom d'Amandric celui de cette importante seigneurie et qui par la suite des temps a été souvent substitué au nom patronymique.

Le comte d'Amandrie de Chaffaut, député du département des Basses-Alpes à l'Assemblée constituante en 1848, mort en 1861, épousa N. d'Entrecasteaux, de la noble famille de ce nom qui a donné à la France un de ses plus illustres marins, dont deux enfants, savoir : d'Amandric de Chaffaut, chef de nom et d'armes, né à Digne, et d'Amandric de Chaffaut, chef d'escadrons au 4e d'artillerie.

CHAFFOY. *Franche-Comté.*

Losangé d'or et d'azur, à la fasce d'azur brochant sur le tout.

Cette famille est représentée par M. de Chaffoy, à Besançon, département du Doubs.

CHAGRIN DE SAINT-HILAIRE. *Alençon.*

D'or à trois tourterelles d'azur.

L'un des deux représentants du nom est maire à Bezancourt, département de la Seine-Inférieure; l'autre est colonel d'infanterie.

CHAIGNON DES LANS. *Bourgogne.*

D'azur au lion d'or armé et lampassé de gueules, tenant une épée d'argent garnie d'or.

Cette famille a trois représentants : le vicomte Maurice-Henry de Chaignon, chevalier de la Légion d'honneur, au château de Condal, par Cuiseaux, département de Saône-et-Loire; Flavien de Chaignon, à Clermont-Ferrand et Théobald de Chaignon à Saint-Amour, Jura.

CHAILLOU. *Bourgogne, Bretagne.*

BOURGOGNE, CHAILLOU DES BARRES. Tiercé en fasce : au 1 de gueules, à la muraille crénelée d'argent, maçonnée de sable, surmontée d'une branche de chêne d'argent; au 2 d'azur, à la croix alésée d'or, cantonnée de quatre rubis au naturel; au 3, de sinople au rocher d'or mouvant sur une mer d'argent.

BRETAGNE, CHAILLOU DU GUERN. D'azur au chevron échiqueté d'argent et de gueules, accompagné en chef de deux soleils d'or et en pointe d'une croisette du même.

Le seul représentant du nom est maire à Nogent-sur-Vernisson, par Châtillon-sur-Loire, département du Loiret.

CHAISE (LA). *Bourbonnais et Bourgogne.*

D'azur à la fasce d'or accompagnée de trois quintefeuilles du même, deux en chef, une en pointe.

Le baron de la Chaise, chef de nom et d'armes, réside au château de Ferrières, par Gournay, département de la Seine-Inférieure; Paul de la Chaise, à Moulins, a trois fils : l'aîné, sous-inspecteur des forêts, à Moulins; Albert de la Chaise, ingénieur des ponts et chaussées, à Châlon-sur-Saône; de la Chaise, capitaine dans l'armée pontificale.

On peut consulter pour cette famille l'*Armorial général* de J. de Deschavanes, tome I, page 152.

CHAISES (DES). *Bourbonnais.*

D'argent à un chevron de gueules accompagné de trois feuilles de houx, deux en chef, une en pointe.

Le représentant unique du nom réside au château d'Aye, aux Seigneaux, par le Grand-Bourg, département de la Creuse.

CHAIX-D'EST-ANGE. *Provence.*

De gueules au lion d'or couronné du même.

A cette famille appartiennent de Chaix-d'Est-Ange, grand-officier de la Légion d'honneur, vice-président du Conseil d'État, et de Chaix-d'Est-Ange, le célèbre avocat du barreau de Paris.

CHALOPIN. *Bretagne.*

D'argent à trois roses de gueules.

Le chef de nom et d'armes, unique représentant du nom, est chanoine à Nantes.

CHALUS. *Maine.*

D'azur à trois croissants d'argent.

Cette famille, distincte de celle du même nom qui suit, fut maintenue dans sa noblesse par arrêt du Parlement de Bretagne rendu sur la requête de Paul-René de Chalus de la Poupardière et de ses deux frères, en date du 8 juillet 1761.

De Chalus, de la branche de la Brandais, a fourni

deux généraux aux guerres de la Vendée, et Arthur de Chalus, fils unique du dernier de cette branche, a été blessé à mort à Castelfidardo.

Cette famille a quatre représentants : le comte de Chalus, chef de nom et d'armes à Lamballe, Côtes-du-Nord; son fils, substitut à Bourbon; de Chalus, ancien magistrat de la cour royale de Rennes, au château du Premorel-en-Plesder, par Saint-Pierre-de-Glesquen, département d'Ille-et-Vilaine; et son fils, Louis de Chalus, à Rennes.

CHALUS. *Auvergne.*

D'azur au poisson d'or, mis en bande, accompagné de cinq étoiles d'or posées en orle, deux en chef et trois en pointe; à la bordure engrelée de gueules.

Raymond de Chalus fit partie de la première croisade de Saint-Louis, en 1250, ce que constate une charte datée de Saint-Jean-d'Acre de la même année.

Cette famille est représentée par deux branches : la première par le comte de Chalus, chef de nom et d'armes, au château de Bigny, département du Cher; le vicomte de Chalus, capitaine d'artillerie; le baron de Chalus, au château du Carroy, Cher; — la deuxième branche par de Chalus, receveur des contributions indirectes à Mantes, Seine-et-Oise; de Chalus, au château de Saint-Fargeot, par Marcillat, Allier; de Chalus, capitaine d'infanterie.

CHAMBARLHAC. *Languedoc, Normandie.*

LANGUEDOC, NORMANDIE. D'azur au chevron d'or, accompagné de trois colombes d'argent becquées et membrées de gueules.

LANGUEDOC, CHAMBARLHAC DE L'AUBÉPAIN Écartelé : aux 1 et 4 d'azur au chevron d'or accompagné de trois colombes d'argent becquées et membrées de gueules; au 2 d'or à l'aubépine au naturel posée sur une terrasse de sinople qui est de l'Aubépain; au 3 de sinople à un camp composé de trois tentes d'argent, la plus grande posée en abîme.

Cette famille, éteinte dans les mâles, est représentée uniquement par Mme la baronne douairière de Chambarlhac, à Paris.

CHAMBAUD. *Languedoc.*

Tiercé en fasce : au 1 d'argent au chevron alésé d'azur accompagné de trois casques de profil, de gueules; au 2 d'azur à trois étoiles à cinq rais d'or posées en fasce; au 3 d'argent au levrier courant d'azur, colleté de gueules.

Cette famille ancienne a pour chef de nom et d'armes le baron de Chambaud, agent vice-consul à Alicante, Espagne; elle est aussi représentée par Auguste-Hercule, baron Chambaud, qui réside à la campagne, dans le département de l'Allier.

CHAMBERET. *Franche-Comté.*

Coupé d'azur et de gueules; sur l'azur, un lion passant d'or; sur le gueules deux étoiles d'or; à la fasce d'argent sur le coupé. Couronne : de comte. Supports : deux lions.

Cette famille, originaire du Limousin, établie depuis 1804 en Franche-Comté, possédait, vers l'an 1680, les fiefs nobles de Chamberet et Montévert, près Limoges.

Elle a cinq représentants : le comte de Chamberet, au château de Montfort, par Charlieu, département de la Loire; Charles-Joseph-Jules Albert de Chamberet, propriétaire, à Besançon; Georges de Chamberet, auditeur à la cour des comptes, à Paris, qui a sa résidence d'été au château de Frontenay, département du Jura; Charles-Gabriel de Chamberet, général de brigade à Dijon.

CHAMBGE (DU). *Picardie.*

D'argent au chevron de gueules accompagné en chef de deux merlettes de sable et en pointe d'un trèfle de sinople. Cimier : un lion issant de sinople armé et lampassé de gueules, appuyant sa patte dextre sur une merlette de sable. Supports : deux lions regardant de sinople, armés, lampassés et couronnés d'argent, tenant chacun une bannière aux armes de l'écu.

Devise : *Pour un mieux du Chambge.*

La filiation non-interrompue et prouvée par titres authentiques de cette famille remonte à Pierre du Chambge, qui, en 1539, était procureur général de la ville de Tournay. Elle n'a plus de représentants qu'en France, on y retrouve : du Chambge, à Angers; chevalier du Chambge de Liessard, à Douai; Cousin-Hyacinthe du Chambge de Noyelles, officier d'infanterie, chevalier de la Légion d'honneur.

CHAMBLEY. *Bourgogne, Belgique*

Écartelé d'or et d'azur à la croix d'argent brochante sur le tout, chaque canton d'or chargé d'une aigle de sable couronnée d'or et languée de gueules, chaque canton d'azur chargé d'une fleur de lis d'argent. Casque : couronné. Cimier : une aigle de l'écu. Lambrequins : à dextre d'or et d'argent; à senestre d'argent et de sable.

Le seul représentant du nom est juge de paix à Chaumont, département de la Haute-Marne.

CHAMBON. *Poitou, Auvergne, France.*

POITOU. D'azur à la tour d'argent maçonnée de sable.

Auvergne. De gueules au sautoir d'or. — Fascé d'or et d'azur.

France. D'argent à trois têtes de Mores de sable, tortillées sur champ, posées 2 et 1.

Voici les représentants du nom de Chambon, formant les familles distinctes : marquis Charles de Chambon, préfet à Versailles ; de Chambon, chanoine honoraire, à Saint-Flour, Cantal ; Mathieu-Joseph-Fronton-Marie-Amable de Chambon, à Grenade, Haute-Garonne ; Jean-Pierre-Léopold de Chambon, son fils aîné, à Rabastens, Tarn ; Adrien de Chambon, son fils cadet, percepteur des contributions directes, à Revel, Haute-Garonne. Ce dernier a un fils : Adolphe-Charles-Louis. Amable-Jean-Julien de Chambon, son autre fils, est décédé.

CHAMBONNAS (de la Garde). *Languedoc.*

D'azur au chef d'argent.

Cette famille est représentée par de la Garde de Chambonnas, à Angers.

CHAMBORANT (Moynier de). *Poitou.*

D'or au lion de sable armé et lampassé de gueules. Cimier : un dragon issant d'or. Supports : deux dragons d'or.

Cette maison, illustre par son antiquité et par son dévouement aux souverains, a les mêmes armes que celles des comtes de Flandre, dont le frère du roi des Belges porte le titre aujourd'hui.

Ses titres remontent à l'an 1040 ; elle tire son nom de la terre de Chamborant, première baronnie de la vicomté de Bridiers, en Poitou.

Cette famille n'est plus représentée que par la marquise de Moynier de Chamborant, à Paris.

CHAMBOST. *Lyonnais.*

D'azur à un chevron, accompagné en pointe d'un croissant d'argent, et en chef de trois étoiles d'or soutenues d'une trangle d'argent.

Cette famille a quatre représentants : le comte de Chambost, au château de Lepin, par Pont-de-Beauvoisin, Savoie; de Chambost, au château de Poisieu, par Cremieu, Isère; de Chambost, à son château de Saint-Laurent de Chamousset, Rhône; de Chambost, au château de Chambost, par Chasselay, Loiret.

CHAMBRAY. *Normandie.*

Semé d'hermine, chargée de trois tourteaux de gueules posés 2 et 1.

Cette noble et ancienne maison tire son nom d'un château situé sur la rivière d'Yton, possédé depuis plus de sept siècles de père en fils par les seigneurs de ce nom, sortis dès le douzième siècle des seigneurs de la Ferté-Fresnel.

La famille a plusieurs représentants : le marquis de Chambray, chef de nom et d'armes, au château de Chambray, par Damville, Eure ; le comte de Chambray, à Paris; de Chambray, au château de Belleville, par Limours, département de Seine-et-Oise.

CHAMBRUN D'UXELOUP DE ROSEMONT. *Gévaudan.*

De sable au chevron d'or accompagné en chef de deux étoiles et d'un croissant d'argent et en pointe de deux besants d'or. Couronne : de comte.

Cette famille est une branche des Pincton de Chambrun, originaire du Gévaudan, fixée dans les dernières années sur les frontières du Blaisois et du Berry.

Elle est représentée par le comte de Chambrun, député de la Lozère et par les deux fils de Pierre-Laurent de Chambrun d'Uxeloup de Rosemont qui, au retour de l'émigration, rentra aux gardes du corps et devint lieutenant colonel.

CHAMBURE. *Bourgogne, Lorraine.*

Bourgogne. D'azur au chevron d'or, à trois pommes de pin de même et une étoile d'argent en chef. Timbre : un casque.

Devise : *Stella ducet*.

Lorraine. Parti d'or et de sinople à une bande de l'un en l'autre.

Andoche-Eugène-Pelletier de Chambure, chef de nom et d'armes de sa famille, membre du conseil général de la Nièvre, réside au château de Lachaux, département de la Nièvre. Il épousa Marie-Claudine Dareau, dont un fils et une fille mariés.

Un autre représentant du nom réside au château de Chaux, par Saulieu, département de la Nièvre.

Chambure en Lorraine est représenté par de Chambure, à Versailles.

CHAMERLAT DE BOURRASSOL. *Auvergne.*

D'or à une fasce denchée d'azur chargée de trois croissants d'argent et un lion issant de gueules en chef.

Cette famille est représentée par de Chamerlat de Bourrassol, au château de Grenier, par Billom, département du Puy-de-Dôme.

CHAMILLART. *Bretagne, Ile-de-France.*

Écartelé : aux 1 et 4 d'azur au levrier passant d'argent, colleté de gueules; au chef d'or chargé de trois étoiles de sable, qui est de Chamillart; aux 2 et 3 d'argent à trois fasces nébulées de gueules.

Cette famille est représentée par le marquis de Chamillard de la Suze, au château de Courcelles, par Malicorne, départemeut de la Sarthe.

CHAMISSO. *France.*

D'argent à cinq trèfles de sable posés en sautoir, en chef, et deux mains dextre et senestre renversées de même en pointe. Couronne : de marquis ; supports : deux lions rampants et contournés.

Cette maison d'ancienne extraction est originaire du duché de Lorraine. Un de ses membres, Adalbert de Chamisso, poëte et naturaliste, s'est fixé en Prusse à l'époque de l'émigration et y a laissé postérité.

On rencontre en France plusieurs représentants du nom de Chamisso : le comte de Chamisso, chef de nom et d'armes, à Paris et au château de la Malmaison ; de Chamisso, chef de la branche de Chamisso, au château de Villers-en-Argonne, par Sainte-Menehould, département de la Marne. Une subdivision de la branche de Vlllers est représentée par de Chamisso, officier supérieur de cavalerie.

CHAMONT. *France.*

De gueules au dextrochère armé d'argent mouvant du flanc senestre, portant un guidon semé de France, flottant vers senestre, la hampe et la pique d'argent.

Cette famille dont les armes sont blasonnées sous le nom de Chamont le Ratz de Chavannes est représentée à Paris.

CHAMONIN. *Aoste, Flandre française.*

D'argent au chevron de gueules, accompagné en chef de deux étoiles d'azur et en pointe d'une ancre de sable ; l'écu timbré d'un casque de profil, armé de ses lambrequins aux émaux et couleurs de l'écu.

Le nom de cette famille figure dans les archives de la commune de Valgrisanche, au duché d'Aoste depuis le quinzième siècle.

Elle a pour chef de nom et d'armes, Pierre-François-Jean Chamonin, vice-consul de Sardaigne et d'Espagne à Dunkerque, archéologue des plus distingués.

CHAMORIN. *France.*

Coupé : au 1 d'or au dragon de sinople, tenant une épée d'azur; au 2 d'azur au palmier d'argent, terrassé de même, accosté de deux étoiles aussi d'argent.

L'unique représentant du nom, de Chamorin, réside à son château de Vaucouleurs, département de la Meuse.

CHAMOY (Rousseau de). *Bourgogne, Champagne.*

D'azur, à trois bandes d'or. Cimier : un chamois passant. Supports : deux chamois. Couronne : de marquis.

Devise : *Spes et fides.*

Cette ancienne et noble maison, originaire du comté de Tonnerre, est connue, par titres anthentiques, dès le treizième siècle. Pierre Rousseau, premier du nom, chevalier, est qualifié de *messire* dans un titre de l'an 1259. Huet, son fils, chevalier, reçut en 1288, un fief de Philippe-le-Bel, à la charge de donner au roi six flèches tous les ans ; c'est-à-dire, de fournir six hommes armés de flèches (??)

Sous les noms de La Corbilière, de l'Étang et de Villejoin, les Rousseau de Bourgogne ont formé plusieurs branches répandues en Berry, en Poitou et jusque dans l'île de la Guadeloupe, Nous reviendrons tout à l'heure sur ce dernier rameau qui subsiste encore.

Étienne, quatrième du nom, sixième descendant de Huet, fut la tige de ces diverses branches, dont il n'existait plus, en France, avant la Révolution, que les deux principales : celle de Villejoin, éteinte aujourd'hui, et celle de Chamoy qui a pour chef le marquis Édouard de Chamoy, descendant, au quatrième degré, de Louis de Rousseau, chevalier, ministre de France, sous Louis XIV, en Saxe, en Suède, etc., et à la diète impériale de Ratisbonne, troisième descendant lui-même d'Étienne IV.

En 1681, Louis de Rousseau acheta la terre et seigneurie de Chamoy, en Champagne, érigée en marquisat, et qui passa à son petit-fils Pierre-Jacques, marquis de Chamoy, baron de Vossemain et Sommeval, seigneur de Montigny, Auxon, La Brossotte et autres lieux, lieutenant général, pour le roi, du gouvernement de Paris, marié en 1745, avec noble demoiselle Le Clerc de Lesseville. — De cette union, sortit messire Anne-Claude, chevalier, marquis de Chamoy, colonel du régiment du commissaire-général-cavalerie, chevalier de l'ordre royal et militaire de Saint-Louis, qui en 1774 épousa, en premières noces, Marguerite Rose Sauvage, dont il eut Hippolyte, marquis de Chamoy, mort en 1864, sans laisser de postérité; — et, en deuxièmes noces (1784), noble demoiselle Henriette-Charlotte-Françoise Lefebvre du Quesnoy, d'une illustre famille de Normandie, dont il eut, entre autres enfants, le marquis Édouard de Chamoy, chef des noms et des armes de sa maison, comme il vient d'être rapporté.

D'après les *preuves de noblesse* faites devant Chérin, garde du cabinet des titres des ordres du roi, — à la demande de Pierre Quentin Rousseau, major d'infanterie, commandant les milices de la paroisse Sainte-Anne de la Petite-Goyave, en l'île de la Guadeloupe, — la branche cadette des Rousseau, établie en Poitou, avait pour chef, avant 1789, ledit Pierre Quentin qui, de son mariage, contracté le 24 avril 1786, avec Marie-Alèthe de Boubers, comtesse de Boubers (*sic*), fille de Louis-Antoine, comte de Boubers, et de Marie-Françoise de Vipart, eut Amédée-François-Bernard, père d'Ernest Rousseau, *alias* de Rousseau, actuellement l'aîné de son nom à la Guadeloupe. M. Chérin reconnait que les armes de ces Rousseau sont en effet, *d'azur à trois bandes d'or*, comme les ont toujours porté les aînés.

Nous ne pouvons rien dire de plus sur cette dernière branche des Rousseau de Bourgogne. On voit également dans les *preuves*, qu'au moment de la séparation, Jean Ier du nom en Poitou, est qualifié d'écuyer et de capitaine (gouverneur) du château de Segondigny, appartenant à la duchesse de Longueville (1521). — Ils sont seigneurs de Choisy, de Fontaine, de Bouthiers, du Tilloy ; gouverneurs de Guise, etc.; et ils s'allient aux Sazay, aux Meymy, aux Tilloy, etc.; toutes familles nobles du Poitou. — Dans ces derniers temps, Ernest, nommé ci-dessus, fils d'une Bragelongue, dont le père est mort à la Pointe-à-Pître sur l'échafaud révolutionnaire, avait épousé Élisabeth Chabert de La Charrière. fille du procureur général, et nièce du président de la Cour royale. — De ce mariage sont issus un garçon et une fille encore jeunes.

Les Rousseau de Bourgogne ont fourni un grand nombre d'officiers distingués, de terre et de mer, et, dans le dix-huitième siècle, plusieurs chevaliers de Saint-Louis. Ils ont rempli diverses fois, en France et dans les îles (à la Désirade), les fonctions de gouverneurs militaires, et ils ont occupé des emplois importants dans la magistrature et la diplomatie.

Le marquis de Chamoy, connu d'abord sous le nom de comte Edouard de Chamoy, a servi dans sa jeunesse.

Il a fait, comme officier de cavalerie, les dernières guerres de l'Empire ; a été nommé chevalier de la Légion d'honneur sur le champ de bataille de Champaubert, et s'est retiré du service en 1830, étant chef d'escadrons aux hussards de la garde des rois Louis XVIII et Charles X. — Sa résidence est à Paris et au château de Chamoy, non loin de Troyes, département de l'Aube. — Il a épousé, en 1826, la fille du marquis d'Aramon, pair de France, et il n'est point issu d'enfant de ce mariage.

(Voyez les *Preuves de noblesse faites au cabinet des Ordres du roi,* et le *Dictionnaire véridique des origines,* par Laîné, successeur de Saint-Allais, in-8°, Paris, 1818-1819).

CHAMP. *Dauphiné.*

D'argent à la bande d'azur accompagnée en chef d'un lion de sable armé et lampassé de gueules et en pointe d'un chêne terrassé de sinople ; au chef d'azur chargé de trois étoiles d'or. Couronne : de baron.

Cette famille dont la noblesse a été reconnue lors de la rentrée en France du roi Louis XVIII et qui a donné un secrétaire du roi à la cour des aides de Montpellier, est encore représentée par plusieurs membres dont l'un est avocat à la Cour impériale de Lyon.

CHAMPAGNE. *Alsace.*

D'azur à une bande d'argent cotoyée de deux cotices potencées et contre-potencées d'or de treize pièces, 7 et 6, accolées d'azur à trois lions d'or armés et lampassés de gueules.

Cette illustre maison a pour auteur Hubert, sire d'Arnay, vivant en 980, 985, 997, mort avant 1002, sous le règne du roi Robert, fils de Hugues-Capet.

Le marquis de Champagne chef de nom et d'armes, réside à Paris.

CHAMPAGNÉ-GIFFART.

Parti : au 1 d'hermine au chef de gueules qui est de Champagne; au 2 d'argent à la croix de gueules chargée de cinq coquilles d'or et cantonnée de quatre lions de gueules couronnés, qui est de Giffart.

Cette famille est représentée par René-Marie-Charles marquis de Champagne-Giffart, au château de Craon, département de la Mayenne.

CHAMPCHÉVRIER-MAZIÈRES. *Anjou, Touraine.*

D'or à l'aigle éployée de gueules.

Cette famille a pour représentant le baron de Champchévrier-Mazières, au château de Langeois, département d'Indre-et-Loire.

CHAMPEAU. *Bourgogne.*

D'azur à un chevron d'or accompagné de trois glands de même posés 2 en chef et 1 en pointe.

De Champeau, seul représentant du nom, réside au château de Villers, par Douai.

CHAMPEAUX. *Bourgogne.*

D'azur au cœur d'or, accompagné de trois étoiles d'argent, deux en chef et une en pointe.

Cette maison qui remonte par titres à Jean de Champeaux, député pour le roi en qualité de commissaire, mort avant 1599, a plusieurs représentants : le comte de Champeaux, à Paris; de Champeaux la Boulay, juge au tribunal civil, à Orléans.

CHAMPEAUX. *France.*

D'or à la bande de sable, chargée de trois besants

du champ et accompagnée de deux croix pattées de gueules.

Devise : *Diex le Volt.*

Cette famille déclare appartenir à celle de Guillaume de Champeaux, vivant en 1000, qui fut considéré comme étant une des lumières de l'Église, devint l'un des fondateurs de l'Université de Paris, fonda à Paris l'abbaye de Saint-Victor et fut appelé à l'évêché de Châlons-sur-Marne qu'il quitta pour se faire religieux à Clairvaux, sous saint Bernard, son parent et son ami.

Il ne nous a pas été présenté de preuves à l'appui de cette assertion.

Au commencement de ce siècle on retrouve :

Dans le clergé, deux frères : Joseph-Nicolas de Champeaux, ancien député aux États-Généraux, conseiller de l'Université de France, chevalier de la Légion d'honneur; Edme-Georges de Champeaux, rédacteur de l'académie d'Orléans, chevalier de la Légion d'honneur; .

Dans l'armée, deux frères des abbés de Champeaux . Laurent-Marie-Gilbert et Jean-Baptiste-Nicolas, tous deux officiers supérieurs d'infanterie, chevaliers de Saint-Louis; leur neveu, Pierre-Clément de Champeaux, général de brigade, tué à la bataille de Marengo; deux fils de ce dernier, Achille, officier d'infanterie, tué en Espagne et Gaston, capitaine d'infanterie, plus tard sous-préfet, chevalier de la Légion d'honneur.

Dans l'administration : le même Gaston de Champeaux et son fils Ernest, depuis sous-préfet à Pont-l'Évêque, département du Calvados.

Dans les finances : un cinquième frère des abbés de Champeaux, Henri-Joseph, directeur de l'enregistrement et des domaines à Auxerre, département de l'Yonne et son fils, Augustin-Joseph de Champeaux, depuis receveur de l'enregistrement et des domaines à Angers, département de Maine-et-Loire.

CHAMPETIER ou **CHAMPESTIÈRES**. *Guyenne, Gascogne.*

De gueules à la bande d'or, à la bordure de vair.

Cette maison est représentée par de Champétier de Ribes, inspecteur de l'enregistrement, à Pau.

CHAMPFEU. *Bourbonnais.*

D'azur, au sautoir d'or, cantonné de quatre couronnes à l'antique de même.

Cette famille, maintenue par ordonnance de l'intendant de la généralité de Moulins, du 21 avril 1698, a pour chef de nom et d'armes Charles-Pierre, comte de Champfeu, à Moulins. Il a un frère, Léon, vicomte de Champfeu, et une sœur, Geneviève, comtesse de Faudoas.

CHAMPGRAND (Labbe de). *Berry.*

D'argent à trois fasces de gueules, au lion d'or armé et lampassé de gueules, couronné d'or, brochant sur le tout.

Devise : *Constantia duris.*

Cette famille a pour chef de nom et d'armes Philippe-Édouard Labbe de Champgrand, veuf de Marie Herry de Maupas, dont deux fils, officiers de cavalerie.

La famille est encore représentée par les deux frères et les deux sœurs de Philippe-Édouard : Gustave Labbe de Champgrand, qui épousa Noélie de Glos, dont deux fils et une fille ; et Ferdinand Labbe de Champgrand, ecclésiastique, prêtre de Saint-Sulpice, à Bourges.

CHAMPIGNY. *Champagne.*

D'azur à la croix d'argent cantonnée au 1 d'une étoile à cinq rais du même.

Le marquis de Champigny, chef de nom et d'armes, est maire à Normanville, par Évreux, département de l'Eure; un autre représentant du nom, sans titre, est officier de louveterie, à Poussignol, département de la Nièvre; et un troisième, la comtesse de Champigny, réside à Paris.

CHAMPION. *Bretagne, Bourgogne, Ile-de-France.*

Bretagne. Le Champion de Caimbie. D'azur au sautoir d'or cantonné de quatre fleurs de lis d'argent. — Champion de Chartres. D'azur à trois têtes de levrier d'argent, colletés de gueules. — Champion, barons de Cicé. D'azur à trois écussons d'argent, chargés chacun de trois bandes de gueules.

Devise : *Au plus vaillant le prix.*

Bourgogne, Ile-de-France. Champion de Nansouty. D'azur à un homme d'or, armé et cuirassé, combattant à l'antique, tenant une épée et un bouclier du même.

Devise : *Audax sed fidelis.*

Cette famille a deux représentants : Charles de Champion de Nansouty, commandeur de la Légion d'honneur, colonel du 4e chasseurs d'Afrique; Eugène de Champion de Nansouty, son frère, chevalier de la Légion d'honneur, capitaine d'infanterie, démissionnaire. Leur mère est fille du baron du Bois d'Aisy et de Mlle de Brosses, fille du président de Brosses, mort en émigration, premier président du parlement de Bourgogne.

CHAMPS (de). *Nivernais.*

D'azur à cinq mandragores d'argent; au franc-quartier du même chargé de cinq mouchetures d'hermine de sable.

Les représentants nobles de ce nom, fort répandu en

France, ne sont pas nombreux. On désigne parmi eux : Auguste de Champs, contrôleur des contributions directes, à Dijon; Émile de Champs, ancien payeur, à Nevers; de Champs de Saint-Léger, au château de Mousse, par Château-Chinon, département de la Nièvre; de Champs, ingénieur, sous-directeur des forges de la Chaussade, à Guérigny, département de la Nièvre; Ferdinand de Champs, au château de Chazelles, près de la Charité, département de la Nièvre.

CHAMPVANS (Guigne de). *Franche-Comté.*

D'argent au chevron de gueules, accompagné en chef de deux quintefeuilles de gueules et en pointe d'un croissant d'azur.

De Guigne de Champvans, représentant du nom, est préfet du département du Gard. Il a ses résidences au château de Nancelles, près Mâcon, département de Saône-et-Loire, et au château de Moirans, près Saint-André, département du Jura.

CHAMPY. *Bretagne.*

Écartelé aux 1 et 4 d'or à trois chevrons brisés de sable; aux 2 et 3 d'or à trois fasces crénelées et alésées de sable.

La baronne de Champy, qui seule représente le nom, réside au château de Musigny, par Arnay-le-Duc, département de la Côte-d'Or.

CHANAL. *Bresse.*

D'azur à la bande ondée d'argent, accompagnée de deux lionceaux du même.

Le seul représentant du nom, de Chanal, officier de la Légion d'honneur, est colonel d'artillerie.

CHANALEILLES. *Gévaudan, Vivarais.*

Seigneurs de Chanaleilles, de la Valette, du Villard, de Saint-Cirgues, de Fabras, de Vals, du Pin, d'Ucel, de Retourtour, du Vergier, du Buisson, de Montpezat, du Roux, des Éperviers, de Saint-Pierre du Colombier, de Collanges, de la Saumès, de Joyeuse, des Vans, de Jagonas, de Servières, de Naves, de Casteljau, de Ribes, du Petit-Paris, de Saint-André-la-Champ, de la Blachère, de Jalavoux, etc., etc.;

Marquis de Chanaleilles, de Montpezat, du Villard, de Chambonas et de la Saumès; barons de Retourtour, des Éperviers, de Jagonas, de Castelnau-d'Estrettefonds, en Gévaudan, en Vivarais et en Languedoc.

D'or à trois levriers de sable, colletés d'argent, courant l'un sur l'autre. Couronne : de marquis. Tenants : deux anges. Cimier : une tête de cheval.

Devise : *Fideliter et alacriter.*

Légende : *Canes ligati* (chiens liés, armes parlantes).

Cri de guerre : *Cana Neleis.*

La généalogie de la maison de Chanaleilles a été publiée plusieurs fois, dans divers ouvrages anciens et modernes, qui ont presque tous reproduit, plus ou moins complétement, les preuves dressées par Chérin, généalogiste du roi, pour obtenir les honneurs de la cour ou bien les preuves faites pour entrer dans l'ordre de Malte. Mais ces preuves se bornaient à faire remonter la filiation authentique jusqu'à l'époque antérieure aux premiers anoblissements, ce qui suffisait pour constater son origine chevaleresque; et ce n'est que dans l'ouvrage manuscrit et inédit de l'abbé Chambron que l'on trouve les détails historiques les plus anciens et les plus curieux sur cette maison. C'est pourquoi nous avons jugé utile de reproduire, d'après l'abbé Chambron, l'*Extrait de la généalogie de la maison de Chanaleilles* (titre de marquis), tome I*er*, in-folio; et tome VII des *Preuves justificatives*)[1].

Les château, terre et seigneurie de Chanaleilles font partie du pays de Gévaudan (*pagus Gabalıcus*), dans l'ancienne province de Languedoc, généralité de Montpellier, diocèse de Mende et sénéchaussée de Beaucaire[2].

Chanaleilles, dit Chambron, est un lieu très-ancien, situé sur la frontière du Gévaudan, du Velay et du Vivarais, et célèbre par ses autels druidiques. Il possédait déjà une église matrice, c'est-à-dire une cure ou paroisse, avec son cimetière, un château antique et ses seigneurs particuliers, dès le commencement du neuvième siècle, sous l'empereur Charlemagne, comme on le voit par une charte de délimitation des diocèses du Gévaudan (ou Mende) et du Velay (ou du Puy), faite en 811, entre les évêques Hermon et Rorice II, dans laquelle charte figurent plusieurs seigneurs des environs, et entre autres Aldefroy de Chanaleilles (*de Canehaliœ*), Renaud de Thoras, Froard de Hesplautas, Hugues de Jullianges, Robert de Lajo, Héracle de Saint-Léger,

---

[1]. L'abbé Chambron a écrit, en 1744 et années suivantes, les généalogies des plus anciennes familles nobles du Gévaudan, du Velay et du Vivarais, formant 8 volumes in-folio manuscrits, dont 6 volumes de généalogies et 2 volumes de preuves justificatives. Il était du diocèse de Viviers, et il mourut en 1789, âgé de près de quatre-vingt-dix ans, ayant consacré sa vie à des travaux manuscrits remarquables, dignes des anciens Bénédictins.

[2]. Chanaleilles forme aujourd'hui un chef-lieu de commune, à treize kilomètres sud-sud-ouest de Saugues, son chef-lieu de canton et bureau de poste, et à cinquante et un kilomètres sud-ouest du Puy, son chef-lieu d'arrondissement (Haute-Loire), avec une population de sept cent soixante-quinze habitants. Son Église forme une cure et un vicariat. On y remarque encore les ruines de l'ancien château de Chanaleilles et un château plus moderne appartenant à la même maison.

Berthold de Malzieu, et Roswin de Saugues. Ce dernier, nommé Roswino Domino de Salgie, était beau-frère du seigneur de Jullianges et parent du seigneur de Chanaleilles. (Vieux cartulaire de l'église du Puy.)

Le nom de Chanaleilles, dit cet auteur, s'est écrit avec de nombreuses variantes, comme le prouvent les anciens titres, que nous avons trouvés sur ce lieu. Ainsi, l'on trouve villa Canehaliæ en 811, Canahelum en 870, Kanalelium en 918, Canalalium en 965, Canalella en 1027, Canalelhis en 1054, Canalellis en 1083, Canalellio en 1096, Cananellis en 1112, Canaleliæ en 1188, Canalella en 1219 ; et dans les titres français on trouve Caheneil, Caneheil, Chanaël, Chanahel, Kanaleil, Chanaleil, Chanalelle, Chanalehle, Chanaleile, Chananeile, Chananeil, Chanaleilhes, et enfin Chanaleille et Chanaleilles.

Le vieux château et l'église actuelle de cette paroisse n'ont rien d'intéressant, attendu qu'ayant été brûlés plusieurs fois dans les guerres, ils furent reconstruits l'un et l'autre à plusieurs reprises, ce qui leur a fait perdre le caractère de leur première architecture.

Chambron ajoute, en ce qui regarde l'origine et les premiers seigneurs de Chanaleilles : « On n'en trouve point de trace avant le neuvième siècle. Mais le *Dictionnaire manuscrit des États du Languedoc* dit : « On croit généralement que la terre de Chanaleilles a été donnée par Charles Martel, père du roi Pepin le Bref, à un de ses fidèles, pour récompenser ses services, pendant les guerres que ce prince fit contre les Sarrasins, qui le premier aurait fait bâtir un château dans ces terrains arides, autour duquel des maisons et une église se seraient construites au fur et à mesure du besoin de la population, et qui aura formé depuis le village de Chanaleilles, lequel fut possédé, depuis son origine jusqu'à ce jour (1744), par la même race. Mais ce qu'il y a de plus certain, c'est que des seigneurs de Chanaleilles sont descendus les premiers seigneurs des villages de Malzieu, Grandrieux, Servières, Thoras et Jonchères, lesquels ont formé autant de nouvelles familles, en prenant le nom de leur terre. C'est ce qui a été prouvé par la généalogie de Belvezer, lors de l'entrée aux États de Languedoc, de François de Belvezer, baron de Jonchères, en 1591. »

Dans les archives conservées à l'église de Mende, il existe un fort volume in-folio, contenant les généalogies de toutes les familles nobles du diocèse de cette ville, qui ont fourni des chanoines à cette cathédrale; mais ce travail, qui fut confié à MM. de Bruges, de Servières, chanoines, et du Peloux, vicaire général de Monseigneur l'évêque de Mende, ne répond pas au talent de ces hommes d'Église. Par exemple, la maison de Chanaleilles n'a fourni qu'un prévôt et cinq chanoines à l'église de Mende, et ces messieurs lui donnent huit chanoines et deux prévôts, dont quatre Chanaleilles. S'ils ont été réllement chanoines ou prévôts de l'église de Mende, ils ne figurent dans aucune des généalogies consacrées à cette maison, dont ils font remonter la tige à un seigneur nommé Cana-Neleilles[1], vivant sous Pepin le Bref, en 765.

Nous ne parlerons pas, ajoute Chambron, de ce pre-

---

[1]. Ce nom primitif de *Cana Nelei'les* rappelle celui de *Cana Neleis*, la *blanche Diane*, et le souvenir de Nélée, fils de Codrus, banni d'Athènes, qui avait institué des fêtes en l'honneur de cette déesse, et dont la postérité, réfugiée en Germanie, parmi les Francs, se joignit aux conquérants de la Gaule, et adopta plus tard des levriers pour armoiries, à l'époque des croisades, comme attribut de cette déesse chasseresse.

mier seigneur de Chanaleilles, puisque nous n'avons rien trouvé d'authentique avant l'année 811, comme nous l'avons dit plus haut. Seulement, nous dirons qu'issue de race franque et chevaleresque, la maison de Chanaleilles compte pour l'une des plus anciennes familles du Languedoc. Ses possessions seigneuriales, situées en Gévaudan, en Velay et en Vivarais, lui ont fait contracter ses alliances avec les premières maisons de la province, et quoique son chef ne fût point titré de baron des états du Languedoc [1], il n'en était pas moins l'un des puissants seigneurs et marchait de pair avec les premières maisons du pays.

La maison de Chanaleilles a formé plusieurs branches possédant toutes de riches domaines seigneuriaux, ou fiefs, dont on verra les noms dans le cours de cette généalogie, et elle se distingue non-seulement par son ancienneté et ses chevaliers croisés, mais aussi par ses nombreux services militaires plus modernes, de même que par ses belles alliances. Elle a fait plusieurs fois des preuves de noblesse, soit pour l'ordre de Malte, soit pour l'entrée aux États de la province de Languedoc, soit pour monter dans les carrosses du roi. C'est dans les archives des églises de Mende, du Puy et de Viviers, qu'existent les plus anciennes chartes et les plus vieux documents, mentionnant des membres de cette famille, et nous les avons tous consultés, dit Chambron, pour établir la généalogie de la maison de Chanaleilles. On trouve aussi dans les archives des bailliages d'Annonay, de Villeneuve de Berg et de Tournon, beaucoup de titres en parchemin qui constatent l'ancienneté et les services de cette maison.

1. Elle posséda plus tard la baronie de Retourtour et celle de Castelnau-d'Estrettefonds, qui lui donnèrent entrée auxdits États du Languedoc.

Après avoir décrit les armoiries de la maison de Chanaleilles, telles que nous les avons données plus haut, l'abbé Chambron continue ainsi :

FILIATION GÉNÉALOGIQUE

DES SEIGNEURS DE CHANALEILLES, DEPUIS L'AN 811

1er degré. 811. Aldefroy de Chanaleilles (Haldafrigidus de Canehaliæ), tige de cette famille et premier seigneur, connu authentiquement, de Chanaleilles. Il vivait en 811, comme nous l'avons déjà dit. Il fut père du suivant.

II. 828. Hugues (Hugo), seigneur de Chanaleilles, de Freycinet et de Pouzas. On croit qu'il possédait ces deux dernières terres du chef de sa mère. Il fut l'un des seigneurs du Gévaudan, qui accompagnèrent à Naples Lothaire, fils de Louis le Débonnaire; puis il combattit à la bataille de Fontenay, aux environs d'Auxerre, qui eut lieu entre les enfants de cet empereur, et y fut tué, en 841.

Femme : Otheline, dame de Paulhac, laquelle étant veuve, fit reconstruire, de concert avec ses deux fils, l'église de Chanaleilles, comme le prouve la charte qui en fut dressée, en 845. (Manuscrits, d'après les archives de Mende.)

Enfants : 1° Othon, qui suivra;

2° Onfroy, qui devint seigneur de Venteuges, du chef de sa femme, ayant épousé Venancia, dame de Venteuges. Leur postérité conserva cette seigneurie près de trois siècles.

III. 841. Othon (Otho), dit le Fort, seigneur de Chanaleilles, en possession des terres ou fiefs de Villeret, Freycinet, Pouzas, Paulhac et Civeyrat. Il eut de longues guerres avec les seigneurs ses voisins, au sujet de ses domaines, surtout avec Astagne et Eustorge, père et fils, seigneurs de Malzieu. Mais sa force et son adresse faisaient mettre les seigneurs du pays à la raison. On ignore la date de sa mort.

Femme : Aline ou Héline, fille de Raoul, seigneur de Saint-Chély d'Apchier [1], tué en 848, dans les guerres du seigneur de Chanaleilles, son gendre.

Enfants : 1° Guigon qui suivra ;

2° Arbault, archidiacre de l'évêque de Mende, puis chanoine et prévôt de l'église du Puy, dès 880.

3° Bertrand, seigneur d'Auroux, par sa femme, marié à Gulna, fille de Sibaut, seigneur d'Auroux et de Yveline de Cubelles, dame de Langlade, qui donna ce domaine en 880, à Agenulphe, évêque de Mende, son parent ; et ce, présent Arbaut, prévôt de l'église d'Anis (du Puy), frère de Bertrand de Chanaleilles, son gendre.

IV. 873. Guigon (Wuigo) seigneur de Chanaleilles et des terres de Villeret, Freycinet, Pouzas, Paulhac et Civeyrat, fit un accord, en 873, après la mort de Othon, son père, avec Eustorge, seigneur de Malzieu, par lequel il est dit, entre autres choses, que le seigneur de Malzieu, afin que la paix soit plus stable entre les deux familles, consent au mariage du dit Guigon, avec sa sœur. C'est ce qui eut lieu, à la satisfaction de tous les parents des deux maisons.

1. Armes d'Apchier : d'or au château donjonné de trois pièces de gueules, maçonné, ajouré et coulissé de sable, les deux tourelles à dextre et à senestre sommées chacune d'une hache d'armes d'azur, le tranchant faisant face au flanc de l'écu.

Femme : Olga, fille d'Astorge (ou Eustorge) seigneur de Malzieu.

Enfants : 1° Pons 1er, qui suivra ;

2° Guy, seigneur de Freycinet, Pouzas, puis de Thoras, du chef de sa femme. il devint ainsi la tige de la deuxième branche des seigneurs de Thoras, qui ont joué un grand rôle dans les guerres du onzième et du douzième siècles; marié à Alixone, dame et héritière de Thoras, dès 880.

3° Guiburge (ou Guiberge), femme de Guy, châtelaine de Marvejols ;

4° Éveline, femme de Roger, seigneur de Jullianges.

V. 905. Pons Ier, seigneur de Chanaleilles, Villeret, Paulhac et Civeyrat.

Ce seigneur périt dans les guerres de Guy, sire de Cubelles, son beau-frère, contre Guigon, seigneur de Saugues, qui périt aussi avec Pons Ier de Chanaleilles, en 933. (Chronique de l'église du Puy).

Femme : Berthe de Cubelles, dame de la Pénide, sise paroisse de Cubelles, qui resta veuve ; fille de Hugues II, seigneur de Cubelles, en 883.

Enfants : 1° Hugues II, qui suivra ;

2° Guigon, tige des seigneurs de Paulhac ;

3° Arnaud, seigneur de Servières.

VI. 933. Hugues II, seigneur de Chanaleilles, Villeret, Paulhac, Civeyrat et la Pénide, du chef de sa mère. Il fonda la chapelle Saint-Julien de Villeret, avec Berthe sa mère, en 938; ce qui fut approuvé par Gotescale de Polignac, trente-deuxième évêque du Puy. Hugues II ne vivait plus en 970.

Femmes : 1° Andélye, fille d'Hélye, seigneur de Monistrol-sur-Allier, et de Gerline de Saint-Haond ;

2° Yvète, dame de Grèzes, la Clause et du Mazel,

fille de Pons, seigneur des dits lieux ; mort avant 937.

Enfants : 1° Pons II, qui suivra ;

2° Hélye, tige des seigneurs de Jonchères ; marié en 970 à Almonde, dame et héritière de Jonchères, près de Pradelles ; laquelle, avec Hélye de Chanaleilles, son mari, fonda une nouvelle église à Jonchères, en place de la chapelle Saint-Martin, qui était devenue insuffisante pour la population. L'acte de cette fondation, qui est de 976, se trouve dans les titres de l'église Notre-Dame-du-Puy. Hélye prit le nom de Jonchères, que sa postérité conserva plus de trois siècles. Il fut père de quatre fils ;

3° Guillaume, seigneur de la Clause et du Mazel, sis paroisse de Grèzes, par donation de sa mère ; marié à Alix de Ajio ;

4° Elvide, dame de Civeyrat, qui épousa Joran, seigneur de Saint-Léger, en 970 ;

5° Émimie, qui se retira dans un monastère, à la mort de son mari, seigneur de Nozerolles.

VII. 970. Pons II, dit *le Rouge*, seigneur de Chanaleilles, de Grèzes, la Pénide, le Villeret, les Chazeaux et le Pin, puis de la Bastide, du Mazel et de Saint-Préjet, en partie, du chef de sa femme. Pons 1er, vicomte de Polignac, ayant chassé les bandes rouges du Velay, ceux-ci se jettent de part et d'autre dans le Gévaudan et le Vivarais. Dans leurs courses, les villages de Cubelles, Vazeilles. Thoras, Chanaleilles, Paulhac, Malzieu et Lajo furent pillés et brûlés. Le seigneur de Chanaleilles fut massacré en 1002. Son village est celui qui a le plus souffert. Plus d'église, ni de château. La moitié des maisons furent brûlées et la plupart des habitants massacrés.

Chambron, qui rapporte ces désastres, dit que, pendant longtemps, les habitants de ces villages ont laissé la majeure partie de leurs terres incultes, faute de bras pour les cultiver.

Femme : Marie de Saint-Préjet, dame de la Bastide, du Mazel et de Saint-Préjet, en partie, que l'on dit avoir été massacrée par les bandes rouges, avec son mari, en 1002; fille d'Arnaud II de Saint-Préjet, seigneur de la Bastide, du Mazel, de Saint-Préjet et autres lieux, mort en 977, et d'Aelis de Saugues.

Enfants : 1° Arnaud 1er, qui suivra;

2° Guigues, seigneur de la Pénide et du Villeret;

3° Hugues, seigneur des Chazaux et du Pin;

4° Robert, déjà chanoine de l'église de Mende.

VIII. 1002. Arnaud Ier, seigneur de Chanaleilles, Grèzes, la Bastide, le Mazel et Saint-Préjet, en partie. Par acte de 1003, il partagea avec ses trois frères la succession de ses père et mère, en présence de leurs parents, et de Aldebert de Peyre, archidiacre de l'église de Mende, puis prévôt de cette ville en 1008, et assisté de Matefroy, son évêque, leur cousin. Chambron marque la mort d'Arnaud Ier en 1025.

Femme : Ivonne de Peyre[1], fille de Guillaume, sire de Peyre, du Chambon et de Cerrat, en partie, et de Béatrix de Cerrat.

La dame Ivonne et son mari, Arnaud, seigneur de Chanaleilles, firent reconstruire leur manoir et l'église paroissiale de ce village, qui avaient été brûlés par les bandes rouges.

L'acte de fondation et de consécration de la nouvelle église a été dressé par Druon, chanoine de Mende, le 3 des kalendes de mai 1006, en présence de Théodard,

---

1. Armes de Peyre : écartelé, aux 1 et 4 d'azur à la croix alésée d'or; aux 2 et 3 d'or à la pensée au naturel, feuillée de sinople.

37ᵉ évêque du Puy, Guillaume, sire de Pradelles, Roger de Malzieu, Robert de Saugues et Gui de Monistrol (Cartulaire du Puy).

Enfants : 1° Guillaume Iᵉʳ, qui suivra ;

2° Hélye, seigneur de Grèzes, qui périt dans le Rhône en 1046 ;

3° Armand, seigneur de la Bastide, puis de Grèzes ;

4° Mathilde, femme de Pierre, seigneur de Longeval.

IX. 1025. Guillaume Iᵉʳ, seigneur de Chanaleilles, le Mazel, Saint-Préjet et autres lieux. Il établit des fours, des moulins et des pressoirs banaux dans toutes ses terres et ordonna aux habitants de s'en servir, moyennant trois sols du Puy annuellement. Guillaume fit aussi construire la tour du domaine de Falzet, où il mourut, paroisse de Chanaleilles, en 1054.

Femme : Huguette de Madènes, dame de Boisseyre, fief et château sis paroisse de Pinols, fille de Guigon III, seigneur de Madènes, de Chazelles, de Boisseyre et de Viallevieille, et de Bertrand de Pinols.

Enfants : 1° Hugues III, qui suivra ;

2° Gui, seigneur de Boisseyre ;

3° Aline, femme de Robert, seigneur de Chazelles.

X. 1054. Hugues III, seigneur de Chanaleilles, le Mazel, Saint-Préjet, Falzet et autres lieux. Il fit un échange en 1055 avec Aldebert Iᵉʳ de Peyre, évêque de Mende, par lequel ce prélat abandonna au seigneur de Chanaleilles toutes les maisons qui sont au midi de l'église de Malzieu, en échange du domaine de Corsac, que ledit Hugues III possédait à Badaroux, près Mende. L'acte de cet échange est conservé aux archives de l'église de Mende, carton 43, lettres P M. En 1068, Hugues III de Chanaleilles se reconnut vassal et homme de fief de Pierre de Mercœur, 40ᵉ évêque du Puy, et rendit hommage à ce prélat, pour partie des terres et domaines de Chanaleilles, du Mazel, de Saint-Préjet et autres, qui mouvaient en plein fief de l'église de Sainte-Marie d'Anis (*Anicium le Puy*. Vieux cartulaire de cette église.). Il ne vivait plus en 1080.

Femme : Amphelise de Bugeac, dame de Servières, près Saugues, fille de Guillaume, seigneur de Bugeac, Domezou, Laroche et Recoules, châtelain de Saugues et de Malvie, dame de Servières, qu'elle donna en dot à sa fille, mais s'en réservant l'usufruit.

Enfants : 1° Guillaume II, qui suivra;

2° Géraud, seigneur de Vazeilles par sa femme, s'étant marié à Faina, ou Faïne, dame de Vazeilles, qui resta veuve, fille de Théobert, seigneur de Vazeilles et de Juliette de Jonchères, dont vinrent trois fils, qui ont continué la branche des seigneurs de Vazeilles, de Recoules et du Rouve, près de Saugues;

3° Roger, croisé avec son frère, en 1096 ;

4° Agnès, femme de Jean, seigneur du Vernet, à Saugues ;

5° Marie, dame de Falzet.

XI. 1080. Guillaume II, chevalier (miles), seigneur de Chanaleilles, le Mazel, Saint-Préjet, le Fraysse et Madrières. Il ne rendit hommage pour ses terres, que huit ans après avoir succédé à son père, et encore ce ne fut qu'en 1088 qu'il accomplit ce devoir, parce qu'il y fut contraint par Adhémar de Monteil, évêque du Puy. En 1096[1], Guillaume II de Chanaleilles, avant

1. Voyez les chroniques et les manuscrits *originaux* de Pons de Balazuc et de Raymond des Agiles, chanoine du Puy, historiens de cette croisade, dont il n'a été publié qu'une partie abrégée dans le recueil de Jacques Bongars, intitulé : *Gesta Dei per Francos, sive orientalium expeditionum et regni Francorum hierosolymitani scriptores varii, cœtanei, in unum editi; Hanau,*

de partir pour la Croisade, aliéna ou vendit une partie de ses domaines. C'est ainsi qu'il vendit la terre de Saint-Préjet pour *mille sols du Puy*, à Gérard, fils d'Etienne, sire de Saint-Vénérand; et, pour garantie de cette vente, il donna Arnaud, son fils aîné, et Amphelise de Bugeac, sa mère, avec les revenus sur les terres de Chanaleilles et du Mazel, jusqu'à son retour de la Terre-Sainte. Cet acte, signé et écrit par Fulco, au presbytère de Cane-Nelyæ, est conservé aux archives de l'église de Notre-Dame du Puy. Guillaume de Chanaleilles, avant son départ, fit aussi donation du moulin qu'il possédait, à Védrines, près de Thoras, aux moines de Saint-Chaffre, à la condition que Guillaume, abbé de ce monastère, ferait célébrer, tout le temps de son absence, trois messes par jour, pour que le Créateur lui conserve la vie dans ce lointain pays. Il partit ensuite pour la croisade, avec l'évêque du Puy, son frère Roger, son beau-frère, Eustache d'Agrain et une foule de chevaliers; mais Guillaume II de Chanaleilles, son frère Roger

1611. On distinguait, parmi ces seigneurs, Eustache d'Agrain, qui devint prince de Sidon et de Césarée, vice-roi et connétable du royaume de Jérusalem, et mérita la glorieuse dénomination d'épée et de bouclier de la Palestine; Héracle, vicomte de Polignac; Raymond Pelet, R. de Turenne, Pons de Fay, Hugues de Monteil; Amanieu, sire d'Albret; Robert de Vieuxpont, Robert de Boves, P. de Chalençon, Adhémar de Monteil, évêque du Puy, légat du pape; L. de Garlande, B. d'Anduse, Bernard de Montlaur, N... de Rochemaure, Pons de Thésan, Godefroy de Randon, B. de Chambarlhac, N... de Beauvoir, N... du Roure, Bernard de Montagnac, B. de La Garde, Gaultier de Castellane, Raymond de Hautpoul, Gilbert de Tournon, M. de Ginestous, G. de Chanaleilles, A. de Villeneuve, Golfier de Laron, seigneur de Hautfort; G. de La Tour, N..., de la Fare, Gérard du Pouget, Aldebert de Pierre, Guillaume de Sabran, N.... des Porcellets, Roger de Montmorin, Olivier de Rochefort, Raymond des Agiles et Pons de Balazuc. (Cette note est extraite du *Dictionnaire universel, historique, critique et bibliographique* de Chaudon et de Landine, imprimé par Prudhomme, 9ᵉ édition (1810), au mot d'*Agrain*, t. V., p. 298.)

et un grand nombre de croisés périrent, avec **Adhémar de Monteil**, d'une épidémie qui sévit dans l'armée chrétienne, en août 1098. (Registre de l'Evêché.)

Femme : **Alix d'Agrain**[1], qui resta veuve, fille de **Pons**, seigneur d'Agrain, Alleyras, Costaros, mort en 1083, et d'**Eustachie de Pagan**. Elle était sœur d'Eustache d'Agrain, qui devint connétable et vice-roi de Jérusalem, prince-duc de Césarée et de Sidon, auquel son courage et sa bravoure ont mérité le glorieux surnom de *l'épée et le bouclier de la Palestine*. (Manuscrits, archives de l'église du Puy.)

Enfants : 1° **Arnaud II**, qui suivra;

2° **Hélye**, seigneur du Mazel, puis de Rochefort, à Alleyras;

3° **Alix**, femme de Raoul de Desges, seigneur de Binières et de Chazette.

XII. 1098. **Arnaud II**, chevalier, seigneur de Chanaleilles, le Fraysse, Madrières et autres lieux. Il paraît que ce seigneur eut plusieurs différends avec Gérard, seigneur de Saint-Préjet, à qui son père avait vendu cette terre. En effet, ayant appris la mort du seigneur de Chanaleilles, en Palestine, Gérard commença à s'emparer de tous les domaines, que la maison de Chanaleilles possédait dans les villages de Saugues et de Thoras. De son côté, Arnaud de Chanaleilles assembla ses vassaux et fit appel à tous les hommes valides de ses terres, leur enjoignant de venir se ranger sous la bannière de Guigues, dit le vieux, seigneur de Thoras, son allié, et ce, d'ici à six jours (*sic*). En effet, au jour indiqué, les vassaux et les hommes valides des seigneurs de Chanaleilles et de Thoras furent conduits par le vieux sire de Thoras et Arnaud de Chanaleilles,

---

1. Armes d'Agrain : d'azur au chef d'or.

devant le château neuf de Saint-Préjet. On fit le siége de cette place, et Gérard se rendit prisonnier. Il fut conduit dans les prisons de Madrières, où le seigneur de Chanaleilles ne lui rendit la liberté qu'après avoir obtenu de lui l'abandon de plusieurs fiefs, qu'il lui avait usurpés, en payant 500 livres de monnaie du Puy, et en jurant sur les saints Évangiles qu'il ne ferait plus de ravages sur les terres d'Arnaud de Chanaleilles, ni des autres seigneurs. (Manuscrits de l'église de Mende.) En 1103, Arnaud II, seigneur de Chanaleilles, rendit hommage pour ses terres à Ponce de Tournon, 43ᵉ évêque du Puy, comme avaient fait son père et son aïeul, pour la terre de Chanaleilles. Dans cet acte, ce seigneur est nommé et qualifié *nobili viro Arnaldo domino de Cananellis et Castellani de Salgœ*. C'est la première fois que l'on trouve la qualité de châtelain de Saugues, portée par les seigneurs de Chanaleilles. Arnaud II, seigneur de Chanaleilles fit un accord, en 1118, avec Hugues III, chevalier, seigneur de la Tour d'Albaret, an sujet des droits que ledit Arnaud avait dans la paroisse de Sainte-Marie d'Albaret, du chef de sa femme, et il ne vivait plus en 1129.

Femme : Hélisente d'Apchier, morte avant 1118, fille de Hélye d'Apchier, écuyer, seigneur de Jullianges et de Guillemette d'Albaret, sœur de Gui, croisé en 1096.

Enfants : 1· Guilllaume III, qui suivra ;

·2° Bernard, qui devint seigneur de Croisance, par son mariage, et châtelain de Saugues, après la mort de son père. Il laissa postérité et ne vivait plus en 1163 : Marié à Manteline, dame de Croisance, fille de Gui, écuyer, seigneur de Croisance, mort en 1139, et d'Inès de Pradelles. Il en eût quatre fils, dont l'aîné fût appelé Arnaud de Chanaleilles ;

3° Hugues, chanoine de l'église du Puy, qui devint ensuite grand vicaire et archidiacre de Mgr Aldebert III de Tournel, évêque de Mende, qui l'envoya avec deux chanoines de son église, à Rome, en 1159, pour complimenter le pape Alexandre III, qui venait d'être élu souverain Pontife. (Archives de Mende.)

4° Guillemette, femme de Bernard; chevalier, seigneur de Jonchères, près Pradelles, en 1130;

5° Alix, femme de Robert de...

XIII. 1129. Guillaume III, chevalier, seigneur de Chanaleilles, Fraysse, Madrières, le Crouzet, le Villeret et Falzet, domaines situés dans la paroisse de Chanaleilles. En 1130, il rendit hommage à l'église de Notre-Dame du Puy, pour sa terre de Chanaleilles et autres fiefs, qui relevaient de cette église. Ce fut ce seigneur qui fit reconstruire le château de Chanaleilles et fit rebâtir la chapelle de Saint-Martin de Villeret. Il mourut en octobre 1179.

Femme : Raymonde de la Boulène, dame de Trémont, près Saint-Christophe d'Allier, morte avant 1165, fille de Guillaume, chevalier, seigneur de là Boulène, de la Gouzabet, le Mainial et autres lieux, et de Hélye, dame de Trémont, qui donna ce fief en dot à sa fille et deux maisons sises à Pradelles. (Archives de Pradelles.)

Enfants : 1 Hélye Ier, qui suivra ;

2° Guillaume qui fut chevalier de l'ordre du Temple et qui fit donation à son ordre, en 1153, de la terre de Varnier, on Varnèris qu'il avait acquise [1]. Ce fief rele-

---

1. La charte de cette donation se trouve dans les archives du marquis de Chanaleilles. Elle est ainsi conçue :

« In nomine sancte et individue Trinitatis, amen. Ego Ludovicus, Dei gratia rex Francorum, notum facimus universis presentibus

vant de la couronne, Louis VII, dit le Jeune, approuva cette donation et la scella de son sceau royal. Le nom et les armes de ce chevalier du Temple figurent dans les salles des Croisades du palais de Versailles.

« On rapporte, dit Chambron, que Guillaume de Chanaleilles et quatre autres chevaliers du Temple, fondèrent une maison de leur ordre, en 1171, sur les bords du Rhône, en Vivarais, dans un domaine, dont l'un d'eux avait hérité de Bermonde de Royas, veuve de Colard, chevalier, sire de Brion. »

3° Bernardine, femme de Robert, écuyer, seigneur de Vidalou, près Saint-Jean-Roure, en Vivarais.

XIV. 1179. Hélye Ier, chevalier, seigneur de Chanaleilles, Fraysse, Madrières, le Crouzet et autres lieux, qui rendit hommage pour ses terres, en 1180, au chapitre de l'église du Puy. Il rendit aussi foi et hommage, en 1192, à Pons IV, chevalier, seigneur de Montlor, *aliàs Montlaur*, d'Aubenas, etc., pour différents fiefs et domaines, dont il avait hérité de son beau-père, dans les paroisses de Pradelles et de Coucouron, en Vivarais. De concert avec Hugues de Thoras, Hélye de Chanaleilles fonda, en 1198, une maladrerie, ou hospitalet, à frais communs, sur les limites de leurs terres, la dotè-

---

pariter et futuris, quod dominus Willelmus de Canalellis, frater Templi effectus, ipsam domum et Jomus exaltationem officiosissime diligens, comparavit feodum de Varneris et ipsum templo donavit; in quo etiam nos requisisti, quùm in feodo nostro constabat, assensum nostrum dedimus et pro immutabili firmitate presentem paginam sigillo nostro communiri fecimus, subter inscripto nominis nostri karactere.

« Actum publice Parisius, anno ab incarnatione Domini millesimo centesimo quinquagesimo tertio, astantibus in palatio nostro quorum subtytulata sunt nomina et signa. Domus nostra sine dapifero tunc erat : S. Guidonis, buticularii ; S. Mathie, constabularii ; S. Mathie, camerarii.

« Data per manum Hugonis Cancellarii. »

rent et y affectèrent une chapelle pour la desservir. C'est ce qui fut approuvé par charte de Bertrand Ier de Chalançon, 49e évêque du Puy, et Guillaume IV de Peyre, évêque de Mende. Hélye de Chanaleilles ne vivait plus en 1205.

Femme : Almaudie de Belvezet, fille d'Arnaud, chevalier, seigneur de Belvezet et de Lavillatte en partie, et de Hélène de Jorchères, dame de Maleveilles. Almaudie mourut en 1203.

Enfants : 1° Arnaud III, qui suivra ;

2^r Gui de Chanaleilles, écuyer, seigneur de Maleveilles, en Vivarais, que sa postérité a conservé jusqu'en 1395.

XV. 1205. Arnaud III de Chanaleilles, chevalier, seigneur de Chanaleilles et autres lieux, qualifié châtelain de Saugues, dans l'hommage qu'il rendit à l'église du Puy, en 1205, pour sa terre de Chanaleilles et les fiefs du Crouzet et de Madrières. En 1206, il reçut l'hommage de Durand de Charpin, damoiseau, pour tous les biens qu'il possédait dans la paroisse de Saint-Maurice et dans la ville de Saugues[1]. Arnaud III périt

---

1. Ce titre d'hommage existe dans les archives du marquis de Chanaleilles. Il prouve la descendance de deux fils d'Arnaud : Guillaume, deuxième du nom, et Bernard, premier du nom. Il atteste également qu'Arnaud était seigneur de Chanaleilles, près la ville de Saugues, dans le Gévaudan. Ce titre est ainsi conçu :

« Ego Durantus Charpini, domicellus, notum facio universis quod confessus fui et recognovi coram nobili viro ARNALDO, domino DE CANANELLIS, me habere et tenere in feudum francum, ipso Arnaldo presente et recipienti quicquid habeo apud Sanctum Mauricium, a viâ que exit ab ecclesiâ predicti loci et vadit apud feudum Guillelmi de Altoforti ; item ea que habeo apud molendinos et in pertinentiis et feudis que tenent ibi Petrus et Bernardus de Monteacuto ; item feudum Guillelmi de Cheilardo apud Godoletum cum omnibus pertinenciis suis ; item quemdam ortum in villa de Salgiis ante domos Guillelmi et Bernardi liberorum predicit nobilis domini Arnaldi. In cujus rei testimonium presentibus litteris sigillum meum apposui. Datum anno Domini millesimo ducentesimo sexto. »

assassiné, avec Guillaume II, chevalier, sire de Bauzon et Raoul de Tartas, lors des noces de Jausserand, seigneur de Montlaur, près Saint-Cyrgues-en-Montagne, avec Marie de Pastourel, en juin 1227. Ils furent tous les trois inhumés dans l'abbaye de Mazan. (Manuscrits de l'église de ce monastère.)

Femmes : Marié 1°, dès 1192, à Bernardine de Saint-Alban, fille de Bernard, chevalier, seigneur de Saint-Alban, en Gévaudan, et d'Alix de Sainte-Colombe; et 2°, en 1213, à Marie de Tartas, qui resta veuve, et fonda son anniversaire à l'abbaye de Mazan, à laquelle elle légua 100 livres, pour dire trois messes annuelles, etc., fille de Guigues II de Tartas, chevalier, seigneur dudit lieu, près Pradelles, et sœur de Raoul de Tartas, qui périt avec le seigneur de Chanaleilles.

Enfants : soit du 1er ou du 2e lit : 1° Guillaume IV, qui suivra;

2° Hélye de Chanaleilles, seigneur du fief d'Aubusson, près du Puy, du chef de sa femme, marié en 1215 à Astorge d'Auroux, morte en 1248, dont deux filles;

3° Bernard de Chanaleilles, qui fut la tige des seigneurs d'Escublac et du Tort, sis paroisse de Saint-Haond, par son mariage avec Jausseline de Jagonas, dame et héritière de ces deux fiefs.

4° Riche de Chanaleilles, morte avant 1243, qui épousa en 1212, Payan de Rochon, seigneur de Saint-Martin le Vieux, au diocèse de Carcassonne, lequel fit un accord en 1243, étant veuf, avec Guillaume IV, seigneur de Chanaleilles, son beau-frère;

5° Marie de Chanaleilles, qui épousa en 1232, Hugues, écuyer, seigneur du fief de Monteils, sis paroisse de Saint-Haond.

XVI. 1227. Guillaume IV de Chanaleilles, écuyer,

chevalier, seigneur de Chanaleilles, pour laquelle terre il rendit deux hommages : le 1er au chapitre de l'église du Puy, en 1228, et le deuxième en 1230, à Raymond VII, comte de Toulouse. (Archives de l'église du Puy.) Il paraît que Guillaume IV de Chanaleilles aurait encore donné le dénombrement de ses terres et rendu hommage pour Chanaleilles, en juin 1250, à Alfonse, comte de Poitiers et de Toulouse, frère du roi Saint-Louis. Il ne vivait plus en 1265.

Femme : marié par accord passé en août 1223, à Josserande de Villeneuve [1], dame de Monteil, près la chapelle Grallouse, fief qu'elle donna, étant veuve, en janvier 1265, à Pierre de Chanaleilles, son troisième fils; fille de Besnard, chevalier, seigneur de Villeneuve, de Monteil, de la Chapelle en partie, mort avant 1230, et de Josserande de Châteauvieux.

Enfants : 1º Bernard, qui suivra;

2º Raymond Ier de Chanaleilles, qui suivra après son ainé;

3º Pierre de Chanaleilles, seigneur de Monteil, par don de sa mère, et duquel fief, il rendit hommage, en 1266, à Ponce de Montlor, chevalier, baron de Montlor ou Montlaur et d'Aubenas, etc. Dans cet acte, il est qualifié : *Petrus de Canalellis, domicellus, dominus de Mons helio, etc.*, marié à Éléonore de Rieuclar;

4º Jausselin de Chanaleilles, abbé de Mazan, en 1288;

5º Robert de Chanaleilles, chevalier du Temple, dès 1270;

6º Josserande de Chanaleilles, qui épousa Pons III, écuyer, seigneur du Chambon, près de Jaujac, et châte-

---

1. Armes de Villeneuve : d'azur, à la tour d'or, au chef de sable.

lain du château de ce lieu, comme on le voit par un acte en forme de transaction, fait en 1267 ;

7° Raymonde de Chanaleilles, qui testa en faveur de ses trois enfants. Elle avait épousé, avant 1265, Hugues de Villatte, chevalier, seigneur de Lanarce, licencié ès lois, bailli de la justice des terres et seigneuries de l'abbaye de Mazan ; mort en 1273 ;

XVII. 1265. Bernard de Chanaleilles, chevalier, seigneur de Chanaleilles, et autres lieux. Il rendit hommage, en 1266, au comte de Toulouse, avec Raymond de Chanaleilles, son frère, comme avait fait jadis Guillaume, leur père [1]. En juillet 1267, il fit un acte, en forme de transaction, avec ses frères, ses sœurs et beaux-frères, au sujet des biens délaissés par le décès de leur père et mère. Il donna aussi une quittance de six cents livres au roi Philippe III, en 1270, au camp devant Car-

1. Cet hommage existe dans les archives du marquis de Chanaleilles. Il prouve que Bernard, chevalier, et son frère Raymond, damoiseau, étaient fils de Guillaume ; en voici la teneur :

« Anno Domini millesimo ducentesimo sexagesimo sexto, videlicet septimo idus Januarii, sit notum omnibus tam presentibus quam futuris quod ego BERNARDUS DE CANALELLIS, miles, et ego Remundus de Canalellis, domicellus, fratres, filii condam domini Willelmi de Canalellis et heredes, jurati de veritate dicenda, confitemus et recognoscimus, sub juramento a nobis corporaliter prestito, vobis Johanni E rardi,, Castellani castri de Vouta, stipulanti et recipienti nomine domini comitis Tholosani et Alverniensis, nos tenere ad feudum ab ipso domino comiti omnia et singula que nominata et contenta sunt in recognitione facta per dictum dominum Willelmum de Canalellis quondam patrem nostrum et vobis sub eadem forma et sub eodem juramento eandem quam ipse fecit facimus recognitionem, promittentes vobis nomine predicti domini comitis, obedientiam, juvamentum et fidelitatem sub virtute prestiti juramenti et eidem, ipsius vel suorum monitioni homagium nos facturi. Hec acta fuerunt apud Voutam in presencia et testimonio Roberti Guitarti Capellani de Vouta, P. Remundi Cappellani, Wilelmi de Lansaco, militis, Hugonis Antoninii, domicelli, R. Durandi, Johannis Sessiax et mei B. Ruffi, publici notarii de Vouta, qui de mandato utriusque partis hec scripsi et meum apposui sequens signum. »

thage, immédiatement après la mort de saint Louis, à la septième croisade, suivant la convention faite par devant noble homme, l'empereur de Constantinople, pour son passage d'outre-mer. Cette quittance existe dans les archives du marquis de Chanaleilles. Elle est très-curieuse par ses détails et par sa teneur [1].

Par actes des années 1277, 1283, 1290 et 1295, Bernard de Chanaleilles vendit plusieurs censives, domaines et des vignes, qu'il possédait, du chef de sa femme, dans la ville et au mandement de Joyeuse et dans les environs. Il mourut sans postérité masculine, avant le mois de juin 1298.

Femme : marié, dès le mois d'octobre 1262, à Jeanne de Ribes [2], dame de la Beaume, près de Ribes, en bas Vivarais, morte avant son mari, auquel elle avait donné la terre de la Beaume, avec son château ; fille de Roger de Ribes, écuyer, seigneur de Bas, le Reynal, la Bastide et Ribette, tous fiefs et domaines sis paroisse de Ribes, près Joyeuse, capitaine châtelain du château de

---

1. Universis presentes litteras inspecturis, BERNARDUS, dominus DE CANANELLIS, miles, salutem. Noveritis nos recepisse et habuisse a karissimo domino nostro Philippo, Dei gratia serenissimo rege Francorum, per manus Petri Michaelis et Petri dicti Barbe, pistorum dicti regis, sexcentas et sexaginta sex libras turonenses et tredecim solidos et quatuor denarios, ratione conventionis, ex parte viri nobilis imperatoris Constantinopolitani nobiscum habite, de itinere transmarino, et ducentas libras turonenses pro restauratione unius equi et sexaginta libras turonenses pro robis nostris et de omnibus predictis denariis tenemus nos penitus pro pagatis. In cujus rei testimonium, predictis Petro Michaeli et Petro Barbe, presentes litteras sigillo nostro dedimus sigillatas.

« Actum in castris juxta Carthaginem, die sabbati post festum omnium sanctorum, anno Domini millesimo ducentesimo septuagesimo. »

L'original est scellé d'un sceau en cire rouge représentant un chevalier avec ces mots pour légende : *Sigillum Bernardi.*

2. Armes de Ribes : d'argent, au rocher de sable, à la bordure d'azur.

cette ville, mort avant 1273, et de Mathilde de la Beaume, dame et héritière du fief de ce nom, qu'elle donna à sa fille Jeanne, par son testament, fait en janvier 1273.

Enfant : Mathilde de Chanaleilles, fille unique, qui fut religieuse, puis prieure de l'abbaye de Soyons, dès 1298, époque à laquelle elle transigea avec Raymond II de Chanaleilles, son cousin-germain.

XVII bis. 1265. Raymond I*r de Chanaleilles, frère cadet de Bernard, damoiseau, puis écuyer, devint seigneur de la Valette (depuis le Villard), seigneurie située dans la paroisse de Saint-Cirgues de Jaujac, du chef de sa femme, comme on le voit par divers hommages qu'il reçut des vassaux et des amphithéotes de cette terre. Il fit son testament étant veuf, en faveur de ses trois enfants, en mai 1296, et mourut la même année.

Femme : Marié, en 1268, à Béraude de la Valette, dame dudit lieu, morte avant 1296, et fille unique et héritière de Raymond de la Valette[1], écuyer, seigneur dudit lieu, capitaine du château de Jaujac, et d'Alix de Maillevert.

Enfants : 1° Raymond II, qui suivra;

2° Béraud, qui suivra après son aîné;

3° Alix de Chanaleilles, morte avant le 8 juillet 1313, qui épousa, avant 1293, Pierre de Tauliac, seigneur dudit lieu, sis paroisse de Vals, près du Puy, licencié ès lois, bailli des terres du chapitre du Puy, mort en 1307.

XVIII. 1296. Raymond II de Chanaleilles, damoiseau, seigneur de La Valette, dont il rendit hommage, pour ce fief, en mars 1297, à Pons III de Montlaur, chevalier,

1. Armes de La Valette : de gueules, à deux fasces d'or, la première chargée d'un lion de sable.

baron de Montlaur et d'Aubenas. Par acte passé devant notaire, il fit donation à Béraud de Chanaleilles, son frère, de tous les droits qui lui appartenaient dans les biens provenant de la succession de son père, et ne se réserva que le fief de La Valette, qu'il donna également audit Béraud en juillet 1317. Il mourut l'année suivante, sans alliance.

XVIII bis. 1296. Béraud de Chanaleilles, écuyer, chevalier, seigneur de Chanaleilles, du chef de Bernard, son oncle, puis de Laval et de Vals, en partie, près du Puy, du chef de sa femme. Il fut le premier bailli royal du pays de Velay, sergent d'armes et garde du sceau royal, comme on le voit dans divers actes, depuis l'année 1300 jusqu'en 1318. Il rendit hommage au chapitre de l'église du Puy, pour sa terre de Chanaleilles, en 1299, à lui échue par le décès de noble Bernard, chevalier, seigneur dudit lieu ; et à Pons III de Montlaur, chevalier, baron de Montlaur et d'Aubenas, etc., en 1318, pour la terre de La Valette, à lui échue par le décès de Raymond de Chanaleilles, son frère aîné. (Archives de l'église du Puy et du château de Tournon). En 1320, après la mort de sa femme, il vendit, du consentement de ses quatre fils, le fief et domaine de Bauzy, et autres censives situées dans la paroisse de Vals, dépendant du château et mandement de Laval, pour le prix de 8,500 livres, à Julien de Chantillac, licencié ès lois, bailli de la terre et baronnie de Polignac, etc. Il mourut en décembre 1324.

Femme : Marié, par contrat passé sous le scel de l'évêché du Puy, en août 1291, à Astorge de Vals [1], dame de Vals et de Laval, en partie près du Puy, procédant de l'avis et du consentement de vénérable Hélye de Vals, chanoine de l'église Notre-Dame du Puy, son

1. Armes de Vals : d'argent, à la fougère de sinople.

oncle et son tuteur, et de Jeanne de Castanier, aussi décédée.

Enfants : 1° Hélye II, qui suivra ;

2° Pierre de Chanaleilles, abbé de l'abbaye de Mazan, en 1332 ;

3° Raymond de Chanaleilles, chanoine de l'église Notre-Dame du Puy, mort en octobre 1347 ;

4° Jean de Chanaleilles, sous-prieur, puis prieur de Mazan en 1332 ;

5° Astorge de Chanaleilles, qui testa en mars 1352, et qui avait épousé, par accord passé en septembre 1320, Valentin de Prades, chevalier, seigneur de la Bouteire, près la Souche.

XIX. 1324. Hélye II de Chanaleilles, damoiseau, puis écuyer, seigneur de Chanaleilles, de Vals, de Laval, du Pin, de La Valette et autres lieux, en Gévaudan, en Velay et en Vivarais. Par acte du 14 février 1325, il rendit hommage, au chapitre du Puy, pour la terre de Chanaleilles, et le 22 mars de la même année, il rendit hommage, pour le fief et le château de La Valette, mandement de Jaujac, à Pons III de Montlaur, chevalier, baron de Montlaur, Aubenas, Sabran, etc. « Dans ces deux hommages, Hélye de Chanaleilles est qualifié damoiseau et héritier universel et féodal de feu noble Béraud de Chanaleilles, bailli royal du Velay, son père. » Il rendit encore hommage et prêta serment de fidélité au chapitre de l'église du Puy, le 1er avril 1339, pour ce qu'il tenait de cette église, aux terroirs de Chanaleilles et à celui de Prades, en Vivarais, et fit son testament, daté du chastel de La Valette, le mardi 24 mars 1360, jour de la fête de saint Simon, par lequel il partage ses biens entre ses six enfants. Il mourut le 6 avril de cette année 1360.

Femmes : 1° Marié, dès 1325, à Guillaumette d'Ucel[1], fille et héritière de Guillaume, écuyer, seigneur d'Ucel, en bas Vivarais, et châtelain d'Aubenas, mort avant 1330, et de Jeanne de Prades, qui resta veuve. Par son testament, Guillaumette déclare vouloir être enterrée en l'église d'Ucel, au tombeau de son père et de ses ancêtres; donne et lègue à Jeanne de Chanaleilles, sa fille unique, la terre d'Ucel, près d'Aubenas, en Vivarais, et la fait héritière de ses biens.

2° Remarié, en 1340, à Alasie de Montgros[2], qui resta veuve, laquelle, en qualité de tutrice de ses enfants, rendit hommage, le 18 juin 1362, à Gui de Montlaur, chevalier, baron de Montlaur, d'Aubenas et de Sabran, pour ce que feu son mari tenait de lui, tant en fief franc que noble; et elle ne vivait plus en 1370, lors du mariage de Pons, son fils aîné; fille de Pons de Montgros, chevalier, seigneur dudit lieu, en Vivarais, et de Valentine de Mallet, d'une famille transplantée en Normandie. Alasie de Montgros avait eu 2,600 livres tournois et plusieurs domaines pour dot.

Enfants : 1° (1ᵉʳ lit) Jeanne de Chanaleilles, dame d'Ucel, qui rendit hommage avec son mari, en avril 1355, à Gui, chevalier, baron de Montlaur, d'Aubenas, etc., pour la terre et fief d'Ucel, mouvant et relevant du château d'Aubenas. Cette dame, n'ayant pas eu d'enfants, fit son testament, en novembre 1386, en faveur de Valentin de Chanaleilles, son frère, et elle mourut l'année suivante. Elle avait épousé, en 1354, Gui de Mapias, écuyer, seigneur du fief de Mapias, sis paroisse de Ves-

---

1. Armes d'Ucel : d'or à deux fasces de gueules.
2. Armes de Montgros : d'azur à trois tours d'argent, celles des côtés inclinées sur celle du milieu ; chaque tour chargée d'une étoile d'or.

seaux, près d'Aubenas, qui mourut sans enfants, étant au service du roi, le 27 novembre 1382, à la bataille de Rosebecque.

2° (2me lit) Pons de Chanaleilles, qui suivra.

3° Valentin de Chanaleilles, qui devint seigneur de Vals, du Pin, de La Valette, du chef de son père, puis d'Ucel, près d'Aubenas, du chef de Jeanne, sa sœur aînée. Il devint la tige d'une branche, ou plutôt continua la postérité de sa maison, qui existe encore aujourd'hui.

4° Raymond, prêtre, mort en 1414.

5° Almodie de Chanaleilles, morte avant le 4 mai 1423, qui épousa, en 1369, Vincent de Chandolas.

6° Lombarde de Chanaleilles, qui testa, le 26 décembre 1407, en faveur de Valentin, son frère, et mourut en 1409. Elle avait épousé : 1° en 1369, Raymond de Bermond, damoiseau, mort au service du roi, en 1387 ; et 2° s'était remariée, en 1389, à Robert de Mercoyrolles, receveur ou argentier des États du Velay, qui mourut en 1404.

XX. 1360. Pons III de Chanaleilles, damoiseau, écuyer, seigneur de Chanaleilles, du chef de son père, puis d'Altérac, du chef de sa femme. Il rendit hommage à l'église du Puy, en juin 1368, pour sa terre de Chanaleilles, à lui échue depuis huit ans par la mort de feu noble Hélye de Chanaleilles, son père. Pons et Valentin de Chanaleilles, frères, servirent pendant plusieurs années sous les ordres du maréchal comte de Sancerre (depuis connétable de France), et ils se trouvèrent à l'assaut de la ville d'Aine, en Guyenne, en 1370. Ils firent ensuite la guerre contre les Anglais, en Languedoc et en Guyenne, en 1372, sous les ordres de Louis, duc d'Anjou, oncle du roi Charles VI. Valentin de Chanaleilles s'attacha à ce prince jusqu'à la malheureuse expédition de Naples, où le duc d'Anjou fut tué, en 1384. Pons de Chanaleilles servit, de son côté, sous les ordres du connétable Bertrand Du Guesclin, dans les années 1374, 1376, 1377 et 1380. Le connétable mourut en faisant le siége devant Châteauneuf-de-Randon, le 13 juillet 1380; et Pons de Chanaleilles y fut aussi blessé mortellement le même jour, 13 juillet 1380. Ce dernier fit son testament le 20 dudit mois au château de Chanaleilles, où il avait été transporté, et par ce testament il institua pour héritière universelle sa femme, qui suit, et il mourut sans enfants le 28 juillet 1380.

Femme : Marié, en mai 1370, à Isabeau d'Apchier, qui resta veuve et devint alors héritière des terres de Chanaleilles et d'Alterac, qu'elle porta ensuite, par son deuxième mariage, dans la maison d'Apchier, en épousant, le 19 août 1382, Guy d'Apchier, son cousin.

(Pour la suite, Chambron renvoie au *Dictionnaire de la noblesse des États du Languedoc*, manuscrit, à l'article de *Chanaleilles, baron de Retourtour*).

Dans la généalogie de la maison d'Apchier, de la branche d'Altérac, Chambron ajoute les détails suivants :

Isabeau d'Apchier, veuve de Pons III de Chanaleilles, et son héritière universelle, s'étant remariée, le 19 août 1382, à son cousin, Guy d'Apchier, celui-ci devint ainsi seigneur d'Alterac et de Chanaleilles, du chef de sa femme. Mais il eût aussitôt plusieurs procès à soutenir : d'abord, contre Bertrand III, cardinal de Chanac, archevêque de Bourges, patriarche de Jérusalem, alors administrateur de l'église du Puy, en Velay, pour ce que Guy devait, pour droit et succession, dans la terre de Chanaleilles; et ensuite, cette affaire étant à peine arrangée, il eut encore un autre procès à soutenir, au sujet de la même terre de Chanaleilles, contre Valentin de Chanaleilles, chevalier, seigneur de Vals, en Vivarais, et de La Valette, etc., frère cadet de Pons III de Chanaleilles, jadis mari d'Isabeau d'Apchier, lequel Valentin de Chanaleilles réclamait la terre de Chanaleilles et l'expulsion de Guy d'Apchier et de sa femme.

Ce dernier procès dura toute l'existence que vécut Guy d'Apchier au château de Chanaleilles, c'est-à-dire depuis son mariage, en 1382, jusqu'à sa mort, arrivée le 22 mars 1410; et Chambron dit, en note, que les pièces de procédure, formant un fort volume, avec la généalogie des Chanaleilles et les preuves annexées, sont conservées aux archives du parlement de Toulouse (1769).

A la mort de Guy d'Apchier, son deuxième mari, Isabeau d'Apchier, sa veuve, fit un traité ou accord avec Valentin de Chanaleilles, jadis son beau-frère, par lequel il fut stipulé, le 23 août 1410, en présence de plus de trente seigneurs de leurs parents et alliés, que ladite Isabeau s'engage à donner en mariage, d'ici à huit ans, l'un de ses trois fils, nommés Guillaume, Randon et Astorge d'Apchier, à l'une des trois filles de Valentin de Chanaleilles, nommées Isabelle, Almodie et Guinette; et cet acte, dit Chambron, existe parmi les titres du château d'Aubenas, où eut lieu le traité. Le mariage eut lieu, en effet, sept ans plus tard; et par contrat passé à Aubenas, le 22 mars 1417, jour anniversaire de la mort de son père, et par-devant Jean Astio, notaire, Guillaume II d'Apchier, fils aîné de Guy d'Apchier et seigneur de Chanaleilles, épousa Isabelle de Chanaleilles, fille aînée de Valentin de Chanaleilles, chevalier, seigneur de Vals, de la Valette et d'Ucel, près d'Aubenas, à qui son père donna 2,000 livres tournois pour dot. Elle mourut en 1444.

Ici s'arrêtent les données de l'abbé Chambron, et c'est d'après Chérin que nous donnons la suite de la généalogie de la maison de Chanaleilles en la continuant jusqu'à notre époque.

XX *bis*. Valentin de Chanaleilles, premier du nom, damoiseau, seigneur de Vals, du Pin, de La Valette et d'Ucel, près d'Aubenas, accompagna, en 1382, Louis, duc d'Anjou, oncle du roi Charles VI, dans l'expédition que ce prince fit en Italie pour conquérir le trône de Naples, auquel il était appelé par l'adoption de la reine Jeanne. Louis fut le chef de la seconde maison de Naples et périt dans son expédition en 1384. Valentin de Chanaleilles, de retour en France, rendit hommage, le 12 septembre 1384, à Albert de Cadris, coseigneur d'Entraigues et d'Asperjoc. Il épousa Isabelle du Bosc [1], fille de noble homme Pierre du Bosc, auquel Valentin de Chanaleilles donna une quittance dotale de soixante et dix francs d'or au coin du roi, par acte passé devant Jean Pouhet, notaire, le 25 juin 1387. Il rendit hommage-lige à Louis, seigneur de Montlaur et d'Aubenas, par-devant Jacques Stevenin, notaire public d'Aubenas, le 22 avril 1404, et ne vivait plus le 20 novembre 1422. Ses enfants furent :

1° Pierre, dont l'article suit ;

2° Isabelle de Chanaleilles, qui épousa Guillaume d'Apchier, comme il est dit plus haut ;

3° Almodie de Chanaleilles, mariée, par traité passé devant Garin, notaire, le 20 novembre 1422, avec Pierre de Monjoc, fils de noble Astorg de Monjoc. Elle fut

---

1. Armes du Bosc : d'argent, à trois arbres de sinople.

assistée de Pierre de Chanaleilles, son frère, qui lui constitua en dot 1640 livres tournois ;

4° Guinette de Chanaleilles, mariée, par traité passé devant Textoris, notaire, le 13 janvier 1434, à Claude de Prunet, fils de noble Louis de Prunet, du lieu de La Voute, au diocèse de Viviers. Pierre de Chanaleilles lui constitua en dot 700 florins.

XXI. Pierre de Chanaleilles, qualifié magnifique et puissant homme, chevalier, seigneur du Pin, de Vals, d'Ucel et de La Vallette, grand bailli d'épée du Vivarais et du Valentinois. Ce fut en récompense de son dévouement et de ses services que le roi Charles VII réunit, en 1437, la charge de bailli d'épée du Valentinois à celle du Vivarais, dont il était déjà en possession depuis 1427. Il rendit hommage et prêta serment de fidélité, le 23 août 1427, à Philippe de Lévis, seigneur de La Roche en Reynier, par-devant Eustache Valentin, notaire ; passa un compromis, le 15 août 1456, avec Pierre de Carrière, fils de Jean, de la paroisse de Fabras ; est nommé dans un acte passé au château de Meyras, devant Teyssier, notaire, le 11 avril 1456, par lequel Agnès de Chanaleilles, sa fille, renonça en faveur de l'héritier qu'il devait instituer à tous ses droits sur les successions paternelle et maternelle, au moyen de la somme de 800 florins d'or qu'il lui avait constitués en dot. Cet acte fut passé en présence d'Antoine de Lévis, comte de Villars, Barthélemi du Bourg-Saint-Andéol, docteur en théologie, official de Nîmes, Guillaume du Bourg-Saint-Andéol, docteur ès lois, lieutenant du sénéchal de Beaucaire et de Nîmes, noble Olivier de Caritat, etc., etc. Le 6 décembre de la même année, 1456, le roi Charles VII accorda des lettres d'attribution de causes à son féal chevalier noble Pierre de Chanaleilles, seigneur du Pin et de Vals, et ce monarque lui écrivit pour le remercier des services qu'il lui avait rendus à la tête de ses vassaux. Il est nommé dans un acte du 6 août 1458; fit une vente le 17 février 1462, et ne vivait plus le 9 avril 1478. Il avait épousé noble Agnès de Castrevieille, et fut père de :

1° Valentin de Chanaleilles, deuxième du nom, seigneur du Pin et de Vals, qui fit hommage-lige à François, seigneur d'Apchier, le 9 avril 1478. Par acte du 20 octobre 1486, il arrenta, pour six années, à l'honorable maître Raymond Roche, époux de noble Isabelle de Monjoc, fille et héritière de noble Laurent de Monjoc, tous les cens qu'il percevait sur les hommes de son mas de La Valette; il ne vivait plus le 15 février 1501, et eut pour enfants :

A. Émeraud de Chanaleilles, écuyer, seigneur du Pin, et en partie du château de Vals, qui était au service du roi, en Italie, le 15 février 1501, époque à laquelle Guillaume de Chanaleilles, son oncle, rendit un hommage en son nom. Il mourut sans alliance;

B. Marguerite de Chanaleilles, qui était veuve de noble homme Jacques de Madières, seigneur d'Aubaignes, près de Lodève, lorsqu'elle transigea avec Balthazar de Chanaleilles, son cousin-germain, le 18 mars 1515;

C. Clémence de Chanaleilles;

D. Claude de Chanaleilles;

E. Jeanne de Chanaleilles;

F. Miracle de Chanaleilles;

Ces quatre derniers sont nommés dans la transaction du 18 mars 1515. On ignore leur destinée ultérieure.

2° Guillaume V, qui continue la postérité, et dont l'article suit;

3° Miracle de Chanaleilles, mariée en 1427, à Barthélemi de Vincens de Mauléon, baron de Brantes, seigneur de Causans, de Savoillans, de Saint-Léger et de La Garde-Paréol, fils de Jacques de Vincens de Mauléon, seigneur de Causans, et d'Argentine de Verchères (*Hist. de la Noblesse du comté Venaissin, par Pithon-Curt*, t. III, p. 558);

4° Hélips de Chanaleilles, mariée, par contrat passé devant La Roche, notaire à Viviers, le 15 juin 1442, avec Olivier de Caritat, troisième du nom, seigneur de Camaret, de Rousset et de Saint-Pantaly, au comtat du Pègue et d'Alençon, en Dauphiné. (*Hist. de la Noblesse du comté Venaissin, par Pithon-Curt*, t. IV, p. 616). Ce mariage fut célébré à Viviers, dans la maison de Jean de Claris;

5° Agnès de Chanaleilles, mariée, avant le 11 avril 1456, avec noble Perceval du Bourg-Saint-Andéol, du lieu de Piolenc, au delà du Rhône, au diocèse d'Orange.

XXII. Guillaume V de Chanaleilles, écuyer, bailli du lieu et mandement de Jaujac, au diocèse de Viviers, assista comme arbitre à un traité passé, le 10 décembre 1482, entre noble et puissant seigneur messire Guillaume d'Arlempde, seigneur de Courcelles, et noble homme Hilaire, seigneur de Castrevieille, passa une transaction par-devant Anglat, notaire de Lanas, le 27 juin 1497, avec nobles et puissants hommes Philippe de Balasuc, seigneur de Montréal, coseigneur de Jaujac, et Antoine de Balasuc, son fils; rendit hommage-lige, au nom d'Émeraud de Chanaleilles, le 15 février 1501, à magnifique et puissant homme Jacques, seigneur d'Apchier et de La Gorce, de ce qu'il tenait de lui en fief franc, dans les lieux et mandements de La Gorce et de Valon, ainsi et de la même manière que l'avait fait, le 29 mars 1473, Pierre, son père, aïeul du même Émeraud. Guillaume de Chanaleilles ne vivait plus le 18 mars 1515. Il épousa

Marguerite de Cadris, et eut pour fils Balthazar, qui suit :

XXIII. Balthazar de Chanaleilles, écuyer, seigneur du Pin et de Fabras, bailli du lieu et mandement de Jaujac, était marié avec noble Gabrielle de Crochans du Bourg-Saint-Andéol, du lieu de Piolenc, diocèse d'Orange, lorsqu'il transigea, le 18 mars 1515, devant Pierre de Vals, notaire royal, avec Marguerite de Chanaleilles, sa cousine-germaine, veuve de noble Jacques de Madières, au sujet de ses droits légitimaires. Ces deux époux reçurent, le 10 mai 1516, une quittance de la somme de cent livres tournois, qu'ils avaient payée à noble Barthélemi Johannini, seigneur d'Aulaignes, au diocèse de Lodève, mari de noble Gabrielle de Madières, fille et donataire de noble Marguerite de Chanaleilles. Balthasar, donna, le 9 mars 1539, le dénombrement de ce qu'il tenait en fief franc et noble dans les mandements de Jaujac, de Meyras et ailleurs sous l'hommage et la seigneurie de M. le comte de Ventadour, seigneur de la Voute, de Meyras et de Jaujac, et fit son testament dans la salle de la maison du Pin, par-devant Pierre de Laval, notaire royal, le 4 février 1540, par lequel il élut sa sépulture en sa chapelle de l'église de Fabras. Ses enfants furent :

1º Bernard de Chanaleilles, marié avec Nicole de La Garde de Chambonas, mort sans postérité avant le 26 avril 1565 ;

2º Hilaire, qui continue la lignée, et dont l'article suit ;

3º François de Chanaleilles, légataire de cent livres, le 4 février 1540 ;

4º Louise de Chanaleilles, femme de Claude du Bois, du lieu de Meyras, légataire de son père ;

5° Marguerite de Chanaleilles ;

6° Jeanne de Chanaleilles, citée dans un acte, reçu par Falcon, notaire, du pénultième de juin 1569, comme ayant été marraine de la cloche de l'église de Faï-le Froid, dont le parrain fut Jean de Rhulier, laquelle cloche fut bénie par Antoine de Senneterre et Jean de Senneterre son neveu, en présence de Balthazar de Chanaleilles, père de ladite Jeanne ;

Ces deux dernières, légataires chacune de deux cents livres payables le jour de leur mariage.

Enfants naturels :

7° Antoine de Chanaleilles ;

8° Jean de Chanaleilles,

Auxquels leur père légua la nourriture et l'habillement, voulant, en outre, que Jean fut élevé aux écoles, pour apprendre science et doctrine.

XXIV. Hilaire de Chanaleilles, écuyer, seigneur du Pin et de La Valette, épousa, par contrat passé le 26 juillet 1556, devant Claudet Ardit, de Saint-Laurent, et Claude de Laval, de Jaujac, notaires royaux, Claude d'Agrain, fille de feu Gaspard d'Agrain, seigneur des Ubaz, et de Marguerite de Prunet, laquelle constitua à sa fille neuf cent livres tournois en dot, et cent vingt livres pour ses robes et habillements nuptiaux [1]. Hilaire de Chanaleilles fit, le 10 février 1563, son testament, pardevant François de Langlade, notaire royal de Jaujac, et un codicille, le 28 avril 1565, par devant Gilbert de Langlade, fils de feu François de Langlade, par lequel

1. La maison d'Agrain vient de s'éteindre. Elle descendait d'Eustache d'Agrain, prince-duc de Sidon et de Césarée, vice-roi et conétable du royaume de Jérusalem, à la première croisade. Le chef de nom et d'armes de a maison de Chanaleilles pourrait seul aujourd'hui relever ce titre.

il choisit sa sépulture dans la chapelle de la maison du Pin, en l'église de Fabras. Il fut père de :

1° Jean de Chanaleilles, mort sans postérité ;

2° Gaspard de Chanaleilles, écuyer, seigneur de La Saumès, auteur de la branche de la Saumès, rapportée plus loin ;

3° Balthazar de Chanaleilles, deuxième du nom, écuyer, seigneur du Pin, qui fit son testament le 6 juin 1625. Il avait épousé, le 2 octobre 1583, Louise de Castrevielle, de laquelle il eut :

A. François de Chanaleilles, seigneur de la Valette, baron de Retourtour et des États du Vivarais, marié en 1612 avec Anne de Tournon du Vergier, de laquelle il n'eut que deux filles, savoir :

a. Louise-Geneviève de Chanaleilles, mariée le 26 décembre 1630, par contrat passé devant Escoffier, notaire royal à Lamastre, et d'après dispense du Pape, avec son cousin-germain François-Christophe de Tournon, chevalier, seigneur de Mayres, de Desaignes et du Vergier, baron de La Mastre, fils de François de Tournon, *dit* de Mayres, chevalier, seigneur de Mayres et de Rouveyrolles, et de Suzanne de Barjac, sa première femme ; il fut stipulé dans le contrat de mariage qu'il prendrait le nom et les armes de Chanaleilles, ainsi que leur postérité ;

b. Félicie de Chanaleilles, mariée, le 18 février 1642, avec César de Lestrange, chevalier, seigneur de Groson, fils de Jean de Lestrange, chevalier, seigneur du même lieu ;

B. Gabrielle de Chanaleilles, mariée à noble Samuel de Tayssier, seigneur du Roux, veuve en 1628 ;

4° Jean-Claude de Chanaleilles, dont l'article suit ;

5° Marguerite de Chanaleilles, légataire de son père, le 10 février 1563, mariée avec Jean de Rostaing.

Fille naturelle :

6° Françoise de Chanaleilles, à laquelle son père fit un leg le 10 février 1563.

BRANCHE DES SEIGNEURS DU VILLARD

MARQUIS DE CHANALEILLES

XXV. Jean-Claude de Chanaleilles, seigneur du Buisson, quatrième fils d'Hilaire de Chanaleilles, seigneur du Pin et de La Valette (dite aujourd'hui le Villard), et de Claude d'Agrain des Ubaz, fut légataire de son père, par le codicille fait le 26 avril 1565, dans lequel Hilaire de Chanaleilles dit qu'il lui est né un fils depuis le testament qu'il avait fait en 1563, et qu'il lui lègue pareille somme qu'à ses frères [1], Jean-Claude de Chanaleilles usa de son influence dans l'Auvergne et dans le Vivarais, pour rendre de grands services au roi Henri IV. Ce monarque lui écrivit souvent lui-même de sa main pour les reconnaître et l'en remercier. Plusieurs de ces lettres autographes de Henri IV sont conservées dans les archives du marquis de Chanaleilles. Elles sont imprimées dans le recueil publié sous les auspices du gouvernement, par M. Berger de Xivrey, membre de l'Académie des inscriptions et belles-lettres, ouvrage qui fait partie de la collection des documents inédits relatifs à l'histoire de France. Voici quelques-unes de ces lettres, textuellement rapportées :

---

1. C'est par erreur qu'il a été mentionné comme posthume par le baron d'Aubais dans les jugements de maintenue de la noblesse du Languedoc, qu'il a imprimé à la fin du deuxième volume de l'ouvrage intitulé : *Pièces fugitives pour servir à l'histoire de France*, 3 volumes in-4. 1759.

Lettre autographe de Henri IV à Monsieur de Chanaleilles.

Monsieur de Chananeylles, je vous fes ce mot par le sieur Barthélemy, que je vous ranvoye contanté de tout poynt en votre faveur. Il a charge de vous dyre ce que j'atans de votre afectyon pour haster la persuasyon du conte de Clermont. Ce m'est de grande ymportanse et urgense dans cet estat des afères de Lyon. Conférés au plus tost avec Lafyn, quy va passer dans vos quartyers. Surtout ne ménagés vos bons advys et votre crédyt à l'endroyt de la comtesse[1]. Je say qu'elle peut beaucoup pour le résoudre et tyrer la bryde à lien. Adieu, Monsieur de Chananeylles, je m'an remets du tout sur votre dévotyon ordynère pour le byen de mon servyse.

A Vernon, ce xme décembre.

Votre plus afectyoné amy,
HENRY.

Autre lettre autographe de Henri IV
à Monsieur de Chanaleilles.

Monsieur de Chananeylles, j'ay antandu le grant et fidèle devoyr que vous avés fayt pour mayntenyr la vylle de Monferrant an mon obéyssance. Je vous says très bon gré de vos offyces an cette occasyon, et m'asseure de votre prudence pour prendre toutes autres bonnes dysposytyons que vous verres estre nécesseres. C'est surtout ceux de la noblesse qu'yl est besoyn d'atyrer et entretenyr an bone dévotyon. Je say combyen le marquys de Saynt-Sorlyn les pratyque. Les eschevyns, dyt-on, me sont tout acquys. Mandés moi ce qu'an pansés, et toutes autres nouvelles. Adyeu, Monsieur de Chananeylles, persévérés dans votre méryte et asseurés vous du desyr qu'a de le reconoytre par bons effets.

Votre plus asseuré amy,
HENRY.

Autre lettre autographe de Henri IV
à Monsieur de Chanaleilles.

Monsieur de Chananeylles, j'ay esté très ayse d'antandre

---

[1]. C'est peut-être de la comtesse Corisandre de Grammont que Henri IV veut parler ici; ou plutôt de la comtesse de Clermont, avec laquelle Jean-Claude de Chanaleilles était lié particuliérement.

par le sieur de Lubersac la bone assystanse que vous lui avés fete dans son antrepryse et le zèle que vous aportés en toutes occasyons au byen de mes afères. Par quoy, outre l'honneur que vous acquerés, en ce fesant, vous devés espérer part dans ma bonne grâce et prandre asseurance que je ne seray jamès mécognoyssant de vos servyses. Je vous prie de demeurer par dellà avec le sieur Lanocle, jusqu'à perfection des afères dont yl a charge et croyés que je vous sauray autant gré de ce que vous ferés par dellà que si le fesyés à ma vue. C'est.

Votre plus assuré amy,
Henry,

Lettre autographe de Henry IV, au sujet de Monsieur de Chanaleilles, adressée à Monsieur de Saint-André, et transmise par celui-ci à Monsieur de Chanaleilles.

Monsieur de Saint-André, pour ce que j'ay toute asseurance et expéryence du méryte du sieur de Chananeylles, je vous prye luy communyquer le double de votre ynstructyon, ansamble du chyfre que vous avés de moy, afyn que s'yl survyent par devers luy chose quy requyert prompt advys, yl me le puysse donner aussytost, ou a monsieur le connestable. Je vous prye luy dire par mesme occasyon le contantement que j'ay de sa conduyte et afectyon à mon servyse, et que mon yntentyon est de le reconnoytre an bref, an nommant le dyt sieur de Chananeylles l'un des jantilshommes ordinères de ma chambre[1], ce quy le doyt ancore plus partyculièrement angager d'advancer sa nécocyation à bon terme. Ne fayllés au reste de me mander au plus tost des nouvelles de dellà, et assurés vous tousjours de la bone volonté de

Votre byen afectyoné metre et amy
Henry

Lettre de Henri IV à Monsieur de Chanaleilles, dictée à son secrétaire Forget et signée par le roi.

Monsieur de Chananeylles, avec la commodité qui se présente du sieur de Bonnevie, s'en retournant par delà, je n'ay

---

1. Il refusa cette place de cour et préféra conserver son influence et son indépendance en province.

voulu faillir de vous faire ce mot, pour que vous scachiez le contentement que j'ay eu du bon devoir que vous fistes en la réduction des places que les ennemis occupoient au gouvernement de mon cousin le comte de la Voulte. En quoy je vous prye continuer et ne poinct vous lasser de bien faire, et j'ay bien voulu vous faire cesteci pour vous ordonner de vous rendre près de mondit cousin, au premier mandement qu'il vous en fera, pour entendre ce qu'il vous dira de ma part pour mon service, en quoy vous l'assisterez de tout votre pouvoir ; et m'asseurant que vous ne voudrez manquer à cette occasion qui sera belle pour acquérir surcroit de réputation et d'honneur, je prieray Dieu, Monsieur de Chananeilles, vous avoir en sa sainte garde. Escript au camp de Gisors, le seizième jour d'octobre 1590.

HENRY.

FORGET.

Jean-Claude transigea, ainsi que Balthazar, avec Gaspard de Chanaleilles, leur frère aîné, le 13 novembre 1614, au sujet de leurs droits légitimaires, et se maria, par contrat passé devant Jacques Mathieu, notaire royal de l'ancienne retenue de Jaujac, le dernier février 1619, avec Claudine de La Tour des Bains [1], fille de Claude de La Tour des Bains, seigneur du Cros, et de Gabriel de Gonschal. Jean-Claude testa le 1er avril 1629, et fut père de :

1° Claude, dont l'article suit ;

2° François de Chanaleilles, seigneur du Buisson, de Chaix de Beaufort, etc., demeurant à Villeneuve-de-Berg, marié, le 19 décembre 1655, avec Gabrielle de Tessier de Salras, dont il eut :

A. Catherine de Chanaleilles, mariée, par contrat du 5 février 1693, avec François d'Hautefort de Lestrange

---

1. Armes de La Tour des Bains : d'or à la tour de gueules, maçonnée de sable.

de Gontaut, seigneur de Montréal, de Joannas, etc., fils de Gabriel de Hautefort, chevalier, baron de Lestrange, seigneur de Montréal et de Joannas, et de Marie de Balazuc;

3° Joseph-Benjamin de Chanaleilles, seigneur de Lassagnes, y demeurant;

4° Anne-François de Chanaleilles, seigneur de la Croze, y demeurant, maintenu dans sa noblesse avec ses frères, le 6 mars 1670. Il épousa, en 168.., N. de Langlade, fille de Paul de Langlade et d'Aimée de Bonneval, et il en eut deux fils, qui formèrent une branche, appelée de Bellenave, dont on ignore la descendance.

XXVI. Claude de Chanaleilles, écuyer, seigneur du Villard (ci-devant la Valette), de Villeneuve, de Ranc, de Saint-Cyrgues, de Veyrières, de La Tayre, etc., demeurant au château de Villeuve, capitaine dans le régiment de Roussillon en 1642, épousa : 1° le 20 novembre 1647, Isabeau de Reinaud; 2° par contrat passé au château de Villard, devant Laffare, notaire royal de Saint-Cyrgues-en-Montagne, le 4 juillet 1555, Marie de Langlade[1], fille de Scipion de Langlade, seigneur et baron des Éperviers, et de Louise de Teyssier de Salras. Marie de Langlade[1] ne vivait plus le 14 septembre 1700[2]. Ils eurent le fils unique qui suit :

---

1. Armes de Langlade : parti au 1 d'azur, à l'aigle d'or; au 2 d'hermine.

2. La baronnie et seigneurie des Eperviers passa par cette alliance dans la maison de Chanaleilles, avec les ruines du château de Ventadour, qui avait été détruit en 1626, dans les guerres de religion. Ce château avait été fondé vers l'an 1200, par Guigon, seigneur de La Roche en Reynier, en Velay, qui épousa Jordane de Montlaur, et vint se fixer en Vivarais. Il passa ensuite par une alliance dans la maison de Lévis-Ventadour, qui le conserva longtemps, et dont il prit le nom. Plus tard, il appartenait à la maison de Langlade, qui le porta ainsi à celle de Chanaleilles, avec la baronnie des Eperviers.

XXVII. Eustache de Chanaleilles, seigneur du Villard, de Villeneuve, du Roux et autres places, baron des Épervlers, avait épousé, par contrat passé au château de Banas, devant Mienneuf et Maspetit, notaires royaux, le 14 septembre 1700, Marie-Françoise de Monteil[1], fille de Jean de Monteil, deuxième du nom, seigneur de La Faurie, de Saint-Quentin, de Banes, de Saint-Vincent de Durfort, co seigneur de Bouçieu-le-Roi, etc., colonel d'un régiment d'infanterie de son nom, et de Marie de Chambaud, dame de Banas. Ce mariage fut célébré en présence de Thomas Alberti, de Viguier de Bagnols, de Louis de La Baume, seigneur de Suze, d'Étienne Girost, gouverneur d'Orange, etc., dans la maison de Jean de Claris, à Viviers. Eustache avait fait son testament le 8 mai 1710, et mourut brigadier d'infanterie, après avoir commandé le régiment de Piémont comme colonel et ayant servi aux armées d'Italie, du Rhin et de la Moselle pendant les campagnes de 1734. (Annuaire militaire de 1735, intitulé *Second abrégé de la carte militaire de France*, Paris, 1735). Il fut père de :

1° Charles, dont l'article suit ;

2° Hyacinthe de Chanaleilles, capitaine dans le régiment de Berry, tué au siége de Prague, en 1741. Il avait la taille de six pieds un pouce, chose remarquable, et

---

1. Armes de Monteil : d'azur, au griffon d'argent, becqué, langué et armé de gueules. Marie-Françoise de Monteil était tante du vicomte de Monteil, capitaine-colonel des Cent-Suisses de la garde de monseigneur le comte d'Artos, à l'époque de la révolution, lequel avait pour frères le marquis de Monteil, lieutenant général des armées du roi, anciennement ambassadeur en Pologne, et le baron de Monteil, vice-amiral des armées navales, tous les trois morts sans postérité. Le vicomte avait épousé mademoiselle de Lévis-Mirepoix, et le baron mademoiselle de Sabran. Cette maison est aujourd'hui éteinte.

fut blessé mortellement d'une balle reçue à la tête, au milieu du front;

3° Juliette de Chanaleilles, qui vivait le 11 septembre 1724.

XXVIII. Charles de Chanaleilles, chevalier, titré marquis de Chanaleilles, seigneur de Villard, de Villeneuve, du Roux et autres places, baron des Éperviers, avait épousé, par contrat passé au château de Mathias, paroisse de Fay, devant Rivière, notaire royal, le 11 septembre 1724, Madeleine de Chambarlhac [1], fille de feu messire Charles de Chambarlhac, chevalier, seigneur de Fontmourette, du Monteillet et autres places, et de dame Madeleine de Rajon; elle fut assistée à ce contrat par messire Antoine Odde de La Tour-du-Villan, et par messire Guillot-Joseph de La Bastie, seigneur de Rulhier, ses oncles. Il avait servi longtemps et fut fait maréchal de camp le 1er août 1734, ayant été blessé à l'attaque des lignes d'Ettlingen, en Allemagne, le 5 mai de la même année. Il laissa pour enfants :

1e Joseph-Guillaume, qui suit ;

2° Marie-Suzanne de Chanaleilles, appelée mademoiselle de Fontmourette;

3° Madeleine de Chanaleilles, mariée, le 30 juin 1748, à Louis-Charles de La Motte Chalendar.

XXIX. Joseph-Guillaume de Chanaleilles, marquis de Chanaleilles, chevalier, seigneur du Villard, de Montpezat, du Roux, du Colombier, de Collanges, de Prunerolles, de Ventes et autres places, capitaine de dragons au régiment de Septimanie, fit son testament olographe à Aubenas, le 19 août 1767. Il avait épousé, par contrat passé devant Joseph-Simon-Michel Gollier,

---

1. Armes de Chambarlhac : d'azur au chevron d'or, accompagné de trois colombes d'argent, becquées et membrées de gueules.

notaire apostolique à Avignon, Marie-Agathe de Durand de Rilly [1], qui mourut victime du tribunal révolutionnaire d'Orange, le 16 thermidor an II, (3 août 1794), pour avoir correspondu avec ses deux fils, émigrés, et qui était fille de haut et puissant seigneur messire Joseph de Durand, chevalier, seigneur de Rilly et de Villeblain, et de haute et puissante dame Laure-Lucrèce de Magnin de Gaste. De ce mariage sont issus :

1° Charles-François-Guillaume, dont l'article suit ;

2° Louis-Charles-Isidore de Chanaleilles, reçu, en 1787, chevalier de justice de l'ordre de Saint-Jean de Jérusalem, *dit* de Malte, qui a servi en qualité d'enseigne sur les vaisseaux de son ordre ;

3° Joséphine Madeleine-Benoîte de Chanaleilles, à laquelle sa grand'mère légua 10,000 livres ; mariée en.... à N. de Laulanhier ;

4° Laure-Émilie-Madeleine de Chanaleilles ;

5° Louise-Madeleine-Charlotte de Chanaleilles.

XXX. Charles-François-Guillaume de Chanaleilles, marquis de Chanaleilles, de Montpezat, du Villard, de Chambonas, baron des Éperviers, etc., reçu, en 1794, chevalier de justice honoraire ou non-profès, dans l'ordre de Saint-Jean de Jérusalem, *dit* de Malte, pair de France, ancien capitaine des vaisseaux du roi, chevalier de l'ordre royal et militaire de Saint-Louis, officier de la Légion d'honneur, membre du conseil général de l'Ardèche, lequel a épousé, en 1807, Marie-Josèphe-Rose de Carrère [2], fille de Messire-Pierre-Jacques de

---

1. Armes de Rilly : d'argent, à trois maillets de gueules. Cette maison est aujourd'hui éteinte.
2. Armes de Carrère : coupé au 1 d'azur, à trois trèfles rangés d'or ; au 2 de gueules, à l'ancre d'argent, le trabe d'or ; à la fasce en divise d'argent, chargée de cinq losanges de sable.

Carrère, et de Marie-Josèphe-Rose de Diant. De ce mariage sont issus :

1° Sosthènes de Chanaleilles, dont l'article suit :

2° Gustave-Adolphe, comte de Chanaleilles, lieutenant colonel d'infanterie du 68e de ligne, chevalier de la Légion d'honneur et de l'ordre de Pie IX ; marié le 18 novembre 1853, à Marie-Louise-Napoléone-Ofrésie de Las Cases[1], fille du comte de Las Cases et d'Henriette de Kergariou ; mort sans enfants en 1682 ;

3° Adolphe-Gustave, comte de Chanaleilles, général d'infanterie, commandeur de la Légion d'honneur, frère jumeau du précédent, marié en avril 1850, à Blanche d'Andlau[2].

XXXI. Sosthènes de Chanaleilles, marquis de Chanaleilles, de Montpezat et de Chambonas, baron des Éperviers, ancien page du roi Louis XVIII, retraité lieutenant colonel du 4e régiment de chasseurs d'Afrique, officier de la Légion d'honneur, et ancien membre du conseil général de l'Ardèche, lequel a épousé, à Paris, le 29 mai 1832, Marie-Victurnienne-Stéphanie des Balbes de Berton de Crillon[3], seconde fille du duc de Crillon, pair de France, maréchal de camp, grand-officier de la Légion d'honneur, et de Zoé de Rochechouart de Mortemart, duchesse de Crillon. Madame la marquise de Chanaleilles a été dame d'honneur de S. A. R. madame la duchesse d'Orléans. De ce mariage sont issus :

1° Félix-Hélye de Chanaleilles, décédé le 15 mai 1853, à l'âge de 18 ans ;

2° Marie-Isabelle de Chanaleilles, mariée au marquis de Marcieu, dont elle a trois fils.

1. **Armes de Las Cases** : d'or à la bande d'azur, à la bordure de gueules, au franc-quartier des comtes de l'empire.
2. **Armes d'Andlau** : d'or à la croix de gueules.
3. **Armes de Crillon** : d'or, à cinq cotices d'azur.

BRANCHE DES SEIGNEURS DE LA SAUMÈS

MARQUIS DE LA SAUMÉS

XXVI. Gaspard de Chanaleilles, écuyer, seigneur du Pin, de La Saumès, de Jagonas et autres lieux, deuxième fils d'Hilaire de Chanaleilles et de Claude d'Agrain des Ubaz, fut capitaine d'une compagnie de cent hommes de pied, par commission du 11 mars 1587, et transigea avec ses frères Balthazar et Jean-Claude le 16 novembre 1614. Il fit deux testaments, le premier devant Rodilh, notaire royal, le 28 mars 1617, et le second, devant Burelli, notaire royal, le 12 octobre 1626, par lesquels il voulut être inhumé en sa chapelle, fondée à l'église de la Blachère, au tombeau de ses prédécesseurs de la maison de la Saumès. Il avait épousé : 1° par contrat du 26 novembre 1589, passé devant Jean du Serre, notaire royal de la ville de Joyeuse, Catherine de Borne[1], dame de la Saumès, qui lui porta la terre de ce nom, et dont il n'eut point d'enfants. Elle était fille de Charles de Borne, seigneur de la Saumès, au mandement de Joyeuse, et de Catherine de la Balme, et veuve d'Anne de Rozilhes, seigneur de Laurac; et 2° par contrat passé devant le même Jean du Serre, le 22 novembre 1601, il épousa en deuxièmes noces Jeanne de Rozilhes, fille de feu Guillaume, seigneur de Rozilhes et de Laurac, et de Jeanne de Budos. Cette dernière était fille de Jean de Budos, marquis de Portes, et de Louise de Porcelet, et sœur de Louise de Budos, mariée, le 19 mars 1593, à Henry, duc de Montmorency, pair et connétable de France, dont la fille, Marguerite de Montmorency, épousa, le 3 mars 1609,

---

1. Armes de Borne de la Saumès : d'or à l'ours de sable, lampassé et armé de gueules.

Henri de Bourbon, prince de Condé [1]. Jeanne de Rozilhes fit son testament devant Pascal, notaire de Joyeuse, le 3 septembre 1632, étant alors veuve de Gaspard de Chanaleilles. De ce dernier mariage sont issus :

1º Claude de Chanaleilles, deuxième du nom, écuyer, seigneur de la Saumès, baron de Jagonas. Il était capitaine au régiment de Languedoc, le 3 décembre 1632 ; obtint une compagnie dans le régiment du Roure, en 1636, et servit au siége de Fontarabie et au secours de Salces, ainsi que l'atteste un certificat du prince de Condé, du 20 octobre 1639. Il avait épousé : 1º par suite d'accord fait par son père, le 3 novembre 1610, Marguerite de Saint-Haon, fille de noble Claude, seigneur de Saint-Haon, de Jagonas en partie et autres places, et d'Antoinette de Gaultier ; 2º Catherine de Roquard [2], fille de Jacques de Roquard, coseigneur de la Garde-Paréol et de la Motte, chevalier de l'ordre du roi, gentilhomme ordinaire de la chambre de Louis XIII, conseiller d'État, et d'Antoinette Montfaucon de Lévis. Claude de Chanaleilles n'ayant point d'enfant, fit son testament, le 18 décembre 1639, en faveur de sa mère et de Guillaume, son frère ;

2º Guillaume III, qui continue la lignée et dont l'article suit ;

3º Joachim de Chanaleilles, qui fut reçu au nombre

1. Par cette alliance, Gaspard de Chanaleilles devint neveu du connétable de Montmorency et cousin-germain du prince de Condé ; et Jean-Louis de Chanaleilles, comte de la Saumès, qui fit les preuves de cour en 1785, se trouva parent, du septième au huitième degré, avec monseigneur le prince de Condé et monseigneur le prince de Conti.

2. Catherine de Rocquard épousa en secondes noces, le 1er mars 1642, Guy Pape, baron de Saint-Auban et de Sahune, en Dauphiné, et fut nommée, par brevet du 9 décembre 1658, dame d'honneur de la reine Anne d'Autriche.

des pages du grand-maître de l'ordre de Malte, suivant la commission nommée pour ses preuves, le 4 juin 1624;

4° Antoine-Hercule de Chanaleilles, seigneur de Servières, qui était enseigne de la compagnie colonelle du régiment du sieur de Castrevielle, en garnison à Montauroux, en Provence, lorsqu'il fit son testament, le 28 novembre 1636;

5° Catherine de Chanaleilles, légataire de son père le 28 mars 1617, et de sa mère, le 3 septembre 1632, mariée le 8 février 1658, à Antoine des Arcis, seigneur de Colonges.

XXVII. Guillaume de Chanaleilles, qualifié haut et puissant seigneur, ainsi que les aînés de ses descendants, chevalier, comte de La Saumès, baron de Jagonas et du Sault, seigneur de La Charve, de Baubiac, de Vernon et autres lieux, capitaine d'une compagnie de cent hommes de pied au régiment du sieur de la Vernède, par commission du 31 juillet 1632, fut maintenu dans son ancienne extraction noble, par ordonnance de M. Bazin de Bezons, intendant en Languedoc, rendue à Montpellier, le 6 mars 1670, et fit son testament en son château de La Saumès, devant Motte, notaire royal, le 13 décembre 1678, testament par lequel il voulut être inhumé au tombeau de ses prédécesseurs, dans la chapelle qu'ils avaient fondée en l'église paroissiale de Saint-Julien de La Blachère. Il avait épousé, par contrat passé au Bourg-Saint-Andéol, le 26 septembre 1655, devant Étienne Motte et Antoine Espiard, notaires royaux, Jeanne de Gabriac de Rouchon [1], qui testa au château de La Saumès, le 15 juillet 1714, fille de Joachim de Gabriac, *dit* de Barjac,

---

1. Armes de Gabriac, de gueules, à sept losanges d'or.

seigneur du Sault, coseigneur du Bourg-Saint-Andéol et de Saint-Marcel d'Ardèche, et de feue Françoise de Banes d'Avejau. Leurs enfants furent :

1° Guillaume-Joseph de Chanaleilles, premier du nom, chevalier, comte de La Saumès, baron de Jagonas, du Sault et autres places, décédé avant le 24 mars 1701, lieutenant du roi en la province de Languedoc, sans enfants du mariage qu'il avait contracté avec Antoinette de Charreton, veuve en premières noces de Jean-Baptiste de Hilerin, chevalier, seigneur de Bazoches, conseiller au Parlement.

2° Jean-Baptiste, qui continue la lignée et dont l'article suit ;

3° Jeanne-Marie de Chanaleilles, demoiselle de La Saumès, à laquelle son père légua 10,000 livres ;

4° Gabrielle de Chanaleilles, qui, ainsi que ses sœurs Marie et Jeanne, eut un legs de 10,000 livres ;

5° Marie de Chanaleilles, mariée à Guillaume de Ginestous, coseigneur de Vernon, fils d'Anne de Ginestous, seigneur de Vernon, et de Diane de Goys de Corbières. Elle ne vivait plus lors du testament de sa mère ;

6° Jeanne de Chanaleilles, veuve en 1718, de Jean-Louis de Pons, chevalier, coseigneur de la Garde-Paréol et de La Motte ;

7° Marie-Anne de Chanaleilles, religieuse au couvent des Urselines du Bourg-Saint-Andéol, en 1678.

XXVIII. Jean-Baptiste de Chanaleilles, troisième du nom, comte de La Saumès, seigneur et baron de Jagonas, du Sault, du Pouget, coseigneur du château et mandement de Vernon, de la ville des Vans, du mandement de Naves, de Casteljau et autres places, fut connu, du vivant de son frère aîné, dont il devint héritier, sous le nom de *Chevalier de la Saumès*. Il servait depuis deux ans et neuf mois dans la première compagnie des mousquetaires, lorsque le roi lui donna, le 26 avril 1693, une compagnie de cavalerie au régiment de Fiennes. Il était lieutenant du roi de la province du Languedoc, au département du Haut-Vivarais et du Velay [1], lorsqu'il transigea, le 24 mars 1701, avec Antoinette de Charreton, sa belle-sœur, sur la liquidation de ses droits. Par contrat passé à Largentière, le 23 juin 1701, devant Antoine Chaunac et Rostaing Boyer, notaires royaux, le comte de La Saumès épousa Louise de Largier [2], fille de noble Jean de Largier et de feue dame Marie de Doriple. Ils firent leur testament mutuel au château de La Saumès, devant Salel, notaire royal, le 23 avril 1721. Elle se remaria, avant le 11 novembre 1738, avec François d'Ysarn, marquis de Villefort, et fit un second testament au château de La Saumès, le 18 septembre 1750, devant Billet, notaire royal. Jean-Baptiste de Chanaleilles fut père de :

1° Guillaume-Joseph, dont l'article suit ;

2° Jeanne de Chanaleilles, religieuse bénédictine à Aubenas en 1750 ;

3° Marie-Anne de Chanaleilles, veuve, en 1750, d'Alexandre de Chambaud, seigneur de Saint-Lager ;

4° Madeleine de Chanaleilles, légataire de sa mère en 1721.

XXIX. Guillaume-Joseph de Chanaleilles, deuxième du nom, chevalier, marquis de La Saumès, baron de Ribes, seigneur de Saint-André-la-Champ, du Sault, de

---

1. Il avait prêté serment au roi pour cette charge, dès le 17 septembre 1697.

2. Armes de Largier : d'azur au chevron d'or, accompagné en chef de deux roses d'argent, et en pointe d'une tour du même.

Planzoles, du Petit-Paris, etc., coseigneur du château et mandement de Vernon, de La Blachère, de la ville des Vans, du mandement de Naves, dans l'Uzége, de Jalavoux et des Ternes, dans le Velay, mousquetaire, puis officier au régiment du roi, infanterie, épousa, par contrat du 12 novembre 1738, passé devant Barthélemy, notaire royal de la ville du Puy, Marie-Gabrielle-Claudine Bernard de Jalavoux[1], qui fit son testament à Joyeuse, devant Louis Tolède, avocat et notaire royal, à Saint-Alban, le 21 avril 1782. Elle était fille de Pierre Bernard, écuyer, baron de Jalavoux, seigneur des Ternes et autres places, et de Claudine de Borie. Leurs enfants furent :

1° Jean-Louis de Chanaleilles, chevalier, comte de La Saumès, né le 18 mai 1742, capitaine au régiment d'Auvergne, major du second régiment d'état-major, puis chef de bataillon, décédé en 1822. Il fit, le 29 novembre 1777, les preuves de noblesse devant les commissaires des États de Languedoc, pour y siéger en qualité d'envoyé de la baronnie de Castelnau-d'Estrettefonds, preuves qu'il remonta au delà de l'année 1274. Il fit également, au mois de mai 1785, par devant M. Chérin, généalogiste du cabinet des ordres du roi, les preuves exigées pour monter dans les carrosses du Roi et suivre Sa Majesté à la chasse, honneur qui lui fut accordé le 3 novembre de la même année. Il épousa : 1° Marie-Rose du Vidal de Montferrier; et 2° par contrat passé devant Duclos Dufresnoy et son confrère, notaires au Châtelet de Paris, le 17 juin 1780, Madeleine Gerbier de Franville, fille de Pierre-Jean-Baptiste Gerbier, chevalier, avocat au Parlement, conseiller de Monsieur, frère du roi, en tous ses conseils,

---

1. Armes de Jalavoux : d'argent à l'écureuil rampant de gueules; au chef d'azur, chargé d'un cor de chasse d'or, lié d'argent.

intendant de ses maisons, domaines et finances, seigneur du marquisat de Franville et autres lieux, etc. Il n'a pas eu d'enfants de ces deux mariages ;

2° Joseph-François de Sales de Chanaleilles, chevalier de La Saumès, né à Joyeuse le 15 mai 1743, enseigne au régiment de Normandie le 21 août 1759, lieutenant au mois d'août suivant, capitaine le 4 mai 1771 ; capitaine-commandant des chasseurs du régiment de Neustrie le 28 février 1778, chevalier de l'ordre royal et militaire de Saint-Louis le 21 avril 1783, major du régiment de Flandres le 15 avril 1784 ; retraité lieutenant colonel ;

3° Pierre-Régis de Chanaleilles, religieux bénédictin, prieur de Lucy-le-Bourg ;

4° Jean-Baptiste de Chanaleilles, dont l'article suit ;

5° Joseph-Guillaume de Chanaleilles, prêtre, docteur de Sorbonne, vicaire général du diocèse de Nancy ;

6° Pierre-Joseph de Chanaleilles, prêtre, vicaire général du diocèse de Viviers ; mort chanoine de l'évêché de Nîmes ;

7° Marie-Anne de Chanaleilles ;

8° Jeanne-Gabrielle de Chanaleilles ;

9° Louise-Claudine de Chanaleilles.

Ces trois dernières étaient vivantes en 1785.

10° Marie-Claudine de Chanaleilles, religieuse à l'abbaye d'Aubenas ;

11° Marie-Madeleine de Chanaleilles, religieuse à Largentière.

XXX. Jean-Baptiste de Chanaleilles, deuxième du nom, marquis de La Saumès, lieutenant au troisième régiment de chasseurs à cheval, en 1785, fut obligé de quitter le service par suite de blessures reçues à la campagne de Corse. Il épousa Françoise-Madeleine-Emilie de Cadoëne de Gabriac[1], fille du marquis de Gabriac, dont il eut :

1° Louis-Étienne-Achille, dont l'article suit ;

2' Henri-Gustave de Chanaleilles, marié, sans enfants.

XXXI. Louis-Étienne-Achille de Chanaleilles, marquis de La Saumès, décédé, marié, le 3 septembre 1844, avec Claude-Françoise-Charlotte de La Baume, fille d'Eugène de La Baume, colonel d'état-major, chevalier de Saint-Louis et officier de la Légion d'honneur. De ce mariage sont issus :

1° Henri-Eugène-Roger, dont l'article suit ;

2° Paul-Aimé-René de Chanaleilles, né en janvier 1853 ;

3' Françoise-Hippolyte-Gabrielle-Eugénie de Chanaleilles, née en décembre 1847 ;

4° Marie-Émilie-Blanche de Chanaleilles, née en décembre 1851.

5° Louis-Marie-Hélye de Chanaleilles, né en mars 1858, mort en 1872.

XXXII. Henri-Eugène-Roger de Chanaleilles, vicomte de Chanaleilles, né en novembre 1845, ancien auditeur au conseil d'État, sous-préfet à Châteaudun, département d'Eure-et-Loir.

On a vu, dans cette généalogie, que la maison de Chanaleilles a contracté ses alliances avec les familles suivantes :

De Paulhac, vers 823 ; de Venteuges, d'Apchier, vers 841 ; d'Auroux, de Malzieu, vers 873 ; de Thoras, de Cubelles, vers 905 ; de Jonchères, vers 933 et 1098 ; d'Aijo, de Saint-Léger, de Nozerolles, vers 933 ; de Saint-Préjet, vers 970 ; de Peyre, de Longeval, vers 1002 ;

---

1. Armes de Gabriac : de gueules, à sept losanges d'or.

de Modène, de Chazelles, vers 1025; de Bugeac, de Vazeilles, vers 1054; d'Agrain, de Desges, vers 1083; de Monteline, vers 1098; de la Boulène, de Vidalon, vers 1129; de Belvezet, vers 1179; de Saint-Alban, de Tartas, vers 1205[1]; d'Auroux-d'Aubusson, en 12..; de Rochon, en 1212; de Vals, en 13..; de Montgros, en 13..; du Bosc, en 1387; de Monjoc, en 1422; de Prunet, en 1434; de Castrevieille, en 14..; de Madières d'Aubaigues, en 14..; de Mauléon de Causans, en 1427; de Caritat-Condorcet, en 1442; de Piolenc, en 14..; de Cadris, en 14..; de Crochans du Bourg-Saint-Andéol, en 15..; de La Garde de Chambonas, en 15..; d'Agrain des Hubas, en 1556; de Castrevieille, en 1583; de Borne de La Saumès, en 1589; de Rozilhes, en 1601 (d'où lui est venue sa parenté avec la maison de Bourbon et avec celle de Montmorency); de Saint-Haon, en 1610; de La Tour des Bains, en 1619; de Tournon, en 16..; de Tournon, en 1630; de Roquart, en 16..; de Lestranges, en 1642; de Langlade, en 16..; de Teyssier de Salras, en 1655; de Gabriac de Barjac, en 1655; de Langlade, en 1655; des Arcis, en 1658; d'Hautefort de Gontaut, en 1693; de Charreton, en 16..; de Monteil, en 1700; de Largier, en 1701; de Chambarlhac, en 1724; de Jalavoux, en 1738; de Rilly de Villeblain, en 17..; du Vidal de Montferrier, en 17..; de Franville, en 1780; de Cadoëne de Gabriac, en 18..; de Carrère, en 1807; des Balbes de Berton de Crillon de Mahon, en 1832; de La Baume, en 1844; d'Andlau, en 1850; de Las Cases, en 1853; de Marcieu.

La maison de Chanaleilles a contracté en outre, par ces alliances, des liens de parenté, ou des affinités, avec

1. Ces alliances sont relevées du manuscrit de Chandon, qui ne cite le plus souvent qu'une date à chaque génération Celles qui suivent sont reprises dans la généalogie faite par Chérin et continuées jusqu'aujourd'hui (1873).

plusieurs membres d'autres familles, telles que les familles de Verchères, de Barjac, de Gonschal, de Balazuc, de Bonneval, de Lévis, de Sabran, de Budos, de Portes, de Porcelet, de Montmorency, de Bourbon, de Condé, de Conti, de Cluzel, de La Rochefoucauld, de Gaultier, de Montfaucon-Lévis, de Chambaud de Banas, de Vogué, de Kersaint, de Duras, de Rauzan, de Larochejacquelein, de Lubersac, de Lostanges, de Virieu, de La Tourrette, de la Tour du Villan, de l a Bastie de Rhulier, de Banes d'Avejau, de Goys de Corbières, de Borie, de Gaste, de Gévaudan, de Blou, de Bernardy, de Valgorge, de Salles, de Bouillé, de Perrinelle, du Hautvel, de Sambuis, de Brancas-Céreste, de Fortia, de Grammont, Pozzo di Borgo, de Caraman, de Lévis-Mirepoix, d'Herbouville, de Clermont-Tonnerre, de Polignac, du Laurens, de Rochechouart de Mortemart, de Montmorency, d'Avaray, de Laurencin, Borghèse, de Bernis, de Chevigné, de Sainte-Aldegonde, de Beauvau, de Craon, de Choiseul-Praslin, de Komar, de Crussol d'Uzès, de Beauvillers, de Forbin-Janson, de Noailles, de Sainte-Aldegonde, d'Havrincourt, de Guébriant, de Lagrange, Talon, du Cayla, de Brissac, d'Aubusson-Lafeuillade, de Tourzel, de Chalais-Périgord, de Beaufort, de La Garde, de Montalembert, de Rougé, de Vérac, de Sainte-Maure, de Lostanges, de Pastoret, de Francheville, de Tramecourt, de Perrien, de La Panouse, de Merode, de Kergariou, etc., etc.

FIN DU TOME SECOND

RECTIFICATIONS

P. 43. Remplacer comme suit la notice **BOUILLENOIS BOULLENOIS DE SENUC**. *Bretagne*.

D'argent au chevron d'azur accompagné de trois roses de gueules tigées et feuillées de sinople, deux en chef et une en pointe.

Cette famille, représentée à Senuc, département des Ardennes, a pour chef de nom et d'armes Adolphe de Boullenois de Senuc, ancien officier de l'armée, sorti de l'école militaire de Saint-Cyr en 1829, maire, membre du conseil général, président du comice agricole de l'arrondissement de Vouziers, lieutenant de louveterie, etc. Il épousa à Reims, en 1837, Lucie de Recourt, dont il a deux enfants, savoir :

Isabelle de Boullenois de Senuc, née en 1838, mariée en 1859 à Eugène de Bigault de Granrut, propriétaire de verreries dans le département de la Marne ;

Henry de Boullenois de Senuc, né en 1847, lieutenant au 3ᵉ bataillon des mobiles de la Marne, dans l'armée du Nord, pendant la campagne de 1870-1871.

BOURDONNAYE (la). *Bretagne*. Pages 47 et 48.

Page 48. ligne 23, lisez : de la Bourdonnaye-de-la-Varenne.

BOURMONT (Ghaisnes de).

Page 54, ligne 2, lisez : Comtes de Ghisne ou Guysne.

Page 55, ligne 2, lisez : Bertrand, marié à Louise de la Briffe, dont un fils et deux filles.

Les trente-deux quartiers de Henri II et Charles de Carmejane-Pierredon de Vesc.

Henri II, Augustin-Marie-François-Régis de Carmejane-Pierredon de Vesc.
Charles-Marie-Jules-Stéphane de Carmejane-Pierredon de Vesc.

- Alexis-Henri I Marie-Paul, baron de Carmejane-Pierredon.
  - Charles-Joseph, baron de Carmejane de Pierredon.
    - François-Augustin II, chevalier de Carmejane, seigneur de Pierredon.
      - François-Augustin I de Carmejane.
        - François de Carmejane.
        - Christine de Savournin.
      - Anne-Thérèse de Malachier.
        - Jean-Antoine de Malachier.
        - Marguerite d'Avon.
    - Marie-Madeleine d'Antoine de Pierredon.
      - Jean-Joseph-Jacques d'Antoine, seigneur de Taillas et de Pierredon.
        - François-Alexis d'Antoine de Blioux.
        - Marie-Anne de Sylvestre des Blayes.
      - Marie-Suzanne de Nantes de Pierredon.
        - Joseph de Nantes, chevalier, seigneur de Pierredon.
        - Madeleine de Roubaud.
  - Camille-Marie-Thérèse-Stéphanie (Fanny) Trono de Bouchony.
    - Ignace-François-Joseph, chevalier Trono de Bouchony.
      - Honoré-Joseph Trono de Bouchony.
        - Louis Trono de Bouchony.
        - Spirite de Penne.
      - Marie-Thérèse de Colomb de Grambois.
        - Pierre-Louis de Colomb de Grambois.
        - Marie-Anne de Crozet.
    - Angélique-Pauline d'Anselme.
      - Denis d'Anselme.
        - Paul d'Anselme.
        - Catherine-Christine de Roux.
      - Marie-Thérèse de Constantin.
        - Antoine de Constantin.
        - Angélique de Lemult.

- Marie-Joséphine de Revel de Vesc.
  - Gabriel-Marie-Isidore-Joachim, comte de Revel de Vesc.
    - Joachim, comte de Revel du Perron, seigneur du Vergeron.
      - Christophe-Joachim de Revel du Perron, seigneur du Vergeron.
        - Joachim, chevalier de Revel du Perron, seigneur du Vergeron.
        - Charlotte-Élisabeth d'Angelin.
      - Marie-Marguerite de Flocard de Mépieu.
        - Christophe du Flocard de Mépieu.
        - Petronille d'Angelin.
    - Marie-Diane de Vesc, comtesse de Béconne.
      - Joseph-Pierre-Claude-Gabriel-Augustin, marquis de Vesc de Béconne.
        - Gabriel-Joachim de Vesc, marquis de Béconne.
        - Louise-Antoinette de la Baume-Pluvinel.
      - Marie-Josèphe de Lousse des Côtes.
        - Louis de Lousse, chevalier, seigneur des Côtes.
        - Catherine de Gallien de Chabons.
  - Marie-Louise-Eugénie des Isnards-Suze.
    - Gabriel-Joseph-Martial, marquis des Isnards.
      - Joseph-Henri, marquis des Isnards.
        - Esprit-Toussaint, marquis des Isnards.
        - Jeanne-Madeleine de Véri de Canove.
      - Marie-Anne de Stuard.
        - Gabriel de Stuard.
        - Catherine de Brassier de Jocas.
    - Aldonce-Marthe-Marie-Julie de la Baume, comtesse de Suze.
      - Charles-Louis de la Baume, comte de Suze.
        - Louis-François de la Baume, comte de Suze.
        - Marie-Aix de Rostaing.
      - Olympe-Émilie de Suffren-Saint-Tropez.
        - Joseph-Jean-Baptiste, marquis de Suffren-Saint-Tropez.
        - Louise-Gabrielle-Pulchérie de Goësbriand.

www.ingramcontent.com/pod-product-compliance
Lightning Source LLC
Chambersburg PA
CBHW060636170426
43199CB00012B/1576